www.lenos.ch

Sumaya Farhat-Naser

Ein Leben für den Frieden

Lesebuch aus Palästina

Mit einem Essay von Ernest Goldberger

Lenos Verlag

Die Autorin
Sumaya Farhat-Naser, geboren 1948 in Birseit bei Ramallah, studierte Biologie, Geographie und Erziehungswissenschaft an der Universität Hamburg. Promotion in Angewandter Botanik. Ab 1982 Dozentin für Botanik und Ökologie an der Universität Birseit. Mitbegründerin und Mitglied zahlreicher Organisationen, u. a. von Women Waging Peace an der Harvard-Universität und von Global Fund for Women in San Francisco. Von 1997 bis 2001 Leiterin des palästinensischen Jerusalem Center for Women. Regelmässige Vorträge in Deutschland, Österreich und der Schweiz, u. a. über Erziehung, Alltag, Ökologie, Frauen und die politische Lage in Palästina. Sie lebt in Birseit.
1989 erhielt Sumaya Farhat-Naser die Ehrendoktorwürde der Theologischen Fakultät der Universität Münster. 1995 wurde sie mit dem Bruno-Kreisky-Preis für Verdienste um die Menschenrechte und 1997 mit dem Evangelischen Buchpreis des Deutschen Verbands Evangelischer Büchereien sowie dem Versöhnungspreis Mount Zion Award in Jerusalem ausgezeichnet. Zudem erhielt sie 2000 den Augsburger Friedenspreis, ihr wurden die Hermann-Kesten-Medaille des P.E.N.-Zentrums Deutschland (2002), der Bremer Solidaritätspreis (2002), der Profaxpreis (2003) und der AMOS-Preis für Zivilcourage in Religion, Kirchen und Gesellschaft (2011) verliehen.

Zweite Auflage 2019

Satz und Gestaltung: Lenos Verlag, Basel
Umschlag: Lenos Verlag, Basel
Umschlagfoto: Klaus Petrus
Printed in Germany
ISBN 978 3 85787 479 6

www.lenos.ch

Ein Leben für den Frieden

1948

Rings um meinen Heimatort Birseit wachsen Olivenbäume. Sie verbreiten eine Atmosphäre der Gelassenheit und Standhaftigkeit. Sie fordern Geduld und Genügsamkeit und versprechen ein gutes Leben. Früher wurden die reichen Vorräte an Olivenöl in Felszisternen gelagert, daher der Name Birseit – Ölbrunnen. Der Duft von Thymian und Oregano, Pistazien und Ginster, Pfefferminz und Salbei, von Zitrus- und Mandelblüten begleitet uns. Quellen sprudeln aus dem Gestein hervor und spenden kostbares Wasser. Dichter und Dichterinnen, Erzähler und Erzählerinnen haben seit je Palästina, diesen Ort der Freude, und ihre Liebe zu Land und Erde besungen. Wer Palästina verlassen hat, träumt von der Heimkehr und sehnt sich nach dem Duft der Sträucher, dem Schatten der Olivenbäume und dem Rauschen der Quellen.

Meine Familie lebt seit Jahrhunderten in Palästina. Früher hatten die semitischen Stämme im Winter diesseits, im Sommer jenseits des Jordans ihr Lager und begnügten sich dankbar mit dem, was der Boden hervorbrachte. Wie unsere Familie von dort nach Birseit gelangt ist, erzählt eine Geschichte, die von Generation zu Generation weitergegeben wird: Als eines Tages im Haus unseres Urahnen Farach ein Mädchen geboren wurde, war die Enttäuschung gross. Unter den Leuten, die sich bei Farach versammelt hatten und ihm Trost spendeten, befand sich auch ein fremder Gast, ein Muslim. Dessen Trostspruch erwiderte Farach mit den Worten: »Das Kind sei dir geschenkt.« Solche Aussprüche waren gebräuchliche Zeichen der Gastfreundschaft und Grosszügigkeit. Als aber das Mädchen sechzehn geworden war, kam jener Gast von damals wieder und forderte sein Geschenk. Der Vater erkannte, dass es dem Mann ernst war, und bereute seinen Ausspruch sehr – denn wie konnte er als Christ seine Tochter einem Muslim verschenken? Er bat um etwas Zeit für die Vorbereitungen, und sie wurde ihm gewährt. Als es Nacht wurde, floh Farach – um der Schande zu entgehen – mit seiner ganzen Familie in die Berge und liess sich im Dorf Ain Arîk bei Ramallah nieder. Einer seiner Söhne wanderte später weiter nach Birseit. Von ihm stammen die vier grossen Sippen des Ortes ab. Neben diesen christlichen Familien lebten auch zwei muslimische Sippen in Birseit. Das Zusammenleben all dieser Menschen beruhte auf Respekt und friedlicher Nachbarschaft.

Die Eltern meines Vaters wurden gegen Ende des 19. Jahrhunderts geboren. Sie erlebten türkische, britische und jordanische Besatzung, Kriege und Armut. Die muslimischen Männer mussten an der Seite der Türken in den Ersten Weltkrieg ziehen. Den Christen war der Heeresdienst verboten; sie mussten stattdessen Steuern zahlen.

Tagsüber arbeiteten Männer und Frauen auf dem Felde. Abends versammelten sich die Männer im Diwân, im Haus des Sippenältesten. Sie schlürften Tee, erzählten sich Geschichten und bestimmten über Dorf- und Familienpolitik. Oft war einer der Männer damit beschäftigt, Kaffeebohnen in einem Holzmörser zu zerstampfen. Weithin waren die ungewöhnlichen Rhythmen seiner Schläge zu hören. Das Geräusch verriet allen, wo sich die Männer versammelt hatten, und wirkte auch einladend für Gäste, die ins Dorf kamen.

Für die Frauen aber war der Arbeitstag, wenn sie vom Feld heimkehrten, noch nicht zu Ende. Sie kümmerten sich um den Haushalt und versorgten die versammelten Männer wie auch die eigene Familie mit Speis und Trank.

Meine Grossmutter erzählte häufig Geschichten aus ihrem Leben, und ich hörte ihr leidenschaftlich gerne zu. Sie erzählte aus ihrem Alltag, wie sie den ganzen Tag unter der glühenden Sonne auf dem Feld arbeitete, abends Weizen drosch und die Körner in ihrer Steinmühle mahlte. Dabei liess sie sich vom wellenartig an- und abschwellenden Geräusch der sich reibenden Steine tragen und hing ihren Gedanken nach. Sie dachte an ihre Leute, auch an die Verstorbenen. Oft weinte sie dabei vor Müdigkeit, und die Tränen erleichterten sie. Sie genoss diesen Moment der Ruhe. Danach knetete sie den Teig, der noch vor Sonnenaufgang im Holzbackofen gebacken wurde. Kurz darauf brach sie auf und gelangte nach zwei Stunden – den Säugling samt dem noch warmen Brot, Oliven, Öl und Gemüse in einem grossen, flachen Korb auf dem Kopf tragend – auf steinigem Weg zum Feld.

Grossmutter erzählte auch gerne von der einzigen Reise ihres Lebens: »Es war zur Zeit des Ersten Weltkrieges. Ich war damals noch ein junges Mädchen. Die Engländer kämpften gegen die Türken, und wir lebten mitten im Kriegsgebiet in Not und Angst. Mehrere Leute aus unserem Dorf, auch aus unserer Familie, waren in den Kämpfen getötet worden. Viele flüchteten aus Angst in die Städte an der Küste, wo bereits die Engländer standen, oder nach Istanbul. Ich schloss mich dem Strom von Menschen aus unserer Gegend an, die zu Fuss nach Istanbul unterwegs waren. Die Flucht dauerte zwei Monate. In Istanbul erkannte mich ein Soldat aus unserem Dorf; er kümmerte sich um mich und schickte mich mit der nächsten Karawane zurück nach Birseit. Ohne ihn wäre ich wohl nie wieder nach Hause zurückgekehrt. Das war die erste und letzte Reise meines Lebens.« Als die Türken in Ramallah, zehn Kilometer von Birseit entfernt, von den Engländern besiegt wurden, kam es zu einem Waffenstillstand. Die Flüchtlinge kehrten nach und nach zurück. Ihre Häuser waren von den Türken geplündert worden, die Felder abgeerntet.

Ein andermal erzählte Grossmutter, wie es dazu kam, dass die Frauen im Dorf Schuhe tragen durften. Als Anfang des 20. Jahrhunderts die ersten einfachen Lederschuhe aufkamen, waren sie den Männern vorbehalten, obwohl gerade die Frauen bei ihrer harten Arbeit auf dem Feld oft wunde Füsse hatten.

»Wir Frauen besassen zwar Schuhe, aber es ziemte sich nicht, sich damit im Dorf zu zeigen. So zogen wir sie erst ausserhalb des Dorfes an. Als wir eines Tages mit schweren Holzbürden auf dem Kopf ins Dorf zurückkamen, beeilten wir uns wie immer, die Schuhe rechtzeitig auszuziehen und zwischen dem Holz zu verstecken. Aber Salma, Mansûrs Tochter, hatte wunde, schmerzende Füsse und beschloss, die Schuhe nicht auszuziehen. Kaum war sie zu Hause angekommen, stürzte sich ihr Vater mit einem Stock wütend auf sie: ›Wie wagst du es, mir diese Schande anzutun! Das ganze Dorf spricht über die Tochter des Mansûr.‹

›Bitte, Vater‹, flehte sie, ›im Namen der heiligen Maria und des heiligen Georg, hör mich an, bevor du mich schlägst! Sag mir: Was ist besser und anständiger: die Schuhe an den Füssen oder auf dem Kopf zu tragen?‹

Verblüfft liess der Vater den erhobenen Arm sinken und antwortete: ›Du hast recht, meine Tochter.‹ Und er verliess das Haus.

Darauf ging Salma zu ihren Freundinnen und erzählte ihnen die Geschichte. Und sie beschlossen, von nun an die Schuhe anzubehalten. Und dabei blieb es.«

Meine Eltern wuchsen zur Zeit des britischen Mandats in Palästina auf. Die Engländer wollten die Gesellschaft modernisieren und mit der Gründung von Schulen ihren Einfluss verstärken. Mein Vater erhielt eine gute Schulbildung in Jerusalem, wo Grossvater in der Klinik der lutherischen Kirche als Hilfskraft arbeitete. Grossvater war offen für Neues und wusste auch Bescheid über das, was sich jenseits der Dorfgrenzen abspielte.

Meine Mutter, Tochter einer einfachen Bauernfamilie, hatte sich geweigert, die Schule zu besuchen, und blieb Analphabetin. Denn nach Vorschrift der Engländer hätte sie, wie alle Schülerinnen, eine Schuluniform tragen müssen. Meine Mutter und andere Mädchen ihres Alters brachten es nicht über sich, ihre palästinensische Tracht abzulegen, sich derart zu entblössen und ihre Kultur und Tradition preiszugeben. Heute leben in Birseit nur noch etwa dreissig Frauen, die diese Tradition beibehalten haben. Die meisten von ihnen sind Analphabetinnen.

Meine Mutter wurde mit siebzehn Jahren verheiratet. Sie brachte neun Kinder zur Welt, fünf Mädchen und vier Knaben. Die Geburt eines Kindes ist die Bestätigung der

Fruchtbarkeit und Tauglichkeit der Frau. Die Wertschätzung stieg, wenn die Frau Söhne und möglichst wenige Töchter zur Welt brachte. Der Sohn, Träger des Familiennamens, galt und gilt auch heute noch als Beschützer der Familie; er sichert ihren Unterhalt und Besitz. Grosse Freude verbreitete sich daher unter denen, die vor der Tür der Gebärenden warteten, wenn der Ruf der Hebamme zu hören war: »Betet zum heiligen Georg! Es ist ein Sohn geboren!« Im Nu erfuhr es das ganze Dorf. Wurde ein Mädchen geboren, rief die Hebamme: »Betet zu unserer Mutter Maria! Ein Mädchen ist geboren!« Stille breitete sich aus. Trostworte wurden ausgesprochen wie: »Hauptsache, die Mutter hat es überstanden.« – »Wer eine Tochter bekommt, kann auch einen Sohn bekommen.« – »Wenn sie keinen Mann findet, kann sie im Alter für die Eltern sorgen.«

Das Kindbett dauerte in der Regel vierzig Tage. In dieser Zeit wohnte die Mutter oder eine der Schwestern der jungen Frau bei ihr, pflegte sie und versorgte Haus und Kinder. Es war üblich, dass die Grossmutter der Tochter und ihrer Familie zur Geburt einige Hühner schenkte. Und so gab es die ganze erste Woche über leckere Hühnergerichte.

Ich wurde 1948 geboren, in dem Jahr also, in dem auf dem Boden, der uns Palästinensern und Palästinenserinnen gehörte, der Staat Israel gegründet wurde. Mein Grossvater besass zu jener Zeit an der Stelle, wo sich heute der Flughafen Lod / Tel Aviv befindet, zwei Hektar Land. Dort, nur vierzig Kilometer vom Heimatort Birseit entfernt, pflanzte Vater mit Verwandten Zitrusfrüchte und baute Weizen und Gemüse an. Durch die Teilung Palästinas verloren sie

Grundstück und Arbeit, und Vater kehrte zu seiner Familie nach Birseit zurück.

Birseit befand sich in dem Teil Palästinas, der nach dem Zerfall des palästinensischen Widerstands von der jordanischen Armee übernommen worden war. Die Widerstandsbewegung hatte die Befreiung des Landes von den Briten und die Errichtung eines Staates Palästina angestrebt und war auch gegen die jüdische Armee angetreten, die ihren eigenen Staat erkämpfte. Nach der Niederlage verfolgte die jordanische Armee die palästinensischen Widerstandskämpfer und proklamierte 1950 die Vereinigung des Westjordanlandes mit Transjordanien im Königreich Jordanien. Nationale Gefühle zu zeigen wurde den Palästinensern verboten. Die jordanische Regierung versuchte, die Palästinenser zu Bürgern des jordanischen Staates zu machen und sie so zu integrieren – mit wenig Erfolg. Zwei Gesellschaftsformen prallten in dem neuen Staat aufeinander: Während die jordanische Gesellschaft vorwiegend aus nomadischen Beduinen bestand, waren die Palästinenser erfahrene Ackerbauern, Handwerker und Händler, auch ausgebildete Lehrer gab es. Sitten und Gebräuche und die Dialekte waren ebenfalls unterschiedlich. Die Palästinenser waren gezwungen, sich in die beduinische Gesellschaft einzufügen, und dies bedeutete für sie einen Rückschritt. Aufgrund ihrer Fähigkeiten waren sie zwar die treibende Kraft beim Aufbau des Staates, doch die politische und militärische Macht lag in den Händen der Jordanier. Den Palästinensern fiel Loyalität gegenüber dem jordanischen Staat schwer. Je mehr man sie zu Jordaniern machen wollte, desto mehr klammerten sie sich an ihre palästinensische Identität.

Seit meiner Geburt lebten meine Grosseltern und meine Eltern zusammen in einem der traditionellen Bauernhäuser, die gewöhnlich aus einem einzigen gewölbten Raum bestanden. Die Häuser waren im Kreis um einen Hof gebaut und gaben dem Dorf das Aussehen eines von Kuppeln gekrönten Steinhaufens, der sich harmonisch in die karge Hügellandschaft einfügte. Im Hof verrichteten die Frauen gemeinsam die Hausarbeit. Eine kleine Treppe führte auf das Dach, wo die Wäsche getrocknet und Gemüse und Obst gedörrt wurden.

Mein Elternhaus war zweistöckig. Unten waren die Tiere untergebracht, und oben lebten die Menschen in einem Raum, der als Ess- und Schlafzimmer sowie als Lagerraum diente. Mittelpunkt des Raumes war der runde, niedrige Tisch. Zum Schlafen wurden abends Matratzen aus Schaf- und Ziegenwolle ausgebreitet, die tagsüber – bis auf eine oder zwei, die zum Sitzen dienten – unter einem Wandbogen aufgestapelt wurden. In Nischen und in Truhen, aus Stroh und Lehm gefertigt, wurden Lebensmittel aufbewahrt; sie trennten den Wohnraum vom Speicher. Kostbarkeiten wurden in der Brauttruhe verborgen.

Geschirr, Küchen- und Arbeitsgeräte waren aus Ton, Holz, Stroh und Leder gefertigt. Die Männer flochten grobe Körbe und Gefässe aus jungen Olivenzweigen, die Frauen stellten aus Weizenhalmen bunte, feine Schalen und Tabletts her.

Unter dem Haus, acht Meter tief in den Fels gehauen, befand sich die Ölzisterne; in ihr lagerte das Öl als Vorrat für Jahre.

In solch einfachen Verhältnissen lebte unsere Familie: rund zehn Personen aus drei Generationen. Mitunter waren es sogar mehr, denn bis zu ihrer Heirat lebten auch zwei Brüder meines Vaters bei uns, und später nahm Mutter noch die sechs Kinder eines Onkels bei uns auf, deren Mutter psychisch erkrankt war. Der Grossvater war in allen Lebensbereichen bestimmend. Neben seiner Arbeit in der Klinik handelte er mit Öl und Weizen. Die Grossmutter kannte ich nur als Gelähmte, die nach einem Schlaganfall bettlägerig und auf die Hilfe meiner Mutter angewiesen war. Wir mochten sie sehr, sie lachte gerne und erzählte uns Geschichten. Wenn wir etwas Dummes angestellt hatten, versteckten wir uns bei ihr.

Mein Vater war selten zu Hause. Obwohl er eine gute Schulbildung hatte, gehorchte er dem Befehl seines Vaters und ging als Fahrer zur jordanischen Armee. Grossvater beherrschte ihn so sehr, dass er nie eigene Wünsche zu äussern wagte. Er hatte nicht den Mut, seine Bildung und sein Können zu zeigen, und dies zu einer Zeit, als erst wenige schreiben und lesen konnten. Er fürchtete, woanders eingesetzt zu werden und dadurch seinem Vater zu missfallen, der Fahrer für den besten Beruf hielt. So blieb er fünfzehn Jahre beim Militär, ohne je befördert zu werden, und kehrte mit dreiundvierzig als Arbeitsloser nach Hause zurück.

Die Armut bekamen wir Kinder täglich zu spüren. Oft war nichts Essbares mehr im Haus. Voller Spannung warteten wir jeweils darauf, dass die Henne ein Ei legte. Dann sassen wir alle im Kreis auf dem Boden, starrten voller Freude auf das Spiegelei und assen behutsam nach den Regeln der Höflichkeit: Eins nach dem andern tauchten wir unser Brotstück in das Bratöl und kauten langsam, bis kein Öl mehr da war. Dann erst begannen wir der Reihe nach das Gelbe und schliesslich das Weisse vom Ei zu essen. Mittags gab es Gemüse, das wir meist selber gepflanzt oder in den Hügeln gesammelt hatten. Nur am Sonntag gab es Reis und ein Pfund Fleisch oder ein Huhn für die elfköpfige Familie.

Abends waren wir besonders hungrig. Meistens assen wir Brot, das wir in Olivenöl tauchten und mit einem Thymian-Oregano-Kräutergemisch würzten. Es schmeckte und schmeckt bis heute wunderbar. Aber manchmal waren wir es leid. Dann bereitete Mutter uns ein Teegericht. Alte Brotstücke wurden in einer Holz- oder Aluminiumschüssel mit gezuckertem Schwarz- oder Salbeitee begossen. Wenn das Brot aufgeweicht war, setzten wir uns im Kreis um die Schüssel. Das Geräusch der Löffel höre ich noch heute, und der Geschmack der süssen Brotstückchen ist mir so unvergesslich wie das Glücksgefühl über dieses besondere Essen.

Auch Grossvater konnte aus altem Brot ein leckeres Mahl zubereiten. Er schabte die schimmligen Stellen weg, weichte die Brocken mit etwas Wasser auf, bestrich sie mit Öl, streute Salz darauf und wärmte sie im Backofen. Auch das schmeckte wunderbar.

Besondere Feste waren Ostern oder Weihnachten. Dann schlachtete der Grossvater mütterlicherseits jeweils ein Lamm und lud seine Söhne und Töchter mit ihren Familien zum Essen ein.

1954 kam ich in die Dorfschule. Die Weichen für meine Ausbildung und damit für meinen weiteren Lebensweg aber stellte meine Tante Hanneh. Sie war zwanzig Jahre alt, hatte drei Kinder und lebte getrennt von ihrem Mann. Nach vier schlimmen Ehejahren hatte sie es gewagt auszubrechen, und das, obwohl es bereits als Schande galt, wenn Ehefrauen klagten oder sich dem Willen des Ehemannes widersetzten. Für Christen in Palästina war eine Scheidung erst nach siebenjähriger Trennung möglich.

Als Kind war Tante Hanneh Schülerin von Talitha Kumi gewesen, einer von Diakonissen geleiteten deutschen Internatsschule in Jerusalem. Nach der Trennung von ihrem Mann arbeitete sie in ihrer ehemaligen Schule. An ihren freien Tagen besuchte sie uns ab und zu und brachte Obst, Kleider, manchmal Käse und Fleischkonserven mit. Das habe ihr Schwester Bertha Harz, die Leiterin der Schule, für uns mitgegeben. Natürlich freuten wir uns immer auf ihren Besuch, und die Erfahrung, dass in der Not Hilfe vom Himmel fiel, prägte uns.

Eines Tages nahm mich Tante Hanneh beiseite. »Willst du mit nach Talitha Kumi kommen?«, fragte sie. »Ich werde mich im Internat um dich kümmern. Neben der Schule könntest du singen lernen, nähen und Hausarbeit. So brauchst du dich, wenn du gross bist, nicht vor schweren Zeiten zu fürchten.«

Ich sagte sofort ja. Später aber fühlte ich mich elend und weinte bitterlich, weil ich das Elternhaus würde verlassen müssen. Meine Mutter, die meinen Konflikt spürte, tröstete mich und sagte, dieser Vorschlag sei ein Segen Gottes. Im Übrigen werde sie mich besuchen kommen und während der Ferien sei ich ja zu Hause. Meine Mutter wusste, dass ich es schaffen würde. Am liebsten hätte sie auch meine ältere Schwester mitgehen lassen, aber sie war auf deren Hilfe angewiesen.

1966

Als ich vierzehn Jahre alt war, beschloss Grossvater, mich zu verheiraten. Ich erfuhr zufällig davon, als ich meine Mutter sagen hörte: »Lasst sie doch lernen und ihre Waffe selber tragen. Es reicht, dass ich Analphabetin geblieben bin.« Diese Worte gaben mir zusätzliche Kraft, mich dem Ansinnen zu widersetzen. Ich machte Grossvater, dem Haupt der Familie, klar, dass ich allein über mein Leben bestimmen würde. Grossvaters Schock war so gross, dass er kein Wort hervorbrachte und das Haus verliess.

Ich aber kehrte sofort in die Schule zurück und bat die Schwestern, mich während der Ferien im Internat zu behalten. Ich würde mein Schulgeld in Zukunft durch eigene Arbeit verdienen. Ich wollte der Familie finanziell nicht mehr zur Last fallen; sie sollten ihre Absicht, mich zu verheiraten, nicht damit begründen können. Die Angst aber blieb.

Mit Hilfe der Mutter und der Diakonissen schaffte ich schliesslich das Abitur. Dass ich kein Kleid für die Abschlussfeier hatte, bekümmerte mich sehr; ich wagte aber nicht, das zu Hause zu erzählen. Einen Tag vor dem Fest brachte mir eine Freundin, die aus einer wohlhabenden Familie stammte, ein schönes weisses Kleid. Ich weinte vor Rührung. Meine Mutter und die Geschwister weinten mit mir. Mein jüngerer Bruder empfand meinen Schulabschluss als historisches Ereignis. Er opferte seine ganzen Ersparnisse von fünf Piastern, kaufte Knaller und Feuerwerk und feuerte sie auf der Strasse ab – war seine

Schwester doch die Erste in der Familie, die das Abitur bestanden hatte.

Die Diakonissen hatten besondere Pläne mit mir. Sie waren älter geworden, und aus Deutschland war keine Nachfolge zu erwarten. Die Schulleitung entschloss sich deshalb zur Ausbildung von Einheimischen, die später die Schule weiterführen sollten. Als Kandidatinnen wurden eine Kollegin und ich auserkoren.

Es war Zufall, dass uns zu jener Zeit eine Gruppe Lehrer und Lehrerinnen aus Hamburg besuchte. Sie waren von der Arbeit der Schule beeindruckt und bereit, sie zu unterstützen. Die Gruppe beschloss, sich für die Ausbildung der zwei Schülerinnen einzusetzen. Schwester Nadschla, die palästinensische Schulleiterin, schlug vor, dass ich die Deutschen auf ihrer weiteren Reise durchs Land begleiten sollte; so könnten sie mich kennenlernen und sehen, wie ordentlich, normal und nett ich sei.

Ein Traum wurde wahr: Ein Studium rückte in Sichtweite. Meiner Mutter erzählte ich alles, und sie half mir, heimlich einen Reisepass zu beschaffen. Grossvater unterrichtete ich erst wenige Tage vor dem Abflug von meinen Plänen. Er war überrascht, ja verblüfft und wusste nichts zu antworten. »Hör mir zu, Grossvater«, sagte ich, »seit zwanzig Jahren arbeitest du im deutschen Spital, du kennst die Deutschen, und ich weiss, dass du sie schätzt. Es müsste dir also gefallen, dass ich nun nach Deutschland gehe. Stell dir vor: Ich kehre nach der Ausbildung zurück, ich habe dann einen Beruf und kann der Familie helfen. Und keine Sorge: Für Reise und Studium brauche ich kein Geld von dir. Die

Schule wird mir helfen.« Dann sang ich mit ihm »Lobe den Herrn«, und bevor er nein sagen konnte, hatte ich mein Elternhaus bereits verlassen. Mit Hilfe der Schwestern konnte ich wenige Tage später abreisen. Es war im September 1966. Schwester Nadschla begleitete uns bis Beirut.

Eine Szene vergesse ich nie: Ich stand am Jerusalemer Flughafen und zitterte vor Angst, es könnte etwas schiefgehen. Da sah ich Grossvaters hohe Gestalt auf mich zukommen. Lächelnd übergab er mir einen jordanischen Dinar, also rund drei Mark, und sagte: »Gehe hin mit Gott.« Mit diesem Geld und Grossvaters Segen reiste ich mit achtzehn Jahren nach Hamburg.

1974

Während meiner Studienzeit schrieb ich in meinen Briefen nach Hause nur über die guten Erfahrungen, nie aber über meine Probleme. Ich hatte Angst, dass man mich zurückrufen könnte. In jedem Brief versprach ich, ins Dorf zurückzukehren. »Pass auf!«, liess meine Mutter mir in Briefen mitteilen. »Die Ehre der Familie ist das Höchste im Leben. Ich warte auf Dich, denke daran. Es sind doch schon fünf Jahre vergangen. Was wird aus Dir?«

Ein Versagen meinerseits, das wusste ich, würde anderen Mädchen im Dorf den Weg zu einem Studium im Ausland versperren. Ich fühlte mich verpflichtet, meinen Weg erfolgreich zu beenden. Mir war immer bewusst, dass ich mich nicht mit Menschen anfreunden durfte, die mich in Versuchung bringen könnten, meine Ziele zu ändern oder meine Pflichten gegenüber meiner Familie und meinem Volk zu vernachlässigen.

Wunderschöne Gefühle überwältigten mich, wenn ich an zu Hause dachte, mich an die einfache Sprache meiner Mutter erinnerte, an die Augen und das Lachen meiner Geschwister und wenn ich die Wasserquelle, den Weinberg und den Feigenhain vor meinen Augen sah. Ich war fest entschlossen zurückzukehren. Ich wusste zudem, dass ich zu Hause nicht bloss eine Nummer sein würde, wie es Ausländerinnen und Ausländer in Deutschland sind. Ich wollte ich selber sein und zu den Menschen gehören, die auf mich warteten. Sie alle kamen, um mich zu begrüssen, wenn ich zu Besuch war. Sie begegneten mir mit Respekt und liessen mich ihre Erwartungen spüren.

Das Studium näherte sich seinem Ende. Die Besetzung des Westjordanlandes, meiner Heimat, dauerte bereits sieben Jahre. Gespannt wartete ich auf die Annahme meines Antrags auf »Familienzusammenführung«, war ich doch zur Zeit der Volkszählung von 1967 bereits in Deutschland gewesen und gemäss israelischem Militärgesetz als »gebietsfremd« registriert. Tausenden meiner Landsleute ging es wie mir. Sie hatten das Recht auf Heimkehr verwirkt.

Nach dem vierten Antrag kam endlich eine positive Antwort. »Gott sei Dank, dass Du noch nicht verheiratet bist!«, liess Mutter mir schreiben. »Du darfst heimkommen. Leider dürfen Deine Schwester in Amman und mit ihr all jene, die verheiratet sind, nicht wieder zurückkehren. Du musst aber sofort kommen, um Deine Identitätskarte abzuholen, sonst verlierst Du Dein Recht auf Rückkehr.« Ich liess alles stehen und liegen, lieh mir das Geld für die Flugkarte und kehrte heim.

Zur selben Zeit hatte auch ein junger Mann aus meinem Dorf, der in Amsterdam studiert hatte, die Genehmigung erhalten, nach Hause zu fahren, um die Identitätskarte zu beziehen. Auch er hatte Glück, dass er noch nicht verheiratet war. Wir begegneten uns auf der Strasse, stellten uns gegenseitig vor, und da ich für mein Staatsexamen einige Untersuchungen über die palästinensischen Oliven brauchte, bot er sich an, mir zu helfen. Wir gingen einige Male gemeinsam in die Dörfer, unterhielten uns mit den Bauern und hatten so Gelegenheit, uns näher kennenzulernen. Allerdings war es nicht üblich, dass junge Leute sich, ohne verlobt zu sein, zusammen auf der Strasse blicken liessen.

Wir beschlossen, uns zu verloben. Eigentlich war es mir ein Rätsel, wie ich mich so schnell hatte entscheiden können. Eines Abends ging ich zu Grossvater und sagte: »Grossvater, Munîr möchte sich mit mir verloben, was meinst du dazu?« Er lächelte, lehnte sich schaukelnd in seinem Sessel zurück und sagte: »Wie schön, jetzt kann ich ruhig sterben. Ich ahnte etwas, ich hoffte es, deshalb drückte ich ein Auge zu, wenn ihr allein unterwegs wart.« In seinen Augen und nach traditionellen Wertvorstellungen war ich mit vierundzwanzig Jahren bereits zu alt, um noch einen Mann zu finden.

Einen Monat später waren wir verlobt. Ich fuhr nach Hamburg, um meine letzten Prüfungen abzulegen, und kehrte danach nach Hause zurück. Ich war das erste Mädchen aus meinem Dorf, das ein Studium im Ausland abgeschlossen und mit dem Staatsexamen für das höhere Lehramt einen hohen akademischen Grad erlangt hatte. Munîr, der sein Studium in Amsterdam bereits beendet hatte, bekam sofort einen Lehrstuhl am Birseit-College, als Dozent für Biochemie.

Sieben Jahre nach der Besetzung kehrte ich in mein Land zurück. Es war ein glühend heisser Junitag; zu Tausenden hatten sich Rückreisende beim jordanischen Grenzposten an der Jordanbrücke eingefunden. Besuchsgenehmigungen wurden nur während der Sommermonate erteilt, wenn Universitäten, Schulen und auch viele im Ausland Arbeitende Ferien hatten. Deshalb war der Andrang derer, die ihre Familien besuchen oder ihr Rückkehrrecht bestätigen wollten, so gross. Wir waren nervös, und angesichts der Warteschlangen befürchteten viele, den Grenzübertritt an diesem Tag nicht mehr zu schaffen. Wer bis zu dem im Rückreisepapier vermerkten Datum nicht einreiste, konnte im schlimmsten Fall das Recht auf die Heimkehr verwirken. Unter uns war eine Frau, die spätestens tags zuvor hätte einreisen sollen. Sie hatte aber übersehen, dass der angegebene Tag ein Samstag war, an dem die Grenze geschlossen blieb. Ihr Mann und die Kinder, die gültige Papiere hatten, überquerten weinend die Grenze, während sie nach Amman zurückreisen musste.

Nach der Kontrolle unserer Papiere warteten wir in Bussen auf das Zeichen der jordanischen Soldaten zur Weiterfahrt. Erst vier Stunden später durften wir endlich losfahren. Zwischen den beiden Grenzlinien hielt der Bus noch einmal an, und wir blieben, wiederum ohne ersichtlichen Grund, eine Stunde lang bei geschlossenen Fenstern in der prallen Sonne stehen. Der Bus war von Soldaten umstellt, die uns beobachteten, und wir wagten nicht, uns zu beschweren.

Endlich erreichten wir den israelischen Grenzposten. In einem grossen, kühlen Raum wurden unsere Papiere kontrolliert. Danach führte man uns zur Leibesvisitation. Wir, rund vierhundert Frauen, mussten unsere Schuhe ausziehen und vor den Untersuchungskabinen warten. Mit blossen Füssen, wie auf einem Fliessband nach vorne rutschend, sassen wir äusserst angespannt auf langen Bänken.

»Zieh dich aus!«, befahl die Soldatin, als ich endlich an der Reihe war.

»Was soll ich ausziehen?«

»Alles!«

»Ich schäme mich«, versuchte ich einzuwenden.

»Halt den Mund!«, tönte es zurück.

Während sie meinen Körper mit einem elektronischen Abtaster untersuchte, hörte ich aus der Nebenkabine, wie eine Leidensgenossin aufgefordert wurde, auf die Bank zu steigen und vor den Augen der Soldatin die Binde zu wechseln. Ich hörte ihr Schluchzen und weinte mit. Als ich aus der Kabine trat, sah ich mitten im Raum einen grossen Karton mit den in der Zwischenzeit kontrollierten Schuhen, aus dem sich jede die ihren hervorsuchen musste. Wir warteten. Die Soldatinnen sprachen kaum Arabisch und drückten ihre Befehle mit unmissverständlichen Gesten aus. Die Atmosphäre war gespannt. Wir alle waren verängstigt und fürchteten, etwas falsch zu machen. Tief verletzt und gedemütigt kam ich spätabends zu Hause an.

Ich hatte mich sehr auf das Wiedersehen mit meiner Familie gefreut, insbesondere mit meiner Mutter, der ich als Erwachsene neu würde begegnen können. Aber ich konnte nur zwei Wochen bleiben. Nach der Heirat würde ich meine Familie nicht mehr so oft, wie ich wollte, besuchen können, obwohl sie nur zweihundert Meter von meinem zukünftigen Heim entfernt wohnte. Es fiel mir nicht leicht, zu akzeptieren, dass ich von nun an zur Familie meines Mannes gehörte.

Anders als meine eigene gehörte Munîrs Familie zur Oberschicht von Birseit. Diese hatte ihm verschiedene Mädchen aus vornehmen Kreisen zur Heirat vorgeschlagen, aber er hatte kein Interesse gezeigt. Seine eigene Wahl schockierte dann alle. »Sie ist ja schwarz wie ein Schürhaken«, entfuhr es einer seiner Tanten in meiner Anwesenheit. Auch der Vater zeigte sich enttäuscht über den Geschmack seines Sohnes: »Dabei hättest du das feinste blondhaarige Mädchen des Dorfes haben können!« Munîr verteidigte mich. Wenn er sagte: »Sie ist die Beste, sie passt zu mir, und für mich ist sie die Schönste«, antworteten die Leute: »Ein Affe ist in den Augen seiner Mutter ein Reh.«

Heiraten war früher Sache der ganzen Familie gewesen. Ein Mädchen konnte zwar zustimmen oder ablehnen, aber frei entscheiden konnte es nicht. Der soziale und familiäre Druck war meist so stark, dass die jungen Frauen es selten schafften, sich zu widersetzen. »Traust du deiner Familie nicht?«, hiess es etwa. »Wir wissen, was für dich gut ist; wir werden dir immer beistehen.« Oder: »Du setzt die Ehre der Familie aufs Spiel!« – »Einen besseren Mann bekommst du ohnehin nicht.« – »Was werden die Leute sagen, wenn du nein sagst! Es könnte der Verdacht entstehen, dass du dich in einen anderen Mann verliebt hast. Eine Schande wäre das.« Die Mädchen, ohne Bildung und Arbeit, waren völlig von der Familie abhängig. Man gab ihnen zu verstehen, dass sie eine Last waren, welche die Familie so früh als möglich loswerden wollte. Deshalb war es klüger, sich zu fügen.

Heute entscheiden die jungen Menschen meist selber über ihre Heirat. Aber es bedarf im Allgemeinen noch immer des Segens der Familie. Die Heiratsprozedur folgt in einem Dorf wie Birseit weiterhin der Tradition: Nachdem die Heiratswilligen ihren Entschluss der Familie mitgeteilt haben, wird der Termin vereinbart, an dem die Familie des Mannes offiziell um die Hand des Mädchens anhält. Dreissig bis vierzig Männer aus der Familie des Bräutigams besuchen gemeinsam das Haus des Brautvaters, wo sie von ebenso vielen Männern empfangen werden. Nach dem üblichen Begrüssungsritual, bei dem man sich gegenseitig nach Gesundheit und Ernte und nach Neuigkeiten aus dem Dorf erkundigt, bittet der Älteste der Gäste mit einem Hüsteln um Aufmerksamkeit. Er beginnt folgende Rede: »Wir sind heute hierhergekommen, um zu vollziehen, wozu uns Gott berechtigt. Wir möchten, so Gott will, für unseren Sohn um die Hand eurer Tochter bitten. Wir hoffen, dass ihr euren Segen dazu gebt.« Darauf antwortet der Älteste der Brautfamilie: »Das Paar soll gesegnet sein.« Die Mädchen des Hauses lauschen flüsternd und kichernd an der Tür. Kaum ist das Segenswort gesprochen, muss die Braut den Raum betreten und den Männern den bereits vorbereiteten Kaffee anbieten.

Mit diesem Besuch wird die Heiratsabsicht verbindlich gemacht. Das ganze Dorf erfährt nun davon. Der Bräutigam darf die Familie besuchen und mit dem Mädchen ausgehen, aber nur in Begleitung von Familienangehörigen. Die Hochzeitsvorbereitungen beginnen: Der Bräutigam muss Hausrat und Aussteuer anschaffen und für die Braut Goldschmuck kaufen, der ihr als Sicherheit für Notzeiten dienen wird.

Die Hochzeit, zu der das ganze Dorf eingeladen wird, dauert drei Tage. Die Gäste bringen Geschenke, es wird getanzt und getafelt. Am Vorabend der Trauung färben Frauen die Hände der Braut mit Henna, um das Böse zu vertreiben und Glück herbeizuwünschen. Danach wird im Haus des Bräutigams ein Fest gefeiert. Die Braut darf teilnehmen, wenn die Familie es erlaubt, ansonsten bleibt sie mit der Mutter, den Schwestern und Freundinnen zu Hause. Am Hochzeitstag versammeln sich meist unverheiratete junge Männer im Haus des Bräutigams, der von einem Friseur zurechtgemacht und rasiert wird; die Männer singen und tanzen um ihn herum. Danach wird der Bräutigam in einem grossen Zug von tanzenden Menschen bis zur Kirche begleitet. Manchmal folgt ihnen die Brautfamilie, doch erst vor dem Kirchentor wird die Braut dem Bräutigam von zwei männlichen Verwandten übergeben. Nach der Trauung wird das Paar beglückwünscht und verabschiedet, und alle gehen nach Hause.

Die Leute im Dorf waren gespannt, wie wir, die wir im Ausland studiert hatten, unsere Hochzeit gestalten würden. Sie mutmassten darüber, was für ein Kleid und was für einen Schleier ich tragen würde und ob vielleicht einen Hut. Inspiriert von den Diakonissen und beeinflusst vom Studentenleben, zog ich aber Einfachheit und Genügsamkeit vor. So wollte ich kein weisses, europäisches Kleid tragen, sondern die palästinensische Bauerntracht meiner Mutter – war ich doch aus Liebe zu meinem Land und zu meinen Leuten nach Hause zurückgekehrt. Wie hätte ich mich da wie eine Fremde kleiden können!

In einem Punkt jedoch widersetzte ich mich der Tradition: Mein Bräutigam sollte nicht verpflichtet werden, mir Goldschmuck und andere Brautgaben zu überreichen. Es ist meine Überzeugung, dass der Wert einer Frau niemals mit Gold oder Geld aufgewogen werden kann. Ihr Wert liegt in dem, was sie gelernt hat, in ihren Fähigkeiten, ihrem Einsatz für andere Menschen und in ihrer Gabe, Menschen von den Idealen zu überzeugen, für die sie lebt. Die Brautgabe wäre mir wie ein Verrat erschienen.

Meine Mutter war entsetzt und schwor, meiner Hochzeit fernzubleiben. Ich versuchte, ihr meine Haltung verständlich zu machen. Aber sie meinte: »Wenn du keine Ansprüche stellst, werden die Leute sagen, du habest dich zu billig gegeben – und dabei bist du doch diejenige mit der besten Ausbildung!« – »Gerade deshalb«, antwortete ich. »Warum sollte sich Munîr verschulden? Es würde Jahre dauern, bis wir die Schulden abgetragen hätten. Viel klüger ist es, mit diesem Geld ein kleines Haus zu bauen. Ich würde mich schämen, Gold zu tragen. Wozu auch! Ich habe einen Beruf und brauche mich vor Notzeiten nicht zu fürchten.«

Meine ungewohnten Überlegungen lösten in unserem Haus erregte Diskussionen aus, an denen sich alle beteiligten. Sie endeten mit dem Einverständnis der Familie. Nach den vielen Tränen war das für mich eine echte Erleichterung.

Wie ein Lauffeuer verbreitete sich die Nachricht im Dorf. Gespannt warteten nun alle auf die Hochzeit. Wie es üblich ist, luden wir das ganze Dorf ein. Mit achthundert Gästen hatten wir gerechnet, mehr als zweitausend, auch aus umliegenden Dörfern, kamen. Es wurde ein richtiges Volksfest – ich in der palästinensischen Tracht, Wagen und Kirche geschmückt mit Körben voll wilder Blumen, mit Olivenzweigen, Weizenähren und Granatapfelzweigen. Auf dem Wagendach wehten grüne, rote, weisse und schwarze Bänder – die Farben der palästinensischen Fahne, die von Israel verboten worden war. Für die kurze Strecke vom Haus zur Kirche brauchten wir zwei Stunden. In Kreisen tanzten und sangen Frauen und Männer traditionelle und spontan improvisierte Gesänge. Der traditionelle Stil unserer Hochzeit war Ausdruck der Botschaft, die ich in mir trug: Ich wollte die Verbundenheit mit den Menschen im Dorf spürbar machen, unserer Kultur mit Respekt begegnen und diesen Respekt auch anderen vermitteln. Ich war die letzte Braut in Birseit, die in der palästinensischen Tracht getraut wurde.

Mich wieder ins Dorfleben einzufügen war jedoch nicht leicht. Die Tradition verlangte, an allen fröhlichen und traurigen Anlässen teilzunehmen – an Verlobungen und Hochzeiten, bei Geburten, Tauffesten und bei Todesfällen. Meist ging ich mit Familienangehörigen hin, um zu zeigen, dass der Familienverband intakt war. Oft war das für mich aufreibend: Ich wurde beobachtet und musste mich ständig vorsehen, um nicht ins Gerede zu kommen. Einmal pro Woche war der Besuch bei den Ältesten der Familie Pflicht. Die Schwiegereltern sahen wir täglich. Da es weder eine Alters- noch eine Krankenversicherung gibt, sind die Eltern im Alter völlig auf die Söhne und deren Familien angewiesen. Diese sind verpflichtet, Pflege und Fürsorge der Eltern bis zu deren Tod zu übernehmen.

Gemäss den Regeln der palästinensischen Gesellschaft, die nun auch für mich wieder galten, hatte ich wie jede Frau zu schweigen, wenn Männer zugegen waren. Sie allein führen in einer gemischten Gesellschaft das Wort. Eine Frau, die sich ins Gespräch einmischen will, muss sich mit schriller, aufdringlicher Stimme bemerkbar machen; dies wird ihr jedoch übelgenommen, und der Mann einer solchen Frau erntet von den anderen Männern herablassendes Mitleid. Daran hat sich bis heute nur wenig geändert.

Als meine Schwester ein Jahr nach mir aus Deutschland zurückkehrte und heiratete, unterstützte ich sie in ihrem Entschluss, wie ich auf das Festessen zu verzichten, zu dem jeweils eine Woche nach der Hochzeit vierzig Personen aus beiden Familien ins Haus der Brauteltern eingeladen werden. Dieser Verzicht hatte für meine Schwester unangenehme Konsequenzen. Unsere Familie habe der eigenen Tochter gegenüber keinen Respekt gezeigt, behauptet die Schwiegermutter noch heute, und deshalb verdiene sie auch in der Familie des Ehemannes keinen Respekt. Seit achtzehn Jahren ist meine Schwester nun verheiratet und muss sich noch immer derart beleidigen und kränken lassen.

Sich von den Schwiegermüttern zu distanzieren ist fast unmöglich. Oft mischen sie sich in alle Angelegenheiten ein. Damit im Haus Frieden herrscht, muss die Schwiegertochter stets nachgeben. Andernfalls gibt es Streit mit ihrem Mann, der sich verpflichtet fühlt, in erster Linie seine Mutter zufriedenzustellen. Zum Glück gibt es auch Schwiegermütter wie die meine, die sich niemals einmischt und für das Haus ein Segen ist.

Um die Kraft zu haben, mit allen Widersprüchen und Problemen des Lebens zwischen Tradition und westlichem Lebensstil zurechtzukommen, schien uns ein eigenes gemütliches Zuhause wichtig. Es sollte ein Ort sein, wo wir allein, ohne Schwiegereltern und nach unseren eigenen Regeln leben konnten. Wir nahmen ein Darlehen auf und begannen gleich nach der Heirat mit dem Bau eines kleinen Hauses.

Zur Geburt unseres Sohnes Anîs zogen wir ein. Jetzt sahen die Leute im Dorf ein, dass ich klug gehandelt hatte, als ich auf die Brautgabe verzichtete, und sie lobten unser Vorgehen. Ich hoffte, andere Frauen würden es nun ebenfalls wagen, auf die Brautgabe zu verzichten. Doch solange sie keinen Beruf haben, fehlt ihnen dazu die Sicherheit.

Während der ersten Jahre nach der Heimkehr ins Dorf fühlte ich mich in unseren vier Wänden sehr glücklich. Ein Jahr nach Anîs kam unser zweites Kind, Ghâda, zur Welt. Gemeinsam mit meiner Familie genoss ich die Natur und das einfache Leben. Oft wanderten wir ins Tal hinunter oder zum Olivenhain jenseits des Dorfes, wo wir Terrassen bauten, Steine wegräumten und die Bäume pflegten. Doch wurden wir unweigerlich auch jedes Mal, wenn wir das Haus verliessen, mit den Problemen konfrontiert, die durch die israelische Besatzung entstanden waren.

Es dauerte lange, bis ich mich an die ständige Militärpräsenz gewöhnt hatte. Im Dorf und in der unmittelbaren Umgebung erschreckten uns israelische Soldaten immer wieder mit grossangelegten militärischen Übungen, bis 1975 der palästinensische Widerstand sie daran hinderte. Manchmal wurden die Soldaten von Hunderten israelischer Zivilisten begleitet, die mit der israelischen Fahne durch unser Dorf zogen und patriotische Lieder sangen. Wir fühlten uns provoziert und erdrückt zugleich.

Mehrmals täglich fuhren Soldaten auf ihren Jeeps durchs Dorf, hielten junge Männer an und kontrollierten ihre Papiere. Kurz nach unserer Heimkehr stand mein Bruder Bassâm eines Abends mit Freunden an der Strassenecke vor der

Kirche. Ein Militärwagen hielt, man befahl den Jungen, die Hände hochzunehmen und sich mit dem Gesicht zur Wand zu stellen. Drei der fünf, unter ihnen Bassâm, wurden verhaftet. Eskortiert von mehr als zwanzig Soldaten, wurde er zu unserem Elternhaus gebracht. Einige Soldaten postierten sich vor dem Haus und auf dem Dach; andere durchsuchten das Haus von oben bis unten, die Schränke, Betten, den Kühlschrank; zwei machten sich über die Trauben an der hängenden Rebe her. Meine Mutter mit meinen beiden jüngsten Geschwistern stand verängstigt und verwirrt dabei; es war das erste Mal, dass israelische Soldaten in ihr Haus kamen. Bassâm wurde zur Vernehmung mitgenommen, und wir machten uns grosse Sorgen um ihn, ebenso wie um Munîrs Bruder, der eine Woche zuvor bei der Einreise an der Jordanbrücke verhaftet worden war. Erst nach achtzehn Tagen erfuhren wir, wohin man sie gebracht hatte, und erst dann konnte der Anwalt sie besuchen. Sie wurden beschuldigt, Mitglieder der palästinensischen Studentenvereinigung in Bagdad zu sein, wo sie studierten; man warf ihnen auch vor, dass sie sich politische Vorlesungen angehört hatten – die im Irak für alle Studenten Pflicht waren. Nur einmal monatlich konnten zwei Personen sie für eine halbe Stunde im Gefängnis besuchen. Damals erschien mir das unglaublich grausam, aber als viele Jahre später mein Sohn verhaftet und von einem Gefängnis zum andern verschleppt wurde, kam mir die erste Zeit der Besatzung geradezu harmlos vor.

Nach neun Monaten wurde mein Bruder entlassen. Er erzählte uns oft von seinen bitteren Erfahrungen. Er berichtete von den ersten Tagen in den Zelten vor dem Gefängnis von Ramallah; da die Gefängnisse überfüllt waren, wurden je rund vierzig Untersuchungsgefangene in einem Zelt untergebracht. Am dritten Tag legten sie ihm eine Binde um die Augen, steckten ihn in einen grossen Jutesack und warfen ihn auf einen überdachten Lastwagen. Um ihn herum sassen drei Soldaten, die ihn schlugen und traten. »Manchmal trafen sie meinen Bauch, das Gesicht, den Arm. Verkrampft und voller Angst wartete ich auf den nächsten Tritt, ohne zu wissen, wo er mich treffen würde. Die Fahrt war lang, und ich hatte keine Ahnung, wohin wir fuhren. Die Soldaten schienen sich zu langweilen und begannen mit mir zu spielen. Sie sagten mir einen Spruch in ihrer Sprache vor, und ich musste ihn wiederholen; sie grölten und schlugen mich von neuem, weil ich ihn nicht richtig ausgesprochen hatte. Sie stellten mir Fragen, und ich sollte mir eine witzige Antwort ausdenken. Als sie gemerkt hatten, dass ich Christ war, fragte einer von ihnen, wer Jesus getötet habe. Ich fürchtete die Konsequenzen der von ihnen erwarteten Antwort und sagte darum: ›Ganz genau weiss ich es nicht. Aber ich glaube, er ist mit dem Auto den Berg hinuntergekullert und war auf der Stelle tot.‹ Sie klatschten in die Hände und johlten. Danach schlugen sie mich nicht mehr, verlangten aber, dass ich die Antwort auf die Frage, wer Jesus getötet habe, immerzu wiederhole. Nach ungefähr zwei Stunden erreichten wir das Ziel, das Gefängnis von al-Dhachrîja bei Hebron. Dort blieb ich vier Wochen. Die Vernehmung war grausam.«

Mein Schwager war, als er im Gefängnis schwer erkrankte, entlassen und sofort nach Jordanien deportiert worden. Er verlor damit das Recht auf seine Heimat.

Wir vermissten nach unserer Heimkehr zahlreiche Familienangehörige und Freunde. Am sechsten Tag des Krieges von 1967 waren die neuen Grenzen geschlossen worden, und Tausenden war dadurch die Heimkehr verwehrt. Die Volkszählung kurz nach Kriegsende legte fest, dass nur die an diesem Tag Anwesenden die Bestätigung ihrer Gebietszugehörigkeit bekommen sollten. Alle anderen, die zur Zeit des Krieges studien- oder besuchshalber im Ausland waren, oder im Krankenhaus in Amman, konnten nicht registriert werden. Als »Abwesende« verloren sie das Recht auf Heimkehr. Die Volkszählung gehörte zu den Strategien, mit denen die Besatzungsmacht gleich zu Beginn der Besatzung die Zahl der Wohnsitzberechtigten senken wollte. Sie führte ein eigenes Registriersystem ein. Zuvor waren wir Palästinenser in Jordanien registriert gewesen; Personalausweise oder Identitätskarten hatten wir keine.

Die Leute, die nie zuvor von Volkszählungen gehört hatten und die Richtlinien nicht verstanden, reagierten verwirrt und verängstigt. Manche verheimlichten ihre Söhne. Probleme gab es bereits mit den Namen: Die Leute gaben denjenigen Namen an, der ihnen persönlich richtig schien, weil sie nicht wussten, wie wichtig genaue Angaben waren; die Analphabeten unter ihnen konnten ausserdem nicht überprüfen, ob der Name richtig eingetragen wurde. Jede Person gab ihren Namen mündlich an, und ein Beamter schrieb ihn nieder. Ein Chaos entstand. Unter »Familienname« verstehen die Palästinenserinnen und Palästinenser Unterschiedliches: den Namen der Frau, der Sippe, des Stammes oder – sehr häufig – einen Übernamen. Meine Grossmutter zum Beispiel heisst offiziell und laut Heiratsurkunde Miriam. Im Dorf wurde sie Masuude – die Glückliche – genannt, weil sie immer fröhlich war. Bei der Volkszählung gab sie ihren Übernamen Masuude an. Ihre Tochter, meine Mutter also, gab den Taufnamen ihrer Mutter – Miriam – an.

In einem anderen Fall gab ein Mann aus dem Dorf als Familiennamen den Vornamen seiner Frau an. Danach trug er als Einziger in der Familie diesen Namen, und es dauerte zwölf Jahre, bis er ihn korrigieren konnte und als Mitglied seiner Familie anerkannt wurde.

Die Mitglieder meiner eigenen Familie haben vier verschiedene Namen. Offiziell gelten wir noch heute nicht als Geschwister. Wer zufällig den Namen des Vaters bekam, war erbberechtigt, die anderen nicht. Mein Vater hat mehrmals versucht, eine einheitliche Schreibweise der Namen seiner Kinder zu erreichen, aber es ist ihm bis heute nicht gelungen. So erging es vielen; eine Berichtigung der Situation war selten möglich.

Wehmut und Trauer begleiteten uns, die Heimgekehrten, wenn wir die Städte Palästinas besichtigten. Das Land in seiner Schönheit war uns verloren. Überall begegneten wir der fremden Schrift und der fremden Sprache. Wie in West-Jerusalem wurden im palästinensischen Ostteil der Stadt Verkehrsschilder und Strassennamen auch hebräisch beschriftet, und amtliche Formulare gab es oft nur in Hebräisch. Einmal bin ich fast verzweifelt, bis ich auf dem Postamt in Ost-Jerusalem jemanden fand, der mir beim Ausfüllen der Formulare für Paketsendungen half. Bei Besorgungen in West-Jerusalem fühlte ich mich wie eine

Ausländerin. Die Geschäftsschilder waren in Hebräisch, die Menschen europäisch gekleidet, die Strassen gepflegt; überall herrschte Ordnung. Ich getraute mich nicht, auf der Strasse jemanden anzusprechen, weil man mich aufgrund der Haarfarbe und des Aussehens als Palästinenserin hätte erkennen können; der Geheimdienst würde wissen wollen, was ich hier zu suchen hatte.

Jahre später ging ich in West-Jerusalem wieder einmal in mein bevorzugtes Schuhgeschäft an der Ben-Jehuda-Strasse. Dort arbeitete eine ältere Frau, die Deutsch sprach. Wir begegneten uns jeweils als Verkäuferin und Kundin, manchmal unterhielten wir uns, wenn auch vorsichtig und mit Distanz. Unsere Namen nannten wir nicht. Ich war mit meinen beiden Kindern, drei und vier Jahre alt, im Geschäft, als plötzlich die Sirenen losheulten und ein Lautsprecher zu Vorsicht mahnte; man hatte auf der Strasse einen Sprengsatz gefunden. Die Leute im Geschäft gerieten in Panik, und ich natürlich erst recht: Für mich als Palästinenserin war es besonders gefährlich. Da trat die Verkäuferin zu mir und sagte: »Haben Sie keine Angst! Ich weiss, was es für Sie bedeuten könnte. Ich weiss, was es heisst, als Unschuldige ein Versteck nötig zu haben; ich bin während des Krieges in Holland versteckt worden. Bleiben Sie ruhig hier bei mir, bis alles vorbei ist.« Ich schaute mir weiter Schuhe an, bis nach vierzig Minuten die Strasse wieder freigegeben wurde. Die Erinnerung an solche Begegnungen prägt meinen Umgang mit Menschen.

Meine Schwiegermutter wollte uns einmal ihr Elternhaus in West-Jerusalem zeigen, das bei der Teilung der Stadt 1948 verlorengegangen war. Sie erkannte die Umgebung kaum wieder; viele neue Häuser waren entstanden und alte niedergerissen. Das Haus wurde jetzt von einer jüdischen Familie bewohnt, die uns erlaubte, von der Tür aus einen Blick hineinzuwerfen; eintreten durften wir nicht. Meine Schwiegermutter erkannte den Sessel des Grossvaters und den Schrank. Nach fast dreissig Jahren standen sie noch immer am selben Ort.

1948 hatten die vorrückenden israelischen Truppen die arabischen Bewohner aus ihren Stadtteilen und Dörfern vertrieben und den Besitz der Geflohenen konfisziert. In den 1967 besetzten Gebieten waren die meisten Menschen an ihren Wohnorten geblieben; dennoch begannen die Militärbehörden sogleich, möglichst viel von unserem Land in ihren Besitz zu bringen. Dabei beriefen sie sich oft auf ungeklärte Besitzverhältnisse. Noch im 19. Jahrhundert waren in Palästina die religiösen Autoritäten, gemeinsam mit den Dorfnotabeln, für Rechtsfragen im Zusammenhang mit Grund- und Bodenbesitz zuständig gewesen. Sie stützten ihr Urteil nicht auf Urkunden, sondern auf die Aussage von Zeugen, die wussten, welche Familie ein Stück Land von jeher bewirtschaftet hatte. Gegen Ende des 19. Jahrhunderts begannen die Türken vereinzelt Urkunden zu erstellen, die Grund und Boden erfassten. Die Engländer führten dann das Katasteramt ein, wollten die Registrierung intensivieren, aber ihre Zeit reichte nicht, um sich einen Überblick zu verschaffen. Während der jordanischen Zeit begannen die Palästinenser, ihren Besitz an Land und Häusern vermehrt registrieren zu lassen. Da aber nicht genügend Vermessungsbeamte zur Verfügung standen, konnten die jordanischen Behörden nur für einen Teil der Ländereien und Häuser offizielle Urkunden ausstellen. Viele Leute zögerten zudem mit der Registrierung, weil sie Steuern befürchteten.

Nach der Besetzung 1967 stoppten die israelischen Behörden die Registrierung sogleich und erklärten Grund und Boden, für die keine Urkunden existierten, zu Eigentum des Staates, also zu israelischem Besitz. Überdies enteigneten sie auch nach Belieben weiteres Land: Unsere Familie erhielt eines Tages einen Brief vom Militärgouverneur, der uns mitteilte, dass ein Stück Land von sechstausend Quadratmetern »in öffentlichem Interesse« konfisziert worden sei. Sechsundneunzig weitere Familien im Dorf bekamen einen ähnlichen Brief. Drei Tage danach, nur wenige Tage vor der Olivenernte, begannen Bulldozer ihr Werk. Olivenbäume wurden entwurzelt, um Baugrund für eine israelische Siedlung zu schaffen. Das ganze Dorf trauerte um die Bäume, die uns seit Jahrhunderten ernährt hatten. Aber niemand konnte etwas dagegen tun.

Land wurde auch beschlagnahmt, wenn es brach lag – etwa wegen Wassermangels oder weil die Besitzer nicht hatten nach Hause zurückkehren dürfen. Als Brachland galten auch die Weidegebiete. Weite Landstriche wurden auf diese Weise konfisziert und als Baugrund für Siedlungsstädte genutzt. An verschiedenen Orten in der Umgebung von Birseit wurden auf solchem Boden Fertighäuser erstellt. Zunächst dienten sie als Wohnstätten für Soldaten und später, mit der Erstellung von Steinhäusern, für israelische Zivilisten. Ich musste oft an den israelischen Professor denken, den ich als Gastprofessor für Geographie während des

Studiums in Hamburg kennengelernt hatte und den ich ab und zu heimlich in seinem Büro beim Keren Kajemet, dem Amt für Landnutzung, an der Ben-Jehuda-Strasse besuchte. Als er mich 1973 beim Abschluss meiner Examensarbeit über »Oliven in Palästina« betreute, zeigte er mir auf einer Landkarte der besetzten Gebiete hundertdreissig Stellen, an denen für die nächsten fünfzig Jahre Siedlungen, bereits mit Namen eingezeichnet, geplant waren. Ich nahm dies damals nicht allzu ernst. Doch jedes Mal, wenn eine neue Siedlung aus dem Boden wuchs, musste ich an Professor Orni denken, und ich erkannte die Entschlossenheit der Besatzungsmacht und ihre langjährige Planung. Immer wieder wurden mir auch die Naivität, das Unwissen und die unrealistische Haltung der Palästinenserinnen und Palästinenser schmerzlich bewusst, die noch immer auf Recht und Legalität vertrauten oder ihre Hoffnung auf Befreiung durch die arabischen Länder setzten.

1976

Wie mein Mann begann auch ich nach unserer Heimkehr 1975 an der Universität Birseit zu arbeiten. Aus der einstigen Absicht, Talitha Kumi zu leiten, war nichts geworden. Zwar blieb dies bis zu meiner Rückkehr eine mögliche Perspektive, doch hatte sich an der Schule einiges verändert. Die Schwestern waren nach Deutschland zurückgekehrt, die Schule wurde jetzt von männlichen Kirchenleuten betreut.

Die Universität war in jenen Jahren gerade erst gegründet worden. Sie war eine Antwort auf die Besatzung, denn seit 1967 waren uns die umliegenden arabischen Länder und ihre Universitäten verschlossen. Unseren jungen Leuten blieb nur die Möglichkeit, in den USA oder in Europa zu studieren, doch war dies für die meisten zu teuer. Eine eigene Universität zu gründen wurde notwendig. In Birseit bestand bereits seit 1924 eine private Schule; dass an ihr sowohl Knaben wie Mädchen unterrichtet wurden, war für die damalige Zeit äusserst ungewöhnlich. Die Schule war von Nabîha Naser, einer Tante Munîrs, gegründet worden, die zunächst in ihrem Elternhaus unterrichtete. Als eine der frühen Feministinnen im arabischen Raum hatte sie die erste Frauenkonferenz, 1938 in Kairo, mitorganisiert. Aus der Schule entwickelte sich 1962 ein College, das den »Associate Degree« vergab und den Übertritt an ausländische Universitäten ermöglichte. Das College war damals noch eine private, von Spenden begüterter Palästinenser finanzierte Bildungsstätte. Das wachsende Ansehen der Schule beruhte nicht zuletzt auf der Tatsache, dass der Schulleiter in den fünfziger Jahren als Minister nach Jordanien berufen worden war. 1972 wurde die Gründung der Universität Birseit durch die Militärbehörden genehmigt und das Vierjahresprogramm für den »Bachelor Degree« eingeführt. 1975 wurde sie international anerkannt. Im Vertrauensrat der Universität, der für die Finanzierung verantwortlich ist, sitzen bekannte Persönlichkeiten aus ganz Palästina, darunter auch solche, die im Exil leben. Bis in die achtziger Jahre wurde die Universität vorwiegend durch private Spenden finanziert, später dann zunehmend durch die PLO, die die Steuergelder von Palästinenserinnen und Palästinensern aus den Golfstaaten für solche Zwecke nutzte. Heute liegt die Finanzierung aller Bildungseinrichtungen in der Verantwortung der palästinensischen Autonomiebehörde. Noch immer versucht Birseit aber mit allen Mitteln, seine Unabhängigkeit zu bewahren.

Alle Kolleginnen und Kollegen, die an der Universität dozierten, hatten im Ausland studiert. Wir alle hätten dort mehr verdienen und auch eine fremde Staatsangehörigkeit bekommen können. Wer zurückkehrte, tat es, um mit seinen Ideen zum Aufbau der Universität und zu ihrer gesellschaftspolitischen Aufgabe beizutragen. Wir lebten als Gleichgesinnte gleichsam in einer Oase. Die Dozentinnen und Dozenten hatten ihre Ausbildung in Beirut, Kairo, Frankreich, England, Holland, den USA oder den Ostblockstaaten erhalten, ich als Erste und Einzige in der Bundesrepublik Deutschland. Wir waren mit vielfältigen Erfahrungen und Ideen zurückgekehrt, die sich gegenseitig ergänzten; viele von uns waren geprägt von der Studentenbewegung jener Jahre. Vor allem waren wir durchdrungen von den Ideen der Demokratie, der Menschenrechte und der Befreiung. Wir hatten vieles über Befreiungsbewegungen gelesen und gehört, was unser Denken und Suchen beeinflusste.

Ein reges akademisches Leben prägte die Universität: Politische Vorträge und Diskussionen waren an der Tagesordnung, soziale Probleme und Menschenrechtsfragen wurden erörtert, wissenschaftliche Ausstellungen fanden statt und vor allem Veranstaltungen und Aktivitäten zu Kunst und Literatur. Zur reinen Wissensvermittlung kamen die Belebung der palästinensischen Kultur, die kritische Betrachtung der gesellschaftspolitischen Situation und die Bestätigung palästinensischer Identität hinzu. Die Gesellschaft zu verstehen war eines unserer Ziele.

Zu jener Zeit wurde an der Universität auch die Regelung eingeführt, dass sich Studentinnen und Studenten verpflichten mussten, jährlich dreissig Stunden für soziale Arbeit einzusetzen – in der Landwirtschaft, bei der Säuberung der Strassen, im Terrassenbau, beim Bau von Abwasserkanälen im Flüchtlingslager, bei der Pflege von Verletzten. Mit diesem sozialen, wirtschaftlichen und menschlichen Basisdienst sollte die Integration der Akademikerinnen und Akademiker in die Gemeinschaft gefördert werden.

Im Rahmen meiner Tätigkeit an der Universität war ich am Alphabetisierungsprogramm beteiligt. Dieses war von der Arabischen Liga in allen arabischen Ländern angestrebt worden. Da wir unter Besatzung leben und keinen Staat haben, der diese Aufgabe übernimmt, fühlte sich die Universität

Birseit für die Alphabetisierung in Palästina verantwortlich. Eine erste Untersuchung 1976 ergab für ländliche Gebiete eine Analphabetenquote von 34,4 Prozent bei den Männern und 58,6 Prozent bei den Frauen; im Gebiet von Ramallah, wo es bereits seit längerer Zeit Schulen unter kirchlichem Einfluss gab, lag sie bei 20 beziehungsweise 28 Prozent. Die Universität bildete Lehrkräfte für die Erwachsenenbildung aus, gründete Klassen und betreute das Programm, das dann jeweils von lokalen Frauenorganisationen und Wohltätigkeitsinstitutionen übernommen wurde. Bücher und Material stellte die Arabische Liga zur Verfügung. Gegen Ende der siebziger Jahre besuchten bereits rund 8000 Frauen und 2500 Männer die Alphabetisierungskurse. Neben lesen und schreiben sollten die Frauen über spezielle Bildungsprogramme auch Selbständigkeit lernen und befähigt werden, zu planen, zu organisieren, zu entscheiden, ihre Meinung zu äussern und ihre Fähigkeiten zu erkennen. Sie wurden, zusätzlich zur Vermittlung von Allgemeinwissen in den Bereichen Hygiene, Gesundheitsfürsorge, Erziehung, Politik und Rechnen, auch in Buchhaltung und Geschäftsführung unterrichtet. Seit 1975 sind mehr als 1200 Frauen als Kursleiterinnen ausgebildet worden; es bestehen rund 130 Zentren, die für 400 Dörfer zuständig sind.

Die Universität war der einzige Ort, wo über die Situation unseres Volkes frei gesprochen werden konnte. Wir waren gemeinsam mit den Studierenden wie eine Familie. Begeistert erzählten wir ihnen von unserer Studienzeit und von der Studentenbewegung in Europa und den USA. Wir diskutierten mit ihnen die Mitbestimmungsfrage und wiesen sie auf die Bedeutung ihrer Teilnahme an Gremien hin, wo es um ihre Interessen ging.

Der Lehrkörper forderte zu jener Zeit die Gründung einer Gewerkschaft, die unsere Interessen – in Bezug auf Arbeitsbedingungen, Mutterschaftsurlaub, Krankenversicherung, Altersversicherung – wahren sollte. Dabei stiessen wir nicht nur auf behördliche Schwierigkeiten, sondern auch auf den Widerstand der Universitätsleitung. Zwar galt unsere Universität als sehr fortschrittlich, dennoch war die Idee einer Gewerkschaft noch sehr fremd und aussergewöhnlich. Die Leitung der Universität assoziierte damit – entsprechend einer weitverbreiteten Haltung – Sozialismus und Klassenkampf. Nach langen Verhandlungen einigten wir uns auf den Kompromiss, unseren Zusammenschluss statt Gewerkschaft »Verband der Lehrkräfte« zu nennen; dem konnte die Leitung zustimmen.

1976 war die Zeit auch reif geworden für die Gründung eines Studentenrates. Die Universitätsleitung war empört über die Dozenten, die diese Forderung unterstützten. Da die Dorfnotabeln die Leitung stützten, wurde es für Munîr und mich schwierig, Stellung zu beziehen. Unsere Haltung wurde von der Grossfamilie getadelt. Ich erinnere mich an intensive Diskussionen: Als Lehrkräfte versuchten wir, die Demokratieansätze in der Universität und deren Pionierfunktion zu erklären. Schliesslich liess sich die Leitung überzeugen.

Inzwischen waren das politische und das soziale Bewusstsein der Studierenden, des Lehrkörpers und der Angestellten der Universität so sehr gewachsen, dass die Stimmen gegen die Besatzung zunehmend lauter wurden. Verhaftungen von Studierenden und Dozenten häuften sich, und viele verloren ihr Leben durch Schüsse israelischer Soldaten oder durch Folterung im Gefängnis. Der israelische Slogan von der »liberalsten Besatzung der Weltgeschichte« wurde immer mehr zur Farce.

In den arabischen Nachbarländern hatte sich die PLO eine starke Stellung erkämpft. Ihre Losung vom bewaffneten Kampf zur Befreiung Palästinas machte vielen Jugendlichen grossen Eindruck, und manche beteiligten sich an der Vorbereitung von Anschlägen auf israelische Ziele, die auch zahlreiche zivile Opfer forderten. Sie erreichten damit zwar, dass die Palästinenser endlich von der Weltöffentlichkeit zur Kenntnis genommen wurden, doch der Preis war hoch. Unser ganzes Volk wurde mit Terrorismus gleichgesetzt. Die tägliche Angst der Israelis vor Bomben und Attentaten wurde zum verlässlichen Verbündeten der militärischen Führer und extremer Nationalisten. Die israelische Besatzungsmacht reagierte mit brutaler Gewalt: Da die Fedajîn, die Freiheitskämpfer, kaum zu fassen waren, musste die gesamte Bevölkerung als Geisel herhalten. Massenverhaftungen wurden nun zur Regel, ganze Dörfer wurden zu nächtlicher Stunde umstellt und durchsucht, die Männer vor der Moschee zusammengetrieben, wo sie stunden-, ja tagelang ausharren mussten. Weil unsere Leute im Gefängnis selten freiwillig aussagten und Beweise fehlten, wurden Geständnisse durch Folter und Verhaftung von Angehörigen erpresst. Bis heute dienen den Militärgerichten solche »Geständnisse« als ausreichender Beweis, um die Angeklagten zu langen Gefängnisstrafen zu verurteilen – und dies oft wegen Nichtigkeiten wie der Teilnahme an einer

Demonstration. Ende der siebziger Jahre wurde die Besatzung für uns zu einem Zustand des offenen Krieges.

Dank ihrer internationalen Beziehungen schaffte es die Universität, an die Öffentlichkeit zu gelangen und ihre Studien zur Situation der Bevölkerung unter der Besatzung bekanntzumachen. Damit war die von der Militärverwaltung verordnete Informationssperre durchbrochen, die vorwiegend indirekt funktionierte. Die Meinungsfreiheit gänzlich einzuschränken hätte dem demokratischen Image Israels geschadet; stattdessen wurden viele von denen, die sich äusserten, verhaftet oder deportiert.

Einer unserer Dozenten wurde wegen »Aufwiegelung zum Widerstand« für zwei Jahre inhaftiert. Er war beliebt wegen seines wunderschönen Flötenspiels, das viele Menschen anzog; auf dem Campus, an Familienfesten und ähnlichen Anlässen spielte er Volksweisen, die den Leuten Vertrauen und Stolz auf die eigene Kultur vermittelten. In der Vernehmungsphase wurde er gefoltert. Man bearbeitete seine Kehle abwechselnd mit kaltem und heissem Wasser, so dass seine Stimmbänder verletzt wurden. Noch heute verliert er gelegentlich die Stimme.

1974 wurde der Präsident der Universität, Hanna Naser, eines Tages zum Militärgouverneur zitiert und beschuldigt, die Unruhen an seiner Universität unterstützt zu haben. Nachdem er sich geweigert hatte, den Militärbehörden die Namen der politisch aktiven Studierenden und Dozenten bekanntzugeben, wurde er am selben Abend – zusammen mit einem Zahnarzt aus Ramallah und anderen Angeklagten – mit verbundenen Augen in einem Militärjeep in den

Libanon deportiert. Während neunzehn Jahren leitete er von dort aus die Universität – per Post, Telefon und später per Fax, die über London umgeleitet wurden. Mit ihm und nach ihm sind Hunderte von Akademikern, Politikern, Schriftstellern und Journalisten deportiert worden. Viele Frauen wurden gezwungen, ihren Männern ins Exil zu folgen. Erst 1993, als eines der ersten Resultate der Friedensgespräche zwischen Israel und der PLO, durften Hanna Naser und andere Deportierte zurückkehren; er führt jetzt sein Amt an der Universität weiter.

Die Deportationen wurden durch Notstandsverordnungen legitimiert, die die Militärbehörden 1967 in den neubesetzten Gebieten in Kraft gesetzt hatten. Diese harten Bestimmungen hatten die Briten 1945 als Kriegsmassnahmen erlassen und 1948, einen Tag vor ihrem Rückzug aus Palästina, widerrufen. Menachem Begin, damals Führer einer radikalen jüdischen Kampftruppe, bezeichnete diese Notstandsverordnungen als faschistisch, da sie sich auch gegen ihn und seine Mitkämpfer richteten. Nach der Staatsgründung und bis 1966 wurden sie indessen von der israelischen Regierung angewandt, um die palästinensische Minderheit im eigenen Land zu kontrollieren. Seit 1967 gelten sie in den besetzten Gebieten und legalisieren bis heute Verletzungen der Menschenrechte wie Deportationen und Inhaftierungen ohne Anklage oder Gerichtsverfahren, Sprengung der Häuser von »Verdächtigen« und Kollektivstrafen gegen ganze Dörfer.

Als Folge der Besatzung stellte das israelische Militär unsere Behörden und Gerichte. Der Militärgouverneur, der stellvertretend für den jordanischen Staat regierte, übernahm die legislative und exekutive Gewalt. Er allein bestimmte, welche Gesetze und Rechte für die Menschen in den besetzten Gebieten galten. Die Militärverwaltung war nun verantwortlich für die Aufgaben, die zuvor den lokalen jordanischen Behörden zugeordnet waren. Sie stellte Geburts- und Totenscheine aus, erteilte oder verweigerte Arbeits- und Ausreiseerlaubnisse, Handels- und Baulizenzen und stellte das Lehrpersonal für die Schulen ein. Um einen Telefonanschluss zu beantragen, musste man beim Militärgouverneur von Ramallah eine Genehmigung einholen, die dieser nach der Einwilligung des Geheimdienstes erteilte. Erst dann durfte die Telefongesellschaft eine Leitung legen. Um den Antrag stellen zu können, musste ich ein dafür lizenziertes Büro aufsuchen; auch wer des dafür notwendigen Hebräischen kundig war, durfte die Formulare nicht persönlich ausfüllen. Selbst unseren eigenen Namen selber zu schreiben war nicht gestattet. Nach drei Jahren des Wartens kam endlich die Einwilligung. Ich bezahlte die Gebühren und bekam einen Telefonanschluss, den ich mit dreissig Familien von Birseit sowie mit den Poststellen der umliegenden Dörfer teilen musste. Ein Angestellter der Telefonzentrale im Postamt Birseit leitete die Verbindung zum gewünschten Haus. Stundenlang, manchmal tagelang mussten wir auf eine Verbindung warten, und eine freie Leitung zu finden war äusserst schwierig. Der Antrag auf ein eigenes Telefon mit eigener Nummer lief weiter, aber erst 1991, also zwanzig Jahre später, bekamen hundert Familien in Birseit einen eigenen Anschluss, unter der Bedingung, dass wir die dreifachen Anschlussgebühren bezahlten. Ein

Drittel dieser Summe – die üblichen Gebühren, wie sie auch Israelis bezahlen – ging an die Telefongesellschaft Bezeq, der Rest in die Kasse der Militärverwaltung.

Militärverordnungen kontrollieren jeden Aspekt des täglichen Lebens. Mittlerweile – Ende 1994 – sind sie auf die stattliche Zahl von 1414 für das Westjordanland und 1100 für Gasa angewachsen. Sie bleiben in den Autonomiegebieten auch nach den Vereinbarungen mit Israel während einer Übergangszeit von fünf Jahren in Kraft und müssen dort von den palästinensischen Behörden durchgesetzt werden. Die Verordnungen verbieten unter anderem den Bau von Landwirtschaftswegen, die uns leichteren Zugang zu unseren Feldern ermöglicht hätten, mit der Begründung, es gebe keine umfassenden Erschliessungspläne der Region. Gleichzeitig bauen die Israelis aber ein Strassennetz zu ihren Siedlungen durch unser Gebiet. Sie verbieten uns die Ausfuhr der Oliven und erlauben die Einfuhr von Olivenöl aus dem Ausland. Damit haben sie den Lebensnerv unserer Landwirtschaft getroffen und viele Bauern in den Ruin getrieben. Sie verbieten die Installation von Strassenampeln, den Aufenthalt in Jerusalem und Israel bei Nacht. Seit 1991, nach verschiedenen Anschlägen, ist das Betreten Jerusalems und Israels auch tagsüber nur mit Genehmigung der Militärbehörden möglich. Es gibt Verordnungen, die festlegen, wann und wie auf Menschen geschossen werden darf; so wurden während der Besatzung insgesamt 254 Menschen erschossen, weil sie die palästinensische Fahne trugen. Für jede Gartenpflanzung von mehr als zehn Pflanzen muss eine Genehmigung eingeholt werden. Besonders unsinnig ist die

Verordnung, die den Thymian betrifft: Die Behörden stellen den Thymian unter Naturschutz und belegen ihn mit einem Pflückverbot. Dabei ist diese Pflanze in den Hügeln des Westjordanlandes weit verbreitet und keineswegs vom Aussterben bedroht. Mit dem Verbot – das wir nicht einhalten – wollen die israelischen Behörden uns in unseren alltäglichen Bedürfnissen treffen: Thymian gehört, mit Olivenöl und anderen Kräutern, zu den wichtigsten Bestandteilen palästinensischer Speisen.

Zu den Militärverordnungen, die weiterhin in Kraft bleiben und jederzeit ergänzt werden können, gehören auch Zensurmassnahmen. Es gibt eine Liste mit mehreren Hundert verbotenen Büchern und Zeitschriften, die laufend ergänzt wird. Sie nicht zu beachten kann bei einer der üblichen Hausdurchsuchungen üble Folgen haben. Viele Studierende und Dozenten wurden verhaftet, nachdem bei ihnen verbotene Literatur gefunden worden war. Aus Angst vor Repressalien verbrannten Munîr und ich eines Tages alle politischen Bücher, die uns seit dem Studium begleitet hatten. Selbstverständlich sind die bei uns verbotenen Bücher und Zeitschriften in Israel erlaubt und liegen möglicherweise zum Kauf aus.

Mit den tausend Schikanen, die isoliert betrachtet keinen Sinn ergeben, verfolgten die israelischen Behörden unausgesprochen zwei Ziele: Sie wollten die wirtschaftliche Entwicklung behindern und die Menschen, insbesondere die Intellektuellen, derart zermürben, dass sie auswandern.

Die wirtschaftlichen Bedingungen in unserem Land waren infolge der Besatzung unsicher und schwierig geworden;

die Entwicklung stagnierte und stagniert weiter. Für neue Unternehmen Betriebslizenzen zu bekommen war fast unmöglich. Die Landwirtschaft, die 1967 noch zwei Drittel der Menschen beschäftigt hatte, geriet immer mehr unter Druck. Die traditionellen Exportgebiete für palästinensisches Gemüse, Obst und Oliven in den arabischen Ländern waren verschlossen, gleichzeitig drängten jedoch billigere israelische Produkte auf unsere Märkte. Die Besatzungsbehörde beanspruchte die Kontrolle über Quellen und Grundwasser. In Birseit liess sie die Wasserleitung des Dorfes anbohren und zweigte den Grossteil unseres Wassers ab, um neuerbaute Siedlungen zu versorgen. Gärten vertrockneten, und weite Landstriche lagen brach, vor allem im Jordantal, wo ohne Bewässerung nichts gedeihen kann. Neue Tiefbohrungen für israelische Siedlungen liessen die Brunnen der Dörfer versiegen. Den Werktätigen in den besetzten Gebieten blieben nur die Emigration oder der Arbeitsmarkt in Israel; Zehntausende von Palästinenserinnen und Palästinensern suchten dort ein Auskommen. Jeden Morgen vor Sonnenaufgang fuhr an unserem Haus ein gedeckter Lastwagen vorbei. Er holte Männer, Frauen und Kinder aus dem benachbarten Flüchtlingslager Dschalasûn und brachte sie an die israelische Küste, wo sie täglich zwölf Stunden auf den Feldern arbeiteten – zu niedrigem Lohn und ohne Sozialleistungen. Nach Sonnenuntergang wurden sie zurückgebracht, denn niemand aus den besetzten Gebieten durfte die Nacht in Israel verbringen.

Die Dörfer und ihr Umland, also der grösste Teil der besetzten Gebiete, unterstanden der Militärverwaltung. Die Städte dagegen wurden von Notabeln verwaltet, die bereits in der jordanischen Zeit vor dem Krieg in ihr Amt gewählt worden waren; sie hatten sich auch 1972 wieder bestätigen lassen und blieben bis zu den Kommunalwahlen von 1976 im Amt. Die Kompetenzen der Stadträte beschränkten sich auf Dienstleistungsbereiche wie Wasser- und Elektrizitätsversorgung, Müllabfuhr und die Vergabe von Baulizenzen auf Stadtgebiet. Die israelische Regierung setzte 1976 Lokalwahlen an, weil sie eine Bestätigung der bisherigen Amtsträger erwartete, und damit eine Gegenkraft zur PLO. Erstmals durften auch Frauen an die Urne gehen. Insgeheim hofften die israelischen Behörden, dass die Stimmen der Frauen die bürgerlich-konservative Front stärken würden. Doch es kam anders: Zwar hatte man einige der populärsten Kandidaten, die der PLO nahestanden, bereits vor den Wahlen deportiert; dennoch verdrängten Leute, die inoffiziell der PLO angehörten, alle bisherigen. Seither hat Israel in den besetzten Gebieten keine Wahlen mehr durchgeführt.

Die Regeln der Besatzung verhinderten, dass Menschen beider Völker sich kennenlernten. Es war mir als Palästinenserin verboten, in Jerusalem oder in Israel zu übernachten oder nach Eilat an den Strand zu fahren. Wie hätte ich aber Menschen aus Israel treffen können, wenn nicht in der Freizeit, nach der Arbeit oder in den Ferien? Die Israelis hörten von uns Palästinensern durch den Militärsprecher nur Negatives. Die Medien berichteten von Schreckenstaten, die Vorurteile und Stereotypen bekräftigten; selten sprachen sie von unserer Kultur, von Alltäglichem. Und wir kannten die Israelis praktisch nur als Soldaten; als normale Menschen, die einkaufen oder spazieren gehen, begegneten sie uns nicht. Nie hatte ich israelische Menschen beim Beten, Weinen oder Lachen gesehen, nie Jugendliche, wie sie tanzten und sich austobten. Wir lebten – und leben bis heute – in getrennten Welten.

Einmal fragte uns ein holländischer Freund, Journalist in Jerusalem, ob wir jemals mit Israelis gesprochen hätten. Wir verneinten. Darauf lud er uns zusammen mit israelischen Freunden zu sich nach Jerusalem ein. Der Abend war bedrückend, weil wir das Gefühl hatten, etwas Verbotenes zu tun, und die Angst nicht loswurden, unter den Anwesenden könnten Leute vom Geheimdienst sein. Wir berichteten über unser Leben und die Menschenrechtsverletzungen. Man glaubte uns nicht und bezichtigte uns der Lüge. Wir versuchten klarzumachen, dass wir nur das beanspruchten, was für andere Völker normal ist: ein Recht auf Heimat, politische, nationale und menschliche Rechte. Wir wurden als Terroristen beschuldigt, und danach gab es nichts mehr zu sagen.

Eine weitere Begegnung mit israelischen Zivilisten wurde von einem Professor für Physik an der Universität Jerusalem in die Wege geleitet. Er hatte mit dem Präsidenten der Universität Birseit in den USA studiert, und sie waren Freunde geworden. Als dieser 1974 deportiert wurde, war der Israeli entsetzt. Er unternahm alles Erdenkliche, in der Hoffnung, die Deportation könnte rückgängig gemacht werden. Ihn schockierte die Unwissenheit und Gleichgültigkeit seiner Landsleute. Er besuchte uns in Birseit und bat uns zu einem Gespräch über unsere Situation in einen Kibbuz bei Tel Aviv. Schon bei unserer Ankunft umgaben uns Bewaffnete. Sie begleiteten uns zum Versammlungssaal und beobachteten uns während des Gesprächs. Die Atmosphäre war unheimlich, dennoch waren wir froh über diese Gelegenheit zur Aussprache. Drei Stunden lang erzählten wir. Einige Männer und Frauen aus der Gesprächsrunde griffen uns an, aber viele waren bereit zuzuhören.

Gegen zwei Uhr morgens waren wir wieder zu Hause. Der Tag war kaum angebrochen, als Soldaten unser Haus umstellten und meinen Mann sprechen wollten. Wir wohnten zu jener Zeit bei den Schwiegereltern. Natürlich gerieten wir in Panik und stellten uns alles Mögliche vor – Gefängnis, Deportation. Die Soldaten schlugen mit dem Gewehr an die Tür und drohten, sie aufzubrechen. Sie durchsuchten das Haus und nahmen Munîr mit. Er wurde auf einem Panzer durchs Dorf geführt und aufgefordert, die Namen und Adressen von Studierenden bekanntzugeben. Es war ein Versuch, ihn im Dorf und bei den Studierenden als Verräter hinzustellen. Sie eröffneten ihm, dass sie wüssten, wo er am Vorabend gewesen sei, und warnten ihn davor, jemals wieder ein solches Gespräch zu führen. Nach einigen Stunden brachten sie ihn zurück.

Eine Woche später wurde er vom Geheimdienst vorgeladen und über das Gespräch im Kibbuz befragt. Schliesslich wurde ihm jegliche Mitarbeit in Klubs, Komitees und Organisationen irgendwelcher Art verboten. Damals arbeitete er bei einer Zeitschrift für Kultur und Folklore der Palästinenser, und in einem Jugendklub gab er freiwillig Nachhilfestunden in Naturwissenschaften und organisierte Sportveranstaltungen.

Weitere Begegnungen mit Israelis ergaben sich in den ersten fünf Jahren nach meiner Rückkehr nicht. Erst Jahre später sollte der Leidensdruck für mich und andere Frauen so gross werden, dass wir zu einer inneren Freiheit fanden und bereit waren, in einem israelisch-palästinensischen Frauengespräch die verinnerlichten politischen Grenzen anzugehen und über unsere Realität zu sprechen.

1987

Am 9. Dezember 1987 fuhr in Gasa ein israelisches Militärfahrzeug vier Palästinenser zu Tode. Ihr Begräbnis wurde zu einer Volksdemonstration, an der sich Tausende beteiligten. Israelische Soldaten versuchten, den Demonstrationszug aufzuhalten. Als einer der Soldaten einem jungen Mann das Gewehr vor die Brust stiess, riss dieser sein Hemd auf und sagte: »Erschiess mich, wenn du willst – ich habe nichts zu verlieren ausser meinem Leben.« Und der Soldat erschoss ihn. Die Menschenmenge geriet in Aufruhr. Am selben Tag flüchtete in Jerusalem ein vierzehnjähriger Junge vor den Soldaten in den Hof eines Hauses, wo eine Frau Wäsche aufhängte. Sie sah ihn unter den Schüssen fallen. Im Flüchtlingslager Balata bei Nablus im Norden des Landes versuchte zur gleichen Zeit eine Grossmutter, ihren Enkel vor den ihn verfolgenden Soldaten abzuschirmen; beide wurden erschossen. Die Nachrichten von mehreren solchen Vorfällen an einem einzigen Tag durchzogen das Land wie ein Lauffeuer, und überall liefen die Menschen auf die Strasse, wütend und entschlossen zu kämpfen. Studierende und Schüler zerrissen ihre Bücher, errichteten auf den Strassen Barrikaden und riefen zum Aufstand auf. Die Intifada brach aus – zwanzig Jahre nach dem Beginn der Besatzung.

Die Bilanz dieser zwanzig Jahre war für uns Palästinenser katastrophal: Erziehung und Bildung waren behindert, die

Entwicklung blockiert, unsere Jugend psychisch und physisch gebrochen und ohne Perspektiven.

Mehr als die Hälfte der palästinensischen Gebiete war bereits durch die Besatzer enteignet und besiedelt worden. Während sich israelische Siedlungen stetig ausbreiteten, war die Ausweitung palästinensischer Dörfer und Städte durch Militärverordnungen unterbunden. Die Menschen waren voller Verbitterung, Wut und Hass – gegenüber der ganzen Welt, gegenüber den arabischen Staaten, die teilnahmslos zuschauten, aber auch gegenüber sich selbst, die sie sich in ihrer Ohnmacht gezwungen sahen, das Brot bei den Unterdrückern zu verdienen, mit ihren eigenen Händen den Bau von Siedlungen auf ihrem Boden voranzutreiben und sich damit selbst an der Verwirklichung der Pläne der Besatzer zu beteiligen.

Zwanzig Jahre lang hatten wir vergeblich auf Hilfe von aussen gehofft – auf die PLO, auf die arabischen Staaten, auf ein Machtwort der Grossmächte. Zu lange hatten wir darauf vertraut, dass das Recht siegen würde. Längst aber hatte sich die Weltöffentlichkeit an die täglichen Meldungen von Menschenrechtsverletzungen in den besetzten Gebieten gewöhnt, und wir begriffen, dass wir es selber schaffen müssen. Lange genug hatten wir die Besatzung wie ein unabwendbares Schicksal ertragen.

Während dieser zwanzig Jahre war jedoch eine gebildete und emanzipierte Generation von Palästinenserinnen und Palästinensern herangewachsen, die die Lebenssituation und Rechtslage in Israel und bei uns zu vergleichen vermochte: Ein demokratisches System sicherte dort den Menschen ein würdiges Leben; uns verordneten dieselben Politiker ein unterdrückendes, unmenschliches Militärsystem. Die Israelis pflegten ihr kulturelles Leben und ihren Stolz auf nationale Identität; uns Palästinensern war dies verboten. Meinungsfreiheit, politische Parteien, Gewerkschaften, Krankenversicherung, Alters- und Sozialfürsorge, Arbeitslosenschutz waren für Israelis selbstverständlich, für Palästinenser jedoch nicht existent. Doch je mehr wir unsere Kultur und Identität der Gefahr der Auflösung und Vernichtung ausgesetzt sahen, desto mehr klammerten wir uns an sie.

In den besetzten Gebieten war der Einfluss der PLO ständig gewachsen, und die Politisierung der Menschen schritt stark voran. Die Besatzung verhinderte jedoch, dass eine lokale politische Führung entstehen und öffentlich auftreten konnte; Akademiker, Politiker, Journalisten und Schriftsteller, die mit der PLO sympathisierten, liefen Gefahr, verhaftet, deportiert oder Opfer von Anschlägen zu werden. Doch im Untergrund organisierten sich die Menschen, und es entwickelte sich eine Widerstandskultur, die sich auf das Recht der Menschen auf Befreiung berief. Seit Anfang der achtziger Jahre entstanden im Untergrund Frauenorganisationen, Studenten- und Schülerräte, Gewerkschaften, Menschenrechtsgruppen und politische Parteien. Der Widerstand erfasste immer weitere Bevölkerungsschichten und führte schliesslich zum Aufstand, zur Intifada.

Das Wort Intifada bedeutet »etwas von sich abschütteln, was man loshaben möchte«; es meint auch das Beben des Körpers, der vor Wut und Aufregung von Krämpfen geschüttelt wird. Intifada wurde zur Bezeichnung für die palästinensische Volkserhebung gegen die israelische Besatzung. Die

Intifada war weder geplant noch terminiert – sie war eine spontane Reaktion auf die ständigen Demütigungen. Die palästinensische politische Führung in Tunis wie auch die Parteien, Gewerkschaften, Verbände und Organisationen im Innern wurden vom Ausmass der Erhebung überrascht. Die im Untergrund agierenden Parteien sahen sich gezwungen, sich in der »Vereinigten nationalen Führung« zusammenzuschliessen, und sie begannen, den Aufstand zu koordinieren. Diese Organisierung im Innern schuf auch ein notwendiges Gegengewicht zur PLO im Exil; die Sicht der Menschen in den besetzten Gebieten bekam dadurch grösseres Gewicht. Die Intifada war nicht nur Protest und Widerstand gegen die Besatzung, sondern ebenso ein Prozess des Umdenkens, der Selbstkritik und der Entschlossenheit, Gegenwart und Zukunft in die eigenen Hände zu nehmen. Der Aufstand wurde mit gewaltlosen Mitteln geführt: Verweigerung der Steuerzahlung, Boykott israelischer Produkte und der israelischen Militärverordnungen, Demonstrationen und Kundgebungen. Verschiedene Bevölkerungsgruppen planten in wechselnder Folge Protestaktionen: An einem Tag blieben die Geschäfte geschlossen, am nächsten wurden Schulen und Universitäten bestreikt, am dritten Tag streikten die Handwerker und am vierten weitere Berufsgruppen.

Zum Symbol des Aufstands wurden die Steine – in Anbetracht der Waffen der israelischen Soldaten eine bescheidene Gegenwehr. Die Steine sind darüber hinaus für uns ein Symbol palästinensischer Existenz überhaupt. Mit den Steinen leben wir. Fels und Steine prägen die kargen Hügel; aus dem Stein quillt das Wasser, das Land und Leute belebt. In Häusern aus Stein leben wir. Die Kinder spielen mit Steinen. Wir stolpern über sie auf unseren Wegen, schlagen uns die Zehen wund – diese Schmerzen kennen alle. Mit den Händen räumen wir die Steine aus den Feldern, schichten sie am Feldrand zu Mauern. Sie dienen aber auch als Barrikaden und zur Verteidigung wie zum Angriff. Sie symbolisieren Unbarmherzigkeit und verweisen auf Hindernisse. Sie verbinden das Leben mit dem Tod. Sie werden gefürchtet und geliebt.

Die israelischen Militärs, denen die Rolle der Besatzer längst selbstverständlich geworden war, begegneten dem Aufstand der Steine mit aller Härte und Brutalität: Es kam zu Tränengaseinsätzen, sogar in Schulen und auf Gemüsemärkten, sowie zu Hausdurchsuchungen; Hunderte von Häusern wurden als Strafmassnahme gesprengt und lange Ausgangssperren und andere Kollektivstrafen verhängt. Den Jugendlichen die Knochen zu brechen war ein ausdrücklicher Befehl des damaligen Verteidigungsministers Rabin. Für die Verhaftung von Tausenden von Menschen mussten Schulen zu Gefängnissen umfunktioniert werden. Wer beim Verteilen von Flugblättern mit Stellungnahmen der im Untergrund arbeitenden Parteien oder beim Anbringen von Parolen und Graffiti an Mauern erwischt wurde, riskierte sein Leben. Die Militärbehörden legalisierten das Erschiessen fliehender Menschen, die die Befehle von Soldaten missachteten, von Kindern, die Palästinafahnen trugen, von Menschen, die ihr Gesicht verhüllten. Jede Familie litt unter den brutalen Massnahmen. Gemäss Angaben der 1979 im Westjordanland gegründeten Menschenrechtsorganisation al-Hak waren zur Zeit der Intifada mehr als neunzig Prozent der Jugendlichen mindestens einmal im

Gefängnis – es war die Ausnahme, wenn einer nie verhaftet wurde.

Während der Intifada ging eines Tages in Ramallah ein Mann mit seinem Esel auf der Strasse. Soldaten hielten ihn an und forderten die vorbeigehenden jungen Männer auf, den Schwanz des Esels hochzuheben und ihm den Hintern zu küssen. Wer sich weigerte, wurde brutal geschlagen und verhaftet.

Nach Birseit kamen eines Nachts Soldaten, weckten die Studenten und forderten sie auf, im Nachthemd auf der Strasse Volkstänze aufzuführen. Andernfalls würden sie verprügelt. Die Soldaten krümmten sich vor Lachen.

Im April 1990 stand ich eines Tages vor einer Metzgerei in Ramallah. Plötzlich liefen einige bewaffnete Zivilisten an mir vorbei und stiegen in die dritte Etage des Gebäudes. Kurz darauf wurde von dort ein Schuss abgefeuert. Er traf einen jungen Mann, der mir gegenüberstand, in den Kopf. Die Zivilisten, unter ihnen der allseits bekannte Geheimdienstoffizier von Ramallah, kamen aus dem Haus gerannt und verschwanden. Es war die Aktion eines Mordkommandos im Auftrag des israelischen Geheimdienstes; der Junge war sofort tot. Mehrere Jugendliche eilten herbei, hoben den Toten auf ihre Schultern und wollten weglaufen, doch schon nahten Militärfahrzeuge mit Sirenengeheul. Ich reagierte sofort; ohne viel zu überlegen, stellte ich mich schreiend mitten auf die Strasse und forderte die Autofahrer auf, sich den Militärwagen in den Weg zu stellen, damit der Tote geborgen werden konnte. Eine Frau, die am Strassenrand Auberginen verkaufte, kippte ihren Korb auf die Strasse, um die Autos zum Anhalten zu veranlassen. Es war verboten, Verletzte zu bergen, und wer es doch tat, riskierte, ebenfalls erschossen zu werden. Die Militärbehörden brachten die Leichen zur Obduktion, angeblich um gemäss Gesetz die offizielle Todesursache zu bestimmen. Indem der Leichnam einige Tage entfernt wurde, verhinderten die Behörden, dass es bei der Beerdigung zu Demonstrationen kam, verunmöglichten aber gleichzeitig, dass der Tote in Würde bestattet werden konnte. Den Jugendlichen gelang es jedoch, mit der Leiche zu verschwinden, und ich atmete auf. Ein Mann brachte einen Eimer Wasser. Wir wuschen das Blut weg und heulten. In meinem Schockzustand wiederholte ich immer wieder: »Er ist tot, wer mag es sein?« Die Menschen um mich herum und in den Autos fragten: »Wie sah er aus? Trägt er ein rotes Hemd? Ein weisses? Hat er lockige Haare? Ist er blond? Ist er dunkel? Wie alt ist er?« Alle fürchteten, es könnte der eigene Sohn oder Bruder sein.

Als ich zu Hause ankam, hatte ich hohes Fieber. Da hörte ich die Lautsprecher im benachbarten Flüchtlingslager Dschalasûn eine Ausgangssperre verkünden. Ich ahnte gleich, dass der getötete Junge aus dem Flüchtlingslager stammte. Später erfuhr ich, dass es der siebzehnjährige Mustafa Al Jaru war. Ich dachte an seine Mutter, die allein trauern musste, weil während der Ausgangssperre niemand sie besuchen durfte, um sie zu trösten und ihr beizustehen. Nicht einmal das Trauern lässt man uns, dachte ich. In der Nacht konnte ich nicht schlafen. Auf einmal hörte ich draussen Geräusche und schaute vom Balkon auf die Strasse hinunter. Ein junger Mann bat mich um ein sauberes weisses Leintuch. Ich brachte es in der Annahme, die Jungen wollten Spruchbänder anfertigen. Am nächsten Tag hörte ich, dass die Ausgangssperre im Flüchtlingslager für eine Stunde aufgehoben war, und kurz darauf sah ich junge Leute an meinem Haus vorbei in Richtung Friedhof rennen. Ein Licht ging mir auf: Die jungen Leute von Birseit hatten den Leichnam in das weisse Tuch gehüllt, aus dem Versteck zur Familie gebracht, damit sie Abschied nehmen und ihn in aller Würde begraben konnte. Ich habe die Mutter des Jungen darauf mehrere Male besucht. Jedes Mal wollte sie von mir wissen, was ich gesehen hatte und ob ihr Sohn noch etwas gesagt, geweint oder geschrien habe.

Seit Beginn der Intifada mussten wir täglich mit Strassensperren rechnen. Autos und Fussgänger wurden kontrolliert, Koffer, Tüten und Säcke durchsucht, Identitätskarten zur Kontrolle eingezogen. Manchmal warteten wir mehrere Stunden – die Frauen im Auto, die Männer in der heissen Sonne auf der Strasse stehend oder hockend, die Hände hinter dem Kopf. Oft warteten wir bis zum Abend. Dann durften die einen nach Hause, die anderen landeten im Gefängnis. Unsere Kinder mussten für ihren fünfzehnminütigen Schulweg zwei Stunden rechnen. Schon um sechs Uhr verliessen sie das Haus, suchten immer neue Wege, um die Sperre zu umgehen und rechtzeitig zur Schule zu kommen. Oft gelang es ihnen nicht. Den Kindern verging die Lust zu lernen; der Unterricht würde sowieso ausfallen, weil viele Schüler die Schule nicht erreichen könnten, meinten sie. Siebenundzwanzig Schultage verpasste unsere achtjährige Tochter Hâla 1991 wegen der Sperren. Die Angst war kaum zu ertragen: Jeden Morgen, wenn die Kinder sich auf den Weg gemacht hatten, stand ich am Fenster und versuchte zu erkennen, ob die Menschen sich normal oder hektisch bewegten und ob Autos die normalen Strassen oder Nebenstrassen benutzten. Ich wartete auf ein erlösendes Zeichen, dass die Kinder es geschafft hatten, und empfand ohnmächtige Wut über diese gezielte Demütigung. Nie verlief ein Tag wie geplant. Ich mahnte mich jedes Mal zur Geduld, aber immer wieder verlor ich die Nerven, und mein Herz klopfte vor Aufregung und Angst, dass an der Sperre etwas Unerwartetes passieren könnte. Wer seufzte oder klagte, riskierte Schläge oder gar Verhaftung. Die Soldaten hätten dem Alter nach meine Söhne sein können, und sie hatten das Recht, uns zu schikanieren. Auch wenn sie mir leidtaten, fürchtete ich mich vor ihnen. Wie oft passierte es, dass ein Soldat einen Menschen erschoss, weil dieser den Befehl anzuhalten nicht befolgt oder einfach überhört hatte. Wenn ältere Soldaten an der Sperre waren, hatte ich weniger Angst vor Kurzschlussreaktionen.

Ausgangssperren wurden regelmässig für mehrere Stunden oder Tage verhängt. Nachts oder in den frühen Morgenstunden fuhren Militärfahrzeuge durch die Strassen, und aus Lautsprechern erklang die Aufforderung: »An die Einwohner von Birseit: Auf Befehl des Militärgouverneurs ist die Ausgangssperre für unbestimmte Zeit und bis auf Widerruf verhängt. Wer die Sperre bricht, begibt sich in Lebensgefahr und muss mit dem Tod rechnen.« Oft mussten sich alle Männer über vierzehn Jahre vor der Kirche, dem Postamt oder dem Stadthaus versammeln und stundenlang – einmal gar vierzehn Stunden – auf dem nackten

Boden sitzen, während Militäreinheiten ein Haus nach dem andern durchsuchten. Die versammelten Männer wurden kontrolliert und Einzelne von ihnen verhaftet.

Als unsere Kinder klein waren, hatte ich während der Ausgangssperren Angst um meinen Mann, die Brüder und Schwäger, die Nachbarn und Freunde. Ich fürchtete, dass Soldaten in unser Haus eindringen könnten, und machte mir Sorgen um die Kinder, die mit Hass und Wut konfrontiert wurden und Ängste ausstanden. Ich fühlte mich ohnmächtig, wenn ich ihnen erklären musste, was vor sich ging. Hinzu kam die Wut, dass durch die Ausgangssperre mein Tagesablauf durcheinandergeriet.

Später dachte ich nicht mehr an meine Pläne, an Arbeit oder Essen, sondern sorgte mich lediglich darum, ob jemand verletzt, verhaftet oder getötet wurde. Ich geriet der Kinder wegen, die jetzt oft auf der Strasse waren, in Panik. Verstecken? Aber wo? Werden sie erwischt, werden sie brutal geschlagen und verhaftet? Ich versuchte ihnen zuzureden, sich den Soldaten gegenüber höflich zu verhalten, um diese milde zu stimmen. Die Kinder tadelten mich und warfen mir Feigheit und Kapitulation vor. Oft verschwand unser Sohn Anîs mit anderen Jugendlichen im Tal, bevor sich die Soldaten überall verteilten. Ich rannte von einem Fenster zum andern und hielt Ausschau. Einmal sah ich zwei Jungen mit blauen Jacken und in der Nähe mehrere Soldaten. Mit Pfiffen warnte ich die Jungen, und sie rannten weg. Da näherten sich die Soldaten dem Nachbarhaus und holten drei Studenten heraus, die blaue Jacken trugen, in der Annahme, sie seien diejenigen, die auf der Strasse gewesen waren. Die drei hatten keine Gelegenheit, ein Wort zu sagen; sie wurden derart brutal zusammengeschlagen, dass sie nachher ins Haus getragen werden mussten.

In den Flüchtlingslagern waren die Ausgangssperren häufiger und grausamer. 1988 dauerte sie einmal gar vierzig Tage und wurde nur alle drei Tage für zwei Stunden aufgehoben, damit die Leute Essen und Wasser besorgen konnten. Den 7000 Bewohnern und Bewohnerinnen des Lagers Dschalasûn war es oft unmöglich, innerhalb der zwei Stunden ihre Besorgungen zu erledigen – oder einen Angehörigen zu beerdigen.

Wann immer möglich, begaben sich sogleich, wenn eine Ausgangssperre ausgerufen wurde, Ärzte der in den siebziger Jahren gegründeten Palästinensischen Nothilfe in die Flüchtlingslager, um dort im Versteckten medizinische Hilfe zu leisten. Nachts gingen junge Menschen aus Birseit heimlich ins Flüchtlingslager und brachten den Menschen Nahrung und Medikamente. Diese Jungen riskierten, angeschossen oder verhaftet zu werden.

Während der Ausgangssperren hörte ich nachts manchmal Schritte auf der Treppe. Es klopfte, und eine Stimme sagte: »Bitte kein Licht machen! Und mach die Tür erst nach unserem Verschwinden auf. Wir sind die Schabâb und bitten dich, die Sachen, die wir gebracht haben, zu verteilen.« Später ging ich hinaus und fand einen grossen Sack voll Brot, den die Schabâb – »die Jugend« – uns hingestellt hatte. Eine Nachbarin fand Zucker, Reis und Trockenmilch, eine andere Medikamente. Die Verteilung ging mit Hilfe der Frauen heimlich vor sich, von Haus zu Haus. So versuchten wir, die schwierigen Situationen zu bewältigen. Wir schöpften Kraft und Mut aus der gegenseitigen Hilfe und Solidarität.

Immer wieder führten verlängerte Ausgangssperren während der Erntezeit zum Verderben von Früchten und Gemüse.

Zur Zeit der Intifada hatte eine Freundin aus dem Flüchtlingslager ihren Mann nach langer Krankheit verloren. Als sie aus dem Lager fuhr, um einiges für die Trauerfeier einzukaufen, stiess ein Militärwagen mit ihrem Auto zusammen; in der Folge litt sie an schweren Lähmungserscheinungen. Die Frau hatte sieben Kinder. Der älteste Sohn, neunzehnjährig, war seit seinem zwölften Lebensjahr sechsmal verhaftet worden. Er bereitete sich eben in einem zweiten Anlauf auf das Abitur vor und kämpfte mit aller Kraft dafür, dass er es schaffte. Ein Jahr zuvor war er am Lagereingang, auf dem Weg zur Prüfung, von Soldaten aufgehalten worden, so dass er den Termin versäumte; er hatte deswegen noch einmal ein ganzes Schuljahr absolvieren müssen. Ich versuchte ihn zu überzeugen, sich diesmal während der Prüfungszeit nicht bei seiner Familie aufzuhalten. Ich besorgte ihm in Ramallah einen Platz, wo er sich während der zehn Prüfungstage in Ruhe vorbereiten konnte. Er war sehr froh darüber, aber am Abend vor seiner Abreise sagte er mir, er habe kein Recht, das Lager im Stich zu lassen, er sei nicht besser als die anderen. Er müsse bei der Familie bleiben und sie verteidigen, falls die Soldaten kämen. Am nächsten Tag, als ich von der Arbeit zurückkehrte, lief mir Hâla entgegen und flüsterte mir ins Ohr: »Muhammad ist gekommen, er ist den Soldaten entwischt.« Er hatte sich auf der Flucht die Hand verletzt und war mit Munîr beim Arzt gewesen. Glücklicherweise war es die linke Hand, und er würde bei den Prüfungen dennoch schreiben können. Wir einigten uns darauf, dass er für eine Woche bei uns blieb. Niemand sollte wissen, wo er sich aufhielt, auch seine Mutter und Geschwister nicht. Er sagte: »Seit einer Woche habe ich meine Schuhe Tag und Nacht anbehalten, damit ich jederzeit fliehen kann.« Er schaute von unserem Balkon ins Tal hinunter und sagte: »Oh, wie schön ist Palästina. Ich glaube, ich habe zum ersten Mal Zeit und Ruhe, es mir anzusehen.« Er erzählte mir, dass er sein Leben im Flüchtlingslager zugebracht habe – Tag für Tag nur der Anblick von Blechdächern und von Soldaten und ständig vor Überfällen auf der Hut. Er habe nie die Ruhe gehabt, die Landschaft zu betrachten. Darauf nahm er seine Bücher und ging ins Zimmer, um zu lernen.

Gegen Mitternacht wurde ich von Autolärm und Schüssen geweckt. Scheinwerferlicht drang in unser Haus. Ich ging auf die Veranda und sah, dass Soldaten in den Häusern ringsum Razzien durchführten. Viele Jugendliche hatten sich versammelt und bewarfen die Soldaten mit Steinen, eine heftige Auseinandersetzung war im Gang. Ich hatte Angst um Muhammad, der ahnungslos schlief. Würde er bei mir erwischt, könnten unser Haus versiegelt und Munîr und Anîs verhaftet werden. Muhammad und Anîs würden sich nicht verstecken wollen, wenn sie aufwachten, sondern hinausgehen. Ich zitterte vor Aufregung und hoffte, dass keiner aufwachte. Nach drei Stunden zogen die Soldaten endlich ab. Am nächsten Morgen um fünf Uhr weckte ich Muhammad, damit er vor der Errichtung der Strassensperre nach Ramallah zur Prüfung gehen konnte. Zum ersten Mal seit drei Jahren habe er gut geschlafen, sagte er. Ohne die

Ereignisse der letzten Nacht zu erwähnen, brachte ich ihn unbehelligt zum Prüfungssaal. Am Nachmittag kam einer seiner Freunde, holte seine Sachen ab und sagte, Muhammad wolle uns nicht in Gefahr bringen und werde sich irgendwann melden. Er hatte vom nächtlichen Geschehen erfahren und blieb deshalb fern. Am letzten Prüfungstag wurde er verhaftet und zu zwei Jahren Gefängnis verurteilt. Seine Zukunft war zusätzlich bedroht – ohne Abitur konnte er keinen Beruf lernen und würde sich als Hilfsarbeiter durchs Leben schlagen müssen. Als ich ihn später nach seinen Plänen fragte, schaute er mich spöttisch an: »Nicht mal für die nächste Stunde weiss ich, was mit mir geschehen wird, wie soll ich mir da vorstellen, was aus meiner Zukunft wird!«

Von 1989 an waren die Schulen während achtzehn Monaten und die Universitäten gar während zweiundfünfzig Monaten geschlossen. Der Schliessungsbefehl galt jeweils für einen Monat und wurde dann verlängert. Anfänglich glaubten wir, es handle sich wirklich nur um einen Monat. Doch bald erkannten wir, dass mit der Befristung nur Proteste aufgefangen werden sollten. Trotz des Verbots wurde der Unterricht im Untergrund weitergeführt. In Birseit unterrichteten vierundzwanzig Lehrer und Lehrerinnen rund vierhundert Kinder; Munîr übernahm die Organisation. Alle machten mit, obwohl es verboten war, zu Hause zu unterrichten. Kein einziges Kind blieb weg. Der Unterricht fand in der Kirche, in der Moschee, unter Bäumen und in Privathäusern statt. In unserem Haus und seiner nächsten Umgebung hatten wir vier Klassen eingerichtet. Wenn Soldaten anrückten, wurden wir durch Pfiffe gewarnt, und die

Schüler rannten ins Tal und versteckten sich. Es war beeindruckend, zu sehen, mit welcher Begeisterung die Kinder lernten und wie kritisch sie an die Lernprogramme herangingen. Die Schulleitung forderte die Lehrer auf, der Situation angepasste palästinensische Lehrpläne und Lehrprogramme zu entwickeln. Manche Schulen fertigten Mappen für den Selbstunterricht an. Auch der Universitätsunterricht lief trotz Verhaftung von Studierenden, Mitarbeitern und Professoren im Untergrund weiter. Obwohl es verboten war, drang ich mit zehn Studenten heimlich in die Universität ein und erteilte Laborunterricht. Einige meiner Studenten waren zu Haftstrafen von drei Jahren auf Bewährung verurteilt. Sie nahmen das Risiko einer erneuten Verhaftung auf sich, um endlich ihr Studium abschliessen zu können. Vor Sonnenaufgang betraten wir das Gebäude und arbeiteten bis Sonnenuntergang hinter zugezogenen schwarzen Vorhängen. Im Untergrund zu unterrichten war eine Herausforderung; es war ein Notbehelf, hart und unbefriedigend, aber er stärkte uns in unserem Kampf für das Recht auf Bildung.

Einmal, als eine Schulklasse auf unserer Veranda arbeitete, sahen wir einen Militärjeep näher kommen. Ein Pfiff, und im Nu rannten alle Schüler ins Tal und versteckten sich in den Olivenbäumen. Als der Jeep wieder weg war, kehrten sie zurück.

An einem der folgenden Abende, gegen Mitternacht, hörte ich vor dem Haus Geräusche. Ich blickte hinaus, sah einen Schatten und vermutete, es sei ein Hund oder ein Esel, die nachts jeweils durchs Dorf streunten. Am nächsten

Morgen lag unser Hund tot vor der Tür – ein beunruhigendes Zeichen, denn wenn ein militärischer Überfall geplant war, kam es vor, dass zuvor die wachenden Hunde zum Schweigen gebracht wurden.

Am Abend waren wir unruhig und zögerten, schlafen zu gehen. Plötzlich hörten wir erneut Geräusche und sahen, wie fünf vermummte junge Leute den Telefonmast hochkletterten und die Telefonleitung durchschnitten. Ich hielt die Vermummten für politisch aktive Jugendliche, die die Intifada unterstützten, und rief: »Was ihr macht, ist falsch! Das Telefon dient uns allen. Seid vernünftig und konstruktiv.« Sie aber schnitten alle Leitungen durch und begannen dann, unser Haus mit Steinen zu bewerfen. Sie zertrümmerten die Fensterscheiben des Wohnzimmers und warfen grosse Steine gegen die Haustür, so dass ich fürchtete, sie könnte zersplittern. Die Steine flogen ins Zimmer, in dem Munîr und ich uns aufhielten. Der schlafenden Kinder wegen wagte ich nicht zu schreien. Eine schreckliche Befürchtung erfüllte uns: Wir glaubten im ersten Moment, die Angreifer seien PLO-Kräfte – was bedeutet hätte, dass sie uns für Kollaborateure hielten. Die Ungewissheit und Angst waren unerträglich. Munîr hatte starkes Herzklopfen und Schweissausbrüche; ich glaubte, uns stünde eine Katastrophe bevor. Dann nahmen wir uns zusammen und versuchten, uns gegenseitig zu beruhigen und zu trösten.

Eine halbe Stunde später ging Munîr zum Nachbarn, einem Vetter, um mit ihm diese Sache zu bereden. Ich blieb zu Hause. Plötzlich hörte ich wieder Schritte und sah die fünf Gestalten zurückkommen und mit Molotowcocktails in den Händen auf das Nachbarhaus zugehen, in dem sich

Munîr aufhielt. Sie warfen sie durch die Fenster, und Flammen schlugen aus dem Haus. Sie warfen auch Steine in die Zimmer. Die Kinder des Nachbarn schrien fürchterlich. Ich hatte Angst, Munîr könnte auf dem Rückweg getötet werden. Einige Minuten später hörte ich eine andere Nachbarin schreien: »Sie töten meinen Sohn!« In diesem Moment trieb mich eine unheimliche Kraft auf den Balkon, und ich rief, so laut ich konnte, um Hilfe. In wenigen Minuten versammelten sich viele Menschen vor unserem Haus. Ich aber zitterte nur noch und verlor meine Stimme; vier Tage lang konnte ich keinen Ton mehr herausbringen. Es stellte sich heraus, dass diese Männer den Sohn der Nachbarin und den Wächter des Rathauses mitgenommen hatten. Die Nachbarin hatte sich an einen der Männer geklammert, ihm die Vermummung weggerissen und ihn erkannt – er wohnte nur ein paar Häuser weiter. Damit war klar, dass es sich um Kollaborateure handelte.

Sie hatten die beiden Jungen auf dem Dach des Hauses an einem Fernsehmast festgebunden. Es war ein Wintermorgen im Februar 1989, im Dorf lag Schnee, und die beiden Jugendlichen waren der eisigen Kälte ausgesetzt. Das ganze Dorf versammelte sich, aber niemand konnte etwas tun, denn die Täter drohten, die beiden zu töten. Es war eine der schwersten Stunden meines Lebens. Munîr und einige Gleichgesinnte beschlossen, den Militärgouverneur um Hilfe zu bitten. Nach den Regeln des Widerstands war dies verboten, weil es Zusammenarbeit mit dem Feind bedeutete, doch war uns die Rettung der beiden Menschen höchstes Gebot. Innerhalb einer halben Stunde waren der Militärgouverneur, der Chef des Geheimdienstes und mehrere Soldaten da. Der Gouverneur rief einem der Männer zu: »Machmûd, es ist genug, lass sie jetzt frei.« Danach gingen die Militärs fort, ohne sich darum zu kümmern, dass Molotowcocktails geworfen worden waren. Dies erstaunte uns, weil normalerweise bei Entdeckung von Molotows tagelange Ausgangssperren verhängt wurden. Die beiden Opfer lagen zwei Wochen im Krankenhaus. Sie waren mit Rasierklingen im Gesicht verletzt worden, hatten Verbrennungen von Zigaretten auf dem Rücken und Wunden von schweren Schlägen am Kopf.

Die Dorfbewohner fassten den Beschluss, den bewaffneten Kollaborateur zu verstossen; er wohnt seither in einem israelischen Ort. Sein Onkel, der am Vorfall beteiligt war, musste dem Dorf sechs Monate fernbleiben und sich öffentlich zur Reue bekennen. Die Telefonleitung blieb achtzehn Monate unterbrochen, der Militärgouverneur erlaubte die Reparatur nicht; die Grundgebühren mussten wir jedoch trotzdem weiterbezahlen.

Der Einsatz von Kollaborateuren in Birseit war ein Versuch gewesen, uns zum Schweigen zu bringen, zu entmutigen und schlechtzumachen. Doch die Menschen aus dem Dorf und der Umgebung besuchten uns und stärkten uns mit ihrem Respekt und ihrer Anteilnahme.

Die Kollaborateure, von denen es einige Tausend gibt, spielen noch heute bei der Aufrechterhaltung der Besatzung eine wichtige Rolle. Es gibt Kollaborateure, die sich freiwillig zu dieser Tätigkeit bereit erklärten, aus finanzieller Not, sozialem Elend oder persönlicher Schwäche. Andere wurden unter physischem oder psychischem Druck gezwungen, mit dem israelischen Geheimdienst zusammenzuarbeiten. Viele Jugendliche, auch Kinder und Frauen, sind Kollaborateure geworden. Sie betätigten sich als Schnüffler, gaben Informationen an die Militärbehörden weiter; andere wurden zur Verhaftung von Palästinensern, zur Folterung von Gefangenen oder sogar zur Erschiessung von Menschen veranlasst. Wer sich eindeutig eines Verbrechens schuldig gemacht hatte, wagte nicht mehr, sich in seinem Dorf zu zeigen. Israel sorgte damals noch für ihren Schutz, doch ihre Ansiedlung in Nazareth und anderen Orten in Israel stiess auf den Widerstand der israelischen Bürger, die sich – auch aus Furcht – weigerten, sie in ihre Dörfer aufzunehmen. Oft werden diejenigen, die aus dem Kollaborationsgeschäft aussteigen wollen, von den eigenen Komplizen oder dem Militär beseitigt.

Viele Mütter gaben dem Druck des Geheimdienstes nach: Vor die Alternative gestellt, den Sohn für fünf Jahre hinter Gittern zu wissen oder in einigen Wochen auf freiem Fuss, waren einige von ihnen bereit, Informationen weiterzugeben oder jemanden in eine Falle zu locken. Kam der Sohn unerwartet schnell frei, schien sich der Verdacht zu bestätigen, dass Kollaboration im Spiel war, und wie der Blitz verbreitete sich die Nachricht. Viele Söhne verliessen daraufhin ihre Dörfer und kamen nie wieder. Die Enttäuschung über den Verrat der Mutter oder die Angst, selbst in Verruf zu kommen, vertrieben sie. Diese Leute haben es heute sehr schwer. Sie sind nicht eigentliche Verbrecher, gelten aber als Verräter. Ihr Selbsthass ist gross, weil sie sich bewusst sind, dass sie ihre eigenen Leute verraten haben und eine Abrechnung befürchten müssen; Israel jedoch kümmert sich nicht mehr um ihre Sicherheit. Ihre Rehabilitation ist dringend notwendig. Uns alle, Eltern, Erzieher und Jugendliche, begleitet dieser Albtraum noch immer: Der Kollege am Arbeitsplatz, die Kameradin auf der Schulbank, der Nachbar, die Schwester oder die Mutter könnte ein Verräter, eine Verräterin sein.

Vierzehn Monate nachdem unser Sohn Anîs durch den gezielten Schuss eines Soldaten schwer verletzt worden war, an einem Morgen im kalten Februar 1992, wurde vor Sonnenaufgang die Ausgangssperre ausgerufen. Die Lautsprecher rissen uns aus dem Schlaf. Hâla, die Jüngste, kroch zu mir ins Bett und versteckte sich. Die beiden Älteren rannten aufgeregt von einem Fenster zum andern und wollten wissen, was los ist. »Wie lange wird die Sperre bleiben? Wen suchen sie?«, fragten sie. Munîr war krank; er litt an einer Nervenentzündung, die eine schmerzhafte Versteifung des Rückens und des Arms bewirkte. Er drehte das Radio an, um vielleicht auf einem der Sender etwas über die Gründe der Ausgangssperre zu erfahren. Um Essen und Trinken brauchte ich mir keine Sorgen zu machen; ich hatte für solche Situationen vorgesorgt. Mehl, Trockengemüse, Oliven, Öl und Thymian hatten wir genug. Ich fürchtete nur, jemand könnte krank werden oder die Diabetes- und Blutdruckmedikamente der Grosseltern könnten ausgehen. Den Tag und darüber hinaus zu planen war sinnlos. Meine Wut musste ich verdrängen, um einen klaren Kopf zu bewahren für das, was auf uns zukommen mochte. Mir bangte davor, dass die Kinder auf den Balkon gehen und sich in Gefahr begeben könnten. Die physischen und psychischen Wunden seiner schlimmen Erfahrungen waren bei Anîs noch frisch und quälten ihn. Was, wenn sie ihn bei uns fänden und ihn mitnähmen?

Zwei Stunden später hämmerte es an die Tür. Sechs Soldaten standen davor und verlangten nach meinem Mann. Ich wollte ihn schützen und sagte, er sei krank. Doch Munîr kam, gekrümmt vor Schmerzen, zur Tür, um sie davon abzuhalten, das Haus zu betreten. Die Soldaten wollten Munîr zwingen, auf die Strasse hinunterzugehen, um Graffiti an der Mauer zu übermalen. »Hol deine Identitätskarte, und folge uns!« Munîr war wegen seiner Erkrankung sehr behindert und konnte sich kaum bewegen. Deshalb nahm ich meine Identitätskarte und folgte ihnen. Nach einigem Hin und Her akzeptierten sie schliesslich, dass ich an seiner Stelle mitging, und forderten mich auf, die Graffiti zu übermalen. Ich bat sie um weisse Farbe und einen Pinsel. Einige lachten über meine Naivität, die anderen wurden wütend: »Weisst du nicht, dass es Pflicht ist, Farbe und Pinsel im Haus zu haben?«

»Meines Wissens ist es verboten, Farbe im Haus zu haben«, erwiderte ich, »damit die Kinder keine Graffiti schreiben.«

»Halt den Mund, und besorg dir Farbe!«

Ich ging Richtung Postamt und begegnete fünf jungen Männern, die man ebenfalls gezwungen hatte, Parolen zu übermalen. Niemand sprach ein Wort; ich ging an ihnen vorbei und kehrte dann zu den Soldaten zurück.

»Wo ist die Farbe?«, fragten sie.

»Die Geschäfte sind wegen der Ausgangssperre geschlossen«, antwortete ich.

Wütend befahl mir einer der Soldaten, Erde mit Wasser zu vermischen und damit die Graffiti zu überstreichen. Ich tat es, obgleich ich wusste, dass das Beschmieren der Wände mit Erde in der palästinensischen Tradition einen Trauerfall ankündigt. Ich tat es, um Munîr und Anîs zu schützen. Wie alle anderen, die an diesem Tag während der sechzehnstündigen Ausgangssperre gezwungen wurden, Wände zu beschmieren, fühlte ich mich tief gekränkt und gedemütigt.

Die alltäglichen Schrecken der Intifada lehrten uns Frauen, auf eigene Weise und mit der uns eigenen Stärke Widerstand zu leisten – gewaltlos und klug. Dies wurde mir in meinem eigenen Verhalten deutlich: Ich hatte mit meinen Töchtern Ghâda und Hâla verabredet, dass ich sie um zwölf Uhr am Schultor abhole. Es war zu gefährlich, sie allein auf die Strasse zu lassen; zu oft geschah es, dass eine Kugel einen vorbeigehenden Menschen traf. Damals arbeitete ich in Ramallah im Notquartier der Universität, die geschlossen worden war. Um halb zwölf hörte ich in meinem Büro Schüsse und Schreie. Voller Panik eilte ich Richtung Schule. Die Strassen waren von Barrikaden versperrt, Steine flogen durch die Gegend, alte Autoreifen brannten, Soldaten rannten hinter Jugendlichen her und feuerten Schüsse ab. Während sich ein wuchtiges Militärfahrzeug näherte, forderte ein junger Mann uns Vorbeigehende auf, uns in eine Ecke zu kauern und aneinanderzurücken. Ich befolgte wie alle anderen seinen Rat. Darauf kamen mehrere junge Männer herbeigerannt und deckten mit ihren Körpern die zusammengedrängte Schar. Einige von ihnen wurden verletzt, als das Militärfahrzeug bei uns anlangte und aus seinem Rüssel pflaumengrosse Steine auf uns zu speien begann. Es war eine unglaubliche, schockierende Erfahrung: Eine Maschine wurde eingesetzt, um uns zu steinigen.

Ich lief weiter Richtung Schule. An einer Strassenkreuzung hatten sich sechs Soldaten aufgestellt und schossen wild um sich. In Panik klammerten sich vier kleine Schulmädchen, die am Strassenrand standen, aneinander fest und schrien vor Angst. Ich warf meine Tasche zu Boden, lief mit erhobenen Händen auf die Soldaten zu und sagte auf Englisch: »Bitte, hört mit Schiessen auf, nur fünf Minuten, damit die Mädchen nach Hause gehen können. Danach könnt ihr, wenn ihr wollt, weiterschiessen.« Auf einmal war Stille. Die Soldaten starrten mich an. Ich ging auf die Mädchen zu, nahm sie bei der Hand, überquerte mit ihnen die Strasse und hiess sie, schnell weiterzugehen. Dann ging ich zu den Soldaten zurück, hob meine Tasche auf und sagte: »Vielen Dank! Jetzt könnt ihr weitermachen.« Sie schauten einander an und verliessen den Ort.

Danach versuchte ich zu verstehen, was geschehen war. Ich glaube, dass die Soldaten sich als Menschen angesprochen fühlten und entsprechend menschlich reagierten. Das Wagnis einer schwachen, unbewaffneten Frau, die sich ihnen unter Lebensgefahr näherte und sie ansprach, hatte sie verwirrt. Eine Frau, eine »schwache Kreatur«, zu attackieren hätten die Soldaten als Verletzung ihrer Männlichkeit empfunden. Hätte ein Mann dasselbe gewagt, wäre er vermutlich sogleich erschossen worden. Männer begegnen sich als Rivalen, trauen einander Gewalttaten zu und scheuen sich nicht, einander anzugreifen. Den Frauen hingegen trauen

Männer weder Mut noch politische Handlungsfähigkeit zu. Dieses Verständnis von stark und schwach ist für uns Frauen von Bedeutung. Wir nutzen es zum Wagnis und lassen aus dieser »Schwäche« unsere »Stärke« wachsen. Bewaffnet mit »Schwäche«, erlangen wir Mut zum Handeln. Wir setzen unser Frausein bewusst für unseren Kampf ein.

Die Jahre der Intifada hinterliessen tiefe Spuren in meinem Leben. Sie weckten ungeahnte Kräfte und zwangen mich zu Wagnis und Einsatz, doch zugleich erschütterten sie meine Gefühle und verletzten oft meine Seele. Sie zerstörten den Traum vom friedlichen Zusammenleben und von einer normalen Entwicklung und Bildung meiner Kinder. Gewalt und Rechtlosigkeit lähmten mich oft und blockierten meine Gedanken. Ich lebte in ständiger Unruhe und Angst. Oft war ich am Verzweifeln und versuchte immer wieder, nicht zu richten, zu klagen und anzuklagen. Doch schon das nächste schreckliche Geschehnis trieb mich erneut zum Handeln. Überlebensdrang und ein tiefer Instinkt, die Kinder vor dem totalen Zerbrechen zu bewahren, weckten aber auch Kräfte in mir, gaben mir Geduld und hielten einen Funken Hoffnung wach.

Die Intifada klang mit der Aufnahme der Friedensverhandlungen im Oktober 1993 ab. Sie hat erreicht, dass das Palästina-Problem aus der Vergessenheit geholt und in der Weltpolitik zu einem wichtigen Thema wurde. Sie erreichte die Anerkennung der PLO als Verhandlungspartnerin. Sie bewies die Bedeutung und die Kraft der Volkserhebung und dass Kraft und Wille der Menschen mehr bewirken können als militärische Auseinandersetzungen. Die humanitären Forderungen und die nationalen Rechte wurden erkannt, und eine breite internationale Solidaritätsbewegung stützte die politische Rolle der PLO. Und nicht zuletzt zwang die Intifada die Israelis, uns als Volk wahrzunehmen. Wir selbst gewannen durch das Teilen von Freud und Leid Selbstvertrauen und Selbstrespekt und waren bereit, auf Verhandlungen einzugehen.

1995

Am 27. Dezember 1995 war unsere Begeisterung gross, als die israelischen Soldaten aus Ramallah abzogen. Zehntausende standen an den Strassen und wollten Zeugen des historischen Ereignisses sein. Hohe Offiziere beider Seiten stellten sich einander gegenüber auf und reichten sich die Hände. Gesänge und Musik, Pfiffe und Hupen übertönten den Motorenlärm der Fahrzeuge.

»Verschwindet!«, riefen die Menschen den israelischen Soldaten zu. »Betretet nie wieder unseren Boden! Das Blut unserer Kinder klebt für immer an euren Händen.« Den palästinensischen Polizisten riefen sie zu: »Willkommen in Palästina!«

Die palästinensischen Sicherheitskräfte waren verwirrt, gerührt und eifrig bereit, ihre Pflicht zu erfüllen. Sie mussten Palästina erst entdecken. Viele waren eben aus dem Exil zurückgekehrt.

Am nächsten Tag wurden das Gefängnis und die Verwaltungsgebäude der israelischen Militärbehörden in Ramallah geräumt. Von überall her kamen Menschen und drängten ins Gefängnisgebäude. Dieses Symbol der Besatzung, das wir so verabscheut und gefürchtet hatten, sollten wir nun zum ersten Mal ohne Angst betreten. Vieles war nicht wiederzuerkennen. Die Israelis hatten die Zeugnisse des Grauens vor ihrem Abzug beseitigt. Die Wände der Folterzellen und der Verhörräume waren eingerissen und der Schutt säuberlich vor die Tür geschaufelt. Einige Besucher versuchten, ihre einstigen Zellen wiederzufinden. Sie schritten die Räume ab, fluchten, schlugen mit den Fäusten an die Wände und weinten. Die Gefühle waren widersprüchlich: Da war die schmerzhafte Erinnerung an Erniedrigung und Demütigung durch die Folter, und da war die unbändige Freude darüber, dass es vorbei war.

Viele Palästinenser und Palästinenserinnen hatten sich für die Heimkehr entschieden, um am Aufbau der palästinensischen Gesellschaft und ihres Staates mitzuwirken. Sie begannen, Häuser zu bauen, Firmen zu gründen, Restaurants und Läden zu eröffnen. Eine optimistische Stimmung breitete sich aus, und die Menschen fühlten sich ermutigt.

Auch meine Schwester Hiâm, die seit fünfzehn Jahren in San Francisco lebte und dort eine gute Arbeitsstelle hatte, entschloss sich, nach Hause zu kommen. Ihr und zwei ihrer Kinder wurde die Heimkehr erlaubt, ihrem Mann Issâm und den drei anderen Kindern jedoch nicht. Issâm hatte in den USA studiert und es verpasst, sein Recht, in Palästina zu wohnen, rechtzeitig zu erneuern. In Birseit besitzt er zwei Häuser und Hunderte von Olivenbäumen. Sein Schicksal zeigte, dass die Besatzung keineswegs zu Ende war, sondern unerbittlich weiterherrschte – über die Palästinenser, die heimkehren wollten, und auch über die, die nicht vertrieben worden waren. Mit der Fortsetzung des Friedensprozesses hofften meine Schwester und ihr Mann aber weiterhin, heimkehren zu können. Sie hatten ihr Geschäft in San Francisco aufgegeben und lebten vier Jahre wartend in Jordanien. Dann mussten sie einsehen, dass die israelische Regierung sie nicht nach Hause lassen würde. Die Familie ist in die USA zurückgekehrt. Sie haben die Hoffnung auf Heimkehr verloren.

Der Friedensprozess hatte auch meinem Mann Munîr und mir sowie unseren drei Kindern Mut gemacht, und wir wollten in die Zukunft investieren. Wir kauften ein Stück Land, das für unseren Sohn Anîs und meine Schwester Ibtisâm bestimmt war. Anîs studiert Medizin in Innsbruck, Ibtisâm lebt seit langem als Zahnärztin in Berlin. Der Wunsch heimzukehren ist bei ihr immer noch gross. Wenn die beiden zurückkehrten, könnten sie auf diesem Land eine Klinik bauen und hätten so eine Existenzgrundlage. Wir empfanden grosse Freude über diesen Schritt und gingen oft zu dem Gelände, das nur zwei Kilometer von unserem Zuhause entfernt ist, um seinen Anblick zu geniessen. Vor zwei Jahren wurde die Hauptstrasse, die dort vorbeiführt, zur Siedlungsstrasse erklärt; demnach dürfen wir diese Strasse weder benutzen noch überqueren. Wir sind vollständig abgeschnitten von unseren Ländereien. Inzwischen haben wir erfahren, dass dieses Grundstück nicht den autonomen palästinensischen Gebieten zugeteilt wurde. Wir dürfen das Land nicht bearbeiten und nichts mit ihm planen. Wir befürchten, unseren Besitz zu verlieren, so wie es uns schon früher mehrmals widerfuhr.

Die meisten Palästinenser und Palästinenserinnen blieben gegenüber dem Friedensprozess zu Recht skeptisch und abwartend. Wir wussten, dass eine schwierige Phase bevorstand. Die Friedensverhandlungen verliefen nicht so, wie wir es erhofft hatten, und unser Misstrauen wuchs. Wir gewannen bereits während der Verhandlungen den Eindruck, dass es sich eher um eine Art Konfliktmanagement handelte, eine neue Kontrolle über Land und Leute.

Die Verhandlungen, die im September 1993 ins Osloer Abkommen mündeten, basierten auf dem Prinzip »Land für Frieden«. Die Palästinenser anerkannten den Staat Israel innerhalb der Grenzen von 1967, also auf 78 Prozent des ursprünglichen Palästina. Mit diesem historischen Kompromiss wollten die Palästinenser im Gegenzug ein Ende der Besatzung erreichen und einen unabhängigen palästinensischen Staat auf den verbleibenden 22 Prozent des Landes gründen. Für uns Palästinenser ist dieser Kompromiss ein grosses Opfer, stellen wir doch fast ebenso viele Einwohner wie die Israelis.

Es zeigte sich schon bald, dass die israelische Regierung keineswegs die Absicht hatte, die besetzten Gebiete zurückzugeben. Sie betrachtete sie in den weiteren Verhandlungen als »umstrittene Territorien«, von denen sie so viele wie möglich behalten wollte. Die Osloer Verträge entpuppten sich dafür als taugliches Instrument. Es war einsichtig, dass nach so vielen Jahren der Feindschaft und bei so vielen Konfliktbereichen nicht alle Konflikte auf einmal gelöst werden konnten; doch mit jedem Zusatzabkommen schrumpften die Rechte weiter, die Israel den Palästinensern zuzugestehen bereit war. Neue Verträge brachten neue Definitionen und weitere Einzelheiten, welche frühere Vereinbarungen ausser Kraft setzten. Die UNO-Resolutionen als legitime Basis eines gerechten Friedens wurden umgangen. Während die Welt jeden dieser neuen Verträge feierte, verbreitete sich unter den Palästinensern Entsetzen und Enttäuschung.

Das Abkommen von Oslo brachte uns keinen eigenen Staat, nur eine Autonomie, die keine ist. 1998, nach einem halben Dutzend Abkommen, hatte die Palästinensische Autonomiebehörde noch nicht einmal über 10 Prozent der besetzten palästinensischen Gebiete die vollständige Kontrolle. Das autonome Palästina ist ein Flickenteppich, aufgeteilt in drei Gebietszonen: Nur gerade 3,5 Prozent, die sogenannten *A-Zonen,* unterstehen palästinensischer Selbstverwaltung. Die *B-Zonen* (23,5 Prozent) werden vom israelischen Militär kontrolliert; die Palästinensische Autonomiebehörde verwaltet nur die zivilen Angelegenheiten. Die *C-Zonen* (73 Prozent) sind vollständig unter israelischer Militärverwaltung verblieben. Die Zerstückelung unseres Landes in diese drei Zonen beschränkt die Perspektiven für Palästina als Staatsgebiet. Der Ausbau der israelischen Siedlungen, die häufig rund um palästinensische Ortschaften gebaut werden und diese damit vom übrigen Land abtrennen, ermöglicht es der israelischen Regierung, auch nach Abschluss verschiedenster Friedensverträge die vollständige Kontrolle über unsere Gebiete zu behalten. Es ist eine interne Isolation entstanden, denn das israelische Militär kann unsere Ortschaften jederzeit problemlos abriegeln.

Wir leben in vier voneinander getrennten Gefängnissen: dem Gasastreifen, der Stadt Jerusalem und ihrer Umgebung, dem Westjordanland nördlich von Jerusalem und dem südlich von Jerusalem gelegenen Teil des Westjordanlandes. In jedem dieser Gefängnisse gibt es kleinere Gefängnisse, und darin sind Käfige und in den Käfigen kleinere Käfige. Von einem Gefängnis zum anderen zu gelangen ist sehr schwierig. Die israelischen Militärbehörden bestimmen über die

Mobilität der Bevölkerung, über wirtschaftliche Entwicklung und Bildung. Das ist Besatzung.

Birseit wurde als Zone B klassifiziert. Für Dorf und Universität war das äusserst bedauerlich, denn Zone B unterliegt weiterhin israelischer Sicherheitskontrolle, und demnach konnten die Soldaten jederzeit auftauchen und Verhaftungen vornehmen. Wir warteten voller Freude auf die Zeit, da Birseit unter volle palästinensische Souveränität kommen sollte. Die Präsenz der Soldaten war mit dem Friedensabkommen geringer geworden, eine gewisse Erleichterung und Gelassenheit breiteten sich aus, und es kam seltener zu Konfrontationen. Doch hin und wieder wurden Studierende verhaftet.

In einer Nacht im Frühjahr 1997 wurden wir von Hubschraubern geweckt, und plötzlich waren das Dorf und die umliegenden Täler und Berge durch schwebende Leuchtbomben taghell erleuchtet. Aufgeschreckt horchten wir auf die Geräusche: Schritte von Soldaten, Schüsse. Ein Lautsprecher verkündete: »Bewohner von Birseit! Es herrscht Ausgangssperre! Wer dagegen verstösst, bringt sein Leben in Gefahr.« Hunderte von Soldaten zogen durch die Strassen Birseits. Sie gingen als Erstes zur Polizeistation; die fünfzehn palästinensischen Polizisten mussten sich an einer Wand aufstellen, und sie wurden so mehrere Stunden festgehalten. Währenddessen landeten rund hundert Fallschirmsoldaten auf verschiedenen Plätzen und begannen mit einer Razzia. Dabei verhafteten sie mehr als 350 Studierende. Alle Häuser wurden durchsucht. Das ganze Dorf geriet in Panik. Wir konnten nicht glauben, dass so etwas möglich war, die Besatzung entlarvte sich. Es hiess, sie machten Jagd auf Terroristen. Doch nach einer Woche waren alle verhafteten Studierenden frei; sie waren ja keine Terroristen. Für die Israelis schien es nur eine Militärübung zu sein; für uns war es bittere Wirklichkeit! Das israelische Militär jagte uns Angst ein und machte deutlich, wer über unser Leben bestimmte. Die Ausgangssperre dauerte zehn Stunden. Die Menschen waren entsetzt, empfanden diese Aktion als Missachtung des Friedensprozesses und als Demütigung für die palästinensischen Polizisten und die Palästinensische Autonomiebehörde. War es das, fragten wir uns, was wir in Oslo erreicht hatten?

Die sogenannten Umgehungsstrassen zerstückeln das Land und unterteilen es in viele Enklaven. Vonseiten der israelischen Regierung heisst es, sie würden benötigt, damit die Siedler sicher vor palästinensischen Übergriffen von den Siedlungen zu ihren Arbeitsplätzen in Israel gelangen könnten. Es sind gut ausgebaute, breite Strassen, die unser Land zerschneiden und für deren Bau immer mehr Land konfisziert wird. Sie verbinden die illegal gebauten Siedlungen miteinander und führen um die palästinensischen Orte herum, von denen aus sie nicht befahren werden können. Nördlich von Birseit, nur 1500 Meter von meinem Haus entfernt, verläuft die Hauptstrasse von Ost nach West, von Nablus über die Dörfer nach Tel Aviv. Diese Strasse ist Palästinensern verboten, weil sie die drei Siedlungen Bet El, Ateret und Halamisch verbindet. Von meinem Balkon aus blicke ich seit fünfzehn Jahren Richtung Südosten und auf die Siedlung Bet El, die nur drei Kilometer entfernt ist. Im Tal davor liegt wie ein Garten das Dorf Dschifna und am Hang das Flüchtlingslager Dschalasûn, das seit 1948 die Flüchtlinge von der Küste beherbergt. Nur vierzig Kilometer entfernt liegen die Ländereien, von denen sie damals vertrieben wurden. In Dschalasûn leben 11 000 Einwohner auf einer Fläche von einem Quadratkilometer. Nur die Süd-Nord-Strasse Richtung Nablus trennt dieses Flüchtlingslager von der Siedlung Bet El. Sie bildet die schmale Trennlinie zwischen Armut und Entrechtung und Villen, Reichtum und Luxus.

Ich hatte in den letzten Jahren vom Balkon aus gesehen, wie die Lichter von Bet El immer zahlreicher wurden. Zuerst waren sie auf einem Hügel, nach ein paar Jahren auf zwei, dann hatten sich die Lichter auf drei und heute auf vier Hügel ausgebreitet. Die Siedlung liegt rings um das Dorf Dura, das von ihr regelrecht umzingelt wird. Dura ist ein wunderschönes Dorf, das vom Gemüseanbau auf Terrassen lebte. Jeden Tag arbeiteten die Dorfbewohnerinnen in den Terrassenkulturen, sangen, erzählten Geschichten und brachten am nächsten Tag vor Sonnenaufgang das Gemüse auf den Markt nach Ramallah. Ich war oft in diesem Dorf, arbeitete in Frauenprojekten, zum Beispiel in Alphabetisierungskursen für Frauen. »Wir sind wie Petersilie: Je mehr man sie beschneidet, desto stärker und kräftiger wächst sie!« So beschrieb einmal eine Frau aus Dura sich und die anderen Palästinenserinnen, die trotz vielfältiger Schwierigkeiten mit den israelischen Behörden und mit ihren eigenen Familien etwas lernen wollten. Ich war auch oft in Dura, um meine Freundinnen Is, Dschamîla, Umm Muhammad, Abla und andere zu besuchen und um Gemüse zu kaufen.

Als vor fünf Jahren ein grosses Stück Land konfisziert wurde, das zum Dorf Dura gehört, war der Protest dagegen gross. Ich war bei den Demonstrierenden und musste mitansehen, wie Siedler auf Studierende schossen und zwei von ihnen töteten. Einer war Ibrahîm, der Vetter meiner Freundin Is. Nach dem Tod der beiden Studierenden hiess es, ein Komitee würde den Vorfall untersuchen. Eine Woche später sagte man uns, es werde nur ein Wasserreservoir gebaut, die Aufregung wegen der Landenteignung sei unnötig. Heute ist schon der zweite Hügel hinter dem Wasserreservoir bebaut. Zurzeit wird die Siedlung Bet El mit anderen Siedlungen durch eine Strasse verbunden. Sie führt durch das Kulturland der Bauern von Dura und zerstört die Lebensgrundlage des Dorfes. Auch ich kann nicht mehr dorthin, obwohl das Dorf nur drei Kilometer von Birseit entfernt ist.

Das Land für die benachbarte Siedlung Ateret wurde hauptsächlich dem Dorf Atara weggenommen, aber auch Birseit. Die Siedlung liegt nur fünf Kilometer von Birseit entfernt auf dem Berg, und wir sehen täglich, wie auch sie wächst. Wir Leute von Birseit haben grosse Angst um unsere Olivenhaine. Zwischen uns und unseren Feldern liegt die Siedlungsverbindungsstrasse, und deshalb dürfen wir nicht mehr dorthin, um die Felder zu pflegen, zu bestellen und zu ernten. Sie liegen brach, und viele von uns verlieren ihre wirtschaftliche Grundlage. Die Siedlung Halamisch liegt zehn Kilometer entfernt neben einem wunderschönen Wald. Dorthin habe ich während über zwanzig Jahren mit meinen Studenten und Studentinnen wissenschaftliche Exkursionen gemacht und Ausflüge mit meiner Familie unternommen. All das ist Palästinensern heute verboten. Die Strassen, der Wald und der Boden sind nur für die Siedler.

Zu den kollektiven Strafen, die uns nicht nur wirtschaftlich schädigen, sondern vor allem auch unsere Symbole angreifen, gehört die Zerstörung von Olivenbäumen. Dieses Verbrechen gegen die Natur verletzt uns in der Seele. Der Anblick zerstörter Olivenhaine tut unglaublich weh.

Olivenbäume sind das Herz Palästinas, sie symbolisieren das Land, unsere Lebensweise, die Verbundenheit von Menschen und Land. Seit Jahrhunderten pflegen wir die Olivenbäume. Die Produktion von Olivenöl ist immer noch ein wichtiger Wirtschaftszweig. Olivenbäume zu entwurzeln ist illegal. Trotzdem werden ganze Olivenhaine mit Baggern und Traktoren zerstört. Manchmal werden die Bäume einfach verstümmelt oder geköpft, mit der Begründung, die Sicherheit der Siedler verlange das – die Sicherheit von Siedlern in Siedlungen, die widerrechtlich auf palästinensischem Land gebaut werden. Häufig wird dieser feindselige Akt auch als Strafe ausgeübt: Wenn ein Junge von einem Feld aus, das ihm nicht gehört, einen Stein wirft, dann verlieren dessen Besitzer ihre Bäume.

Seit dem ersten Jahr der neuen Intifada, seit September 2000, sind bereits Zehntausende von Olivenbäumen durch die israelische Armee und durch Siedler entwurzelt worden! Hinzu kommt, dass Bauern häufig nicht zu ihren Olivenbäumen gelangen können, um sie abzuernten, weil Dörfer und Städte abgeriegelt sind. Die eingebrachte Ernte kann aufgrund der umfassenden Sperre oft nicht verkauft werden. Der wirtschaftliche Verlust ist enorm und führt zu Arbeitslosigkeit und Armut. Den Bauern wird Angst eingejagt, und durch die Zerstörung ihrer Existenzgrundlage werden sie vertrieben. So können die Siedlungen erweitert werden. Es gibt kaum mehr Hinterland für eine wirtschaftliche Entwicklung.

Diese Politik zielt in erster Linie darauf, die palästinensische Gesellschaft und ihre Grundlagen zu zerstören, Menschen zu erniedrigen und zu entrechten.

Für die sechzehn Kilometer meines Arbeitsweges nach Ost-Jerusalem, wo ich bis 2001 im Jerusalem Center for Women arbeitete, benötigte ich unter normalen Bedingungen eine halbe Stunde. Nun dauerte es aber oft unerträgliche zwei Stunden, weil mehrere Checkpoints zu überwinden sind. Ich fuhr jeweils mit einem Sammeltaxi von Birseit weg. Am ersten Checkpoint beispielsweise mussten wir aussteigen und bei Hitze und Kälte zu Fuss weitergehen, eine Strecke von bis zu einem Kilometer, je nachdem wo die nächsten Soldaten standen. Bewacht von schwerbewaffneten Soldaten und einem Panzer, müssen Hunderte von Menschen zu Fuss gehen; Frauen tragen ihr Gemüse auf dem Kopf, Männer tragen Koffer, ja sogar Öfen und Kühlschränke. Auch kranke oder alte Menschen werden getragen.

Am Checkpoint beim Kalândia-Flüchtlingslager verbot uns einmal ein Soldat, die Koffer auf dem Asphalt der Strasse zu rollen. Wir mussten auf den holprigen Weg ausweichen, wo das Rollen unmöglich war, und die Koffer einige Hundert Meter weit tragen. Die Atmosphäre in diesen Pufferzonen zwischen den Checkpoints ist geprägt von Demütigungen und Zorn. Wenn die Leute aus Wut oder einfach aus Nervosität zu drängeln beginnen, wird oft Tränengas eingesetzt. Die Menschen husten und weinen, manchmal fällt jemand in Ohnmacht. Der Gasgeruch bleibt lange auf der Haut und in den Kleidern haften. Gelegentlich wird die Strasse auch völlig gesperrt, und die Leute bleiben manchmal für Stunden in der Pufferzone eingeschlossen. Wer versucht, die Checkpoints zu umgehen, riskiert, angeschossen zu werden. Wer Verletzten zu Hilfe eilt, riskiert dasselbe.

Mein Büro lag genau am Checkpoint al-Ram zwischen Jerusalem und Ramallah. Vom Schreibtisch aus konnte ich die Geschehnisse am Checkpoint beobachten. Regelmässig hasteten wir Frauen aus dem Büro hinunter, um in eine Konfrontation zwischen den Soldaten und Zivilpersonen einzugreifen.

Hinter den Checkpoint-Wachhäusern hielten die israelischen Soldaten oft junge Palästinenser fest. Sie verbanden ihnen nicht selten die Augen, fesselten und schlugen sie, machten sich über sie lustig, bis einer von ihnen die Nerven verlor und auf die Provozierenden einschlug. Die Konsequenz war klar: Entweder man schoss auf ihn oder schlug ihn, bis er stürzte, und brachte ihn ins Gefängnis. Die Atmosphäre am Checkpoint liess meistens Rückschlüsse zu auf das, was in der Umgebung los war. Waren viele Soldaten da und herrschte Unruhe, dann riefen wir Frauen des Zentrums sofort zu Hause an, um uns zu erkundigen, ob alles in Ordnung war, und auch um unsere Heimkehr zu sichern.

Das palästinensische Ost-Jerusalem ist nicht nur wegen der Checkpoints immer schwieriger zu erreichen. Als Kind war es für mich noch selbstverständlich gewesen, dass wir an Festtagen und gelegentlich an Sonntagen Jerusalem, unsere Hauptstadt, besuchten. Wir gingen in die Kirche, machten einen Bummel durch die Strassen, kauften Äpfel. Das

Strassenbild Jerusalems spiegelte damals eine authentische orientalische Gesellschaft. Heute ist Jerusalem für die fast drei Millionen Palästinenserinnen und Palästinenser, die im Westjordanland und im Gasastreifen leben, nahezu unerreichbar. Seit dreissig Jahren dürfen Palästinenser aus den besetzten Gebieten nicht ohne Genehmigung in Jerusalem übernachten. Seit 1992, als Folge der verstärkten Kontrolle, dürfen wir auch tagsüber nicht ohne Bewilligung nach Jerusalem fahren. Selten werden Genehmigungen ausgestellt, seit 1999 kaum noch.

Für Heranwachsende, die das religiöse und kulturelle Zentrum Jerusalem nie gesehen haben, obwohl sie nur eine halbe Stunde davon entfernt wohnen, wird die Stadt zu einem Mythos, zu etwas Unerreichbarem. Sie klammern sich an Jerusalem und sind nicht mehr bereit, es mit den Israelis zu teilen. Dieser Mythos lässt sich leicht mit religiösen Argumenten füllen. Jerusalem wird dadurch – für Palästinenser wie für Israelis – noch heiliger.

Die rund 180 000 Palästinenser und Palästinenserinnen, die noch in Ost-Jerusalem leben, werden systematisch dazu gebracht, die Stadt zu verlassen. Dies geschieht mit der Absicht, eine eindeutige jüdische Mehrheit zu schaffen, sollte es einmal zu einer Abstimmung über den Status der Stadt kommen.

Ein Palästinenser verliert sein Niederlassungsrecht in Jerusalem, wenn er während sieben Jahren nicht in der Stadt gelebt hat, weil er im Ausland war oder auch nur weil er ausserhalb Jerusalems eine Wohnung oder Arbeit hat und sich deshalb nicht andauernd in Jerusalem aufhält. Früher musste man »nur« einmal jährlich nach Jerusalem zurückkehren, um weiterhin als Bewohner von Jerusalem zu gelten. Heute verliert jeder Palästinenser das Rückkehrrecht, wenn er den jährlichen Besuch und damit die Bestätigung seines Rechtes versäumt. Aber spätestens nach sieben Jahren verlieren auch diejenigen ihr Niederlassungsrecht, die den jährlichen Besuch machen. Tausende verlieren das Recht auf Rückkehr in ihre Stadt, weil Arbeit oder Studium es erfordern, dass sie länger als sieben Jahre abwesend sind. Ihr Jerusalemer Ausweis wird konfisziert. Diese Bestimmung von 1995 gilt rückwirkend auf die ganze Besatzungszeit und wirkt sich auch auf die Familie eines »Auswärtigen« aus, die in Jerusalem geblieben ist. Als Beweise für »Jerusalem als Zentrum des Lebens« gelten Telefonrechnung, Wasserrechnung und Stromrechnung. Meist sind diese formalen Dokumente jedoch auf den Namen des Vaters ausgestellt. Wenn er sein Recht auf Jerusalem verliert, verliert seine Familie den Beweis für ihre Berechtigung, in Jerusalem zu leben, und auch ihre Papiere werden konfisziert. Die Kinder solcher Auswärtiger, nach Wohnrecht als Kinder »gemischter« Ehen klassifiziert, erhalten einen speziellen Ausweis: Sie haben weder das Recht auf eine Jerusalemer Identitätskarte, auf einen Reisepass noch auf Schulbesuch und Gesundheits- und Sozialversicherungen. Die israelische Stadtverwaltung will sie damit zwingen, zu den palästinensischen Behörden zu gehen, um sich registrieren zu lassen und so ein Minimum an Grundrechten zu erhalten. Doch dann verlieren sie das Recht auf einen Wohnsitz in Jerusalem. Zurzeit gibt es in Jerusalem mehr als 4000 solcher Kinder. Ohne einen Jerusalem-Ausweis darf auch ein in Jerusalem Geborener die Stadt nur noch mit Bewilligung besuchen.

Es gibt weitere Massnahmen, um Palästinensern das Leben in Jerusalem zu verunmöglichen. Die Gebühr für eine Baugenehmigung beträgt für Palästinenser mehrere Tausend Dollar. Ein Viertel des Baugeländes muss Grünfläche bleiben, und das Haus darf nicht höher als zwei Stockwerke sein. Diese Bestimmungen gelten nur für Palästinenser. Bewilligungen für die Renovierung palästinensischer Häuser oder Umbau- oder Ausbaugenehmigungen werden selten erteilt. Palästinenser warten oft zehn, zwanzig oder fünfundzwanzig Jahre auf eine Bewilligung und benötigen dringend Wohnraum, also bauen sie ohne Bewilligung. Illegal gebaute Häuser werden gesprengt. Die Begründung für die Nichterteilung von Baubewilligungen lautet meist, es gebe keine Bauplanung für die arabischen Stadtteile. Woher auch!

Tausende werden so obdachlos und verlieren ihr Recht, in Jerusalem zu leben. Nie werden illegal gebaute israelische Häuser gesprengt. Stattdessen werden an den Stadtgrenzen auf konfisziertem palästinensischem Boden Hunderte von Wohnungen für Israelis gebaut. Die israelische Regierung hat die Stadtgrenzen Jerusalems so weit ausgedehnt, dass sie einen Zehntel des Westjordanlandes umfassen.

Im muslimischen und im christlichen Viertel der Altstadt werden ausserdem immer mehr Häuser von israelischen Siedlern gekauft, besetzt oder mit fragwürdigen Dokumenten als »gekauft« deklariert. Die meisten Häuser der Altstadt befinden sich im Besitz von Stiftungen. Das Gesetz über Stiftungsbesitz besagt, dass kein Verkauf von Stiftung zu Stiftung oder aus der Familie der Stifter heraus erlaubt ist. Diese Regel gilt seit Jahrhunderten, um die Mosaikstruktur, nach der sich die Gruppen der Bevölkerung über die Stadt verteilen, auch bei Besitzerwechsel zu erhalten. Um 1997 wurde eine Regel eingeführt, wonach Mieter das Schlüsselrecht verkaufen können. Viele von ihnen sind gemäss den Stiftungszwecken nicht wohlhabend. Siedler haben daraufhin begonnen, Familien von sieben oder acht Personen zu suchen, die dicht gedrängt in einer Zweizimmerwohnung leben. Sie bieten ihnen für das Schlüsselrecht hohe Summen, 20 000 bis 50 000 Dollar. Die Familien verkaufen ihr Schlüsselrecht, und das Haus gerät in den Besitz der Siedler. Die eigentliche Besitzerin, die Stiftung, weiss nichts davon, doch per Gesetz ist der Besitz dann für die palästinensische Bevölkerung von Jerusalem verloren.

Israelische Menschenrechtsgruppen haben von solchen Überführungen palästinensischen Eigentums in israelischen Besitz Kenntnis bekommen. Sie waren schockiert, zu erfahren, dass all das mit legalen Mitteln geschieht. Sie engagieren sich dagegen und bemühen sich, im konkreten Fall eine Lücke im sogenannt legalen System zu finden, um vor Gericht zu gehen. Manchmal schaffen sie es, dass ein mit zweifelhaften Methoden erworbenes Haus wieder an seine Besitzerin zurückgeht. Manchmal gelingt es ihnen, zu verhindern, dass ein Haus zerstört wird. Gelegentlich setzen sie durch, dass ein Vater wieder zu seiner Familie nach Hause darf. Auch wenn die Anzahl der Erfolge gering ist, sind diese Einsätze von grösster Bedeutung: Palästinenser und Palästinenserinnen erfahren so von Israelis, die sich wehren, wenn sie von Ungerechtigkeiten erfahren. Dies ist ein Weg zu Verständigung und Frieden.

1997

Seit je haben palästinensische und israelische Männer und Frauen das Gespräch gesucht. Mit der anderen Seite zu sprechen war jedoch gefährlich: Es galt als Verrat und als eine Form der Anerkennung des Feindes. Bis 1992 war es palästinensischen und israelischen Politikern gänzlich verboten, miteinander in Kontakt zu treten oder politische Debatten zu führen. Männer wurden sofort zur Rechenschaft gezogen und mit Gefängnis bestraft. Den palästinensischen Frauen hingegen traute man politisches Handeln nicht zu. Aufgrund der Tradition und des patriarchalen Denkens gehörte es sich auch nicht, dass Frauen politische Arbeit übernahmen. So trafen wir uns als Einzelpersonen.

Erste informelle Treffen fanden einige Jahre lang im Versteckten statt. 1988 traf sich erstmals eine grössere Gruppe, sechs Israelinnen und sechs Palästinenserinnen, in Jerusalem; wir wollten ein gemeinsames Programm erarbeiten, um nicht mehr nur auf individueller Basis miteinander zu arbeiten.

1989 lud das säkulare jüdische Kulturzentrum von Belgien eine Gruppe von Palästinenserinnen und Israelinnen zu einem Treffen nach Brüssel ein. An diesem geheimen Treffen arbeiteten wir Frauen an der Formulierung gemeinsamer Prinzipien und an der Festlegung eines Rahmens für die Zusammenarbeit.

Politische Leitlinien waren notwendig, damit unsere Treffen nicht als Konspiration oder Verrat denunziert werden konnten. Diese Leitlinien sollten beiden Seiten politischen Schutz gewähren. Da solche Treffen verboten waren, mussten wir unseren Völkern zeigen, dass wir uns zum Nutzen beider Seiten trafen. Wir formulierten Prinzipien wie: Anerkennung nationaler und politischer Rechte, Anerkennung der PLO und Ablehnung von Gewalt.

Der Golfkrieg von 1990/91 führte zu einem breiten Riss zwischen den Friedensaktivistinnen in Israel und Palästina. Die israelische Bevölkerung befürwortete den Angriff der westlichen Allianz gegen den Irak, hatte doch das irakische Regime mit Raketenangriffen auf Israel gedroht. Lieber angreifen als angegriffen werden, war die Haltung der Israelis. Die palästinensische Bevölkerung wollte einen Krieg gegen den Irak zur Befreiung Kuwaits um jeden Preis verhindern. 85 Prozent des palästinensischen Kapitals waren in Kuwait angelegt. Diese palästinensischen Interessen zu schützen war einer der Gründe für Arafâts Bemühungen um Einigkeit mit dem Irak. In der Tat bedeutete der Krieg um Kuwait eine Katastrophe für die Palästinenser.

In Israel bereitete man sich auf den Krieg vor und versorgte die Bevölkerung mit Gasmasken und Notapotheken. Die Palästinenser in den besetzten Gebieten wären Gasangriffen ungeschützt ausgeliefert gewesen. Die mündliche Erklärung der palästinensischen Führung, auf der Seite des Irak zu stehen, stempelte das ganze Volk zu Friedensgegnern. Das Misstrauen kehrte sofort zurück, Anschuldigungen wurden laut, und das Gespräch zwischen Israelis und Palästinensern verstummte.

Dennoch fand 1992 ein zweites Treffen von israelischen und palästinensischen Frauen statt, wiederum in Brüssel. Es stand unter dem Titel »Give Peace a Chance«, und wir überarbeiteten die Prinzipien der Zusammenarbeit von 1989. Diese Konferenz hatte eine besondere Bedeutung dadurch erhalten, dass vier Frauen, die in die israelische Legislative gewählt worden waren, in ihrer offiziellen Funktion als Parlamentarierinnen nach Brüssel kamen. Unsere palästinensische Delegation hatte daraufhin beschlossen, ebenfalls offiziell gewählte Palästinenserinnen einzubeziehen, und so kamen zehn Vertreterinnen des palästinensischen Nationalrates aus dem tunesischen Exil. Es fand also nicht nur ein Treffen von Frauen auf der Graswurzelebene statt, sondern ebenso ein Treffen politischer Verantwortungsträgerinnen beider Seiten. Dies gab dem Anlass offiziellen Charakter, und diese Ausweitung führte dazu, dass das Verbot gegenseitiger Kontakte öffentlich diskutiert und zwei Monate nach unserem zweiten Treffen endlich ausser Kraft gesetzt wurde.

An der Pressekonferenz zum Abschluss von »Give Peace a Chance« präsentierten wir unsere Ideen: Wir mussten zusammen an einem Gemeinschaftswerk für den Frieden arbeiten. Als grössten Feind sahen wir in der aktuellen Situation wie auch in der Geschichte falsches oder ungenaues Wissen voneinander. Fehlinformationen und Ideologie schürten Angst und Misstrauen und liessen unsere Völker in Trennung verharren.

Als direktes Ergebnis dieser Konferenzen wurden 1994 mit Unterstützung der Europäischen Kommission zwei Frauenzentren gegründet: das palästinensische Jerusalem Center for Women in Ost-Jerusalem und das israelische Bat

Schalom (Tochter des Friedens) in West-Jerusalem. Beide Zentren zusammen bilden den Jerusalem Link.

Es wurden bewusst zwei örtlich getrennte Zentren eingerichtet: Beide Seiten wollen in Unabhängigkeit und Freiheit arbeiten können, statt sich zu verbiegen, um der anderen Seite gefällig zu sein. Wir wollen unsere politische und kulturelle Identität erhalten. Wir wollen fähig sein, einander gegenüberzustehen und in die Augen zu sehen und dabei zu wissen und anzuerkennen, dass wir nicht gleich sind. Unsere beiden Gesellschaften weisen nämlich auf allen Ebenen Asymmetrien auf. Wenn diese Unterschiede nicht wahrgenommen werden, führen sie zu Missverständnissen und Verstimmungen. Wir wissen voneinander, dass wir im Besatzungssystem auf verschiedenen Seiten stehen, aber sonst wissen wir nicht viel.

Die israelische Gesellschaft hat einen Staat mit differenzierten Strukturen, dessen Staatswesen, militärischer Standard und Sicherheitssystem hoch entwickelt sind. Sie verfügt über wirtschaftliche Macht und ist zugleich die Besatzungsmacht. Die palästinensische Gesellschaft dagegen lebt seit über fünfzig Jahren im Exil und seit über dreissig Jahren unter Besatzung. Sie hat nur wenige Grundlagen für einen Staat, der erst im Entstehen begriffen ist, und sie hat kaum Ressourcen und Kapital. Sie kämpft unter der Besatzung ums Überleben. Sie ist abhängig davon, welche Rechte die Israelis als Besatzer ihr punktuell zugestehen. Organisationsgrad und öffentliche Kommunikation sind weniger weit fortgeschritten, ebenso das Bildungswesen und die politische Struktur. In Palästina sind Themen wie Erziehung zu Menschenrechten, Bürgersinn, Verankerung des parlamentarischen Systems und Frauen in Entscheidungspositionen die Themen der Stunde, die im Rahmen der politischen Bildung erarbeitet werden müssen. Für die Israelis sind dies Themen, mit denen sie sich seit fünfzig Jahren beschäftigen.

Unsere Verschiedenheiten äussern sich auch alltäglich. So sind die palästinensischen Wochenfeiertage Freitag und Sonntag, der israelische Feiertag der Samstag. Unsere Nationalfeiertage und religiösen Feiertage finden zu verschiedenen Zeiten statt und sind mit unterschiedlichen Verhaltensweisen verknüpft. So wird im muslimischen Monat Ramadan tagsüber nicht gegessen, getrunken und geraucht; auch den Gästen wird meistens nichts angeboten. Selbst wenn man Gästen etwas anbietet, gebietet diesen die Höflichkeit, das Angebot auf keinen Fall anzunehmen, sondern das Einhalten des Fastens zu bekräftigen. Wenn diese Konvention den israelischen Gesprächspartnerinnen nicht bekannt ist, kann sie zu Irritationen führen.

Auch die sozialen Systeme sind so grundlegend verschieden, dass wir uns missverstehen müssen, wenn wir uns unsere Unterschiede nicht immer wieder vor Augen führen: Die Israelinnen verdienen im Durchschnitt mehr als das Doppelte von dem, was die Palästinenserinnen verdienen. Sie sind sozialversichert, altersversichert und haben eine Krankenversicherung. Die palästinensischen Gesprächsteilnehmerinnen aber verfügen über nichts dergleichen. Die Israelinnen haben ein einigermassen normales, geregeltes und gesichertes Leben. Wir aber gehen sofort nach der Arbeit nach Hause, haben keine Möglichkeit auszugehen und leben aufgrund der Besatzung in dauernder Gefahr.

Den palästinensischen und israelischen Friedensfrauen ist es wichtig, die Menschen auf beiden Seiten von der Notwendigkeit der gemeinsamen Arbeit zu überzeugen. Diese Überzeugungsarbeit ist leichter, wenn sie zunächst im eigenen Haus geschieht, bevor man das Gespräch darüber mit der anderen Seite sucht. Deshalb hat jedes Zentrum seine eigenen Programme, die sich nach den Bedürfnissen der eigenen Gesellschaft richten, so zum Beispiel Kurse über Erziehung zur Demokratie und über Menschenrechte für palästinensische Frauen oder auf israelischer Seite Kurse über die Integration äthiopischer Frauen, welche als aussereuropäische Jüdinnen in der israelischen Gesellschaft ebenfalls diskriminiert werden. Der Jerusalem Link als Dach der beiden Frauenorganisationen führt gemeinsame Programme durch, die sich mit der politischen Situation auseinandersetzen und Frauen in politischer Arbeit schulen. Im Zentrum unserer Arbeit stand dabei von Anfang an auch Jerusalem, der Ort unseres Wirkens und der Brennpunkt heikler politischer, religiöser und emotionaler Fragen.

Als die Idee einer Kampagne für ein gemeinsames Jerusalem im Herbst 1996 zum ersten Mal aufkam, hatten wir das besondere Gefühl, »das Richtige zu tun«. Die Unterstützung vonseiten der Europäischen Kommission und weiterer Geldgeber bestätigte die Wichtigkeit unserer Arbeit. Unter dem Titel »Sharing Jerusalem: Two Capitals for Two States – Jerusalem miteinander teilen: zwei Hauptstädte für zwei Staaten« organisierten wir eine Aktionswoche.

»Sharing Jerusalem« fand zum Gedenken an die dreissigjährige israelische Besatzung von Ost-Jerusalem in der dritten

Juniwoche des Jahres 1997 statt. Die Kampagne umfasste eine Reihe politischer, bildungsbezogener und kultureller Ereignisse. Sie wurde gestartet, um die regionale und internationale Aufmerksamkeit auf die andauernde Besatzung in Jerusalem zu lenken. Sie war gleichzeitig – und dies war vielleicht am wichtigsten – ein erstes grosses gemeinsames Friedensprojekt der palästinensischen Frauen des Jerusalem Center for Women und der israelischen Frauen von Bat Schalom.

Ziel der Kampagne war es, eine Vision für kurze Zeit Wirklichkeit werden zu lassen: die Vision einer offenen Stadt, einer Stadt, die zwei Völkern, zwei Nationen als Hauptstadt dient. Dies war in der israelischen wie auch in der palästinensischen Gesellschaft keine populäre Haltung und ist es auch heute nicht. Die grosse Mehrheit der Israelis und Palästinenser sind der Meinung, dass Jerusalem nur ihnen allein gehören sollte. Die Realität der Stadt Jerusalem ist jedoch eine andere. Es ist eine Stadt mit zwei Hälften: einer jüdisch-israelischen und einer muslimischen und christlichen palästinensischen Hälfte. Doch kein Kompromiss scheint möglich; das Projekt »Sharing Jerusalem« war für Israelis wie für Palästinenser äusserst schwer zu akzeptieren und voller emotionaler Sprengkraft. Es drohte, seine Organisatorinnen in den Augen der Bevölkerung zu Verräterinnen und Kollaborateurinnen zu machen.

Als Frauen hatten wir weniger zu verlieren als Männer, wenn wir vom allgemeinen Konsens abwichen. Wir waren stolz darauf, selbst etwas gewagt zu haben, das Männern nicht zu versuchen gestattet war. Da das Thema »Zukunft von Jerusalem« so kontrovers war, arbeiteten wir hart an

Diskussionsplattformen, um Möglichkeiten neuer, gemeinsamer Visionen zu erforschen. Den palästinensischen Frauen musste die Palästinensische Autonomiebehörde grünes Licht geben, bevor sie sich auf den Prozess einlassen durften. Sie musste den Slogan »Zwei Hauptstädte für zwei Staaten« akzeptieren und einer Frauen-Nichtregierungsorganisation das Recht zugestehen, diesen explosiven Punkt aufzugreifen. Die Palästinensische Autonomiebehörde gab schnell ihr Einverständnis. Da sie das Problem Jerusalem selber nicht thematisieren durfte – so war es in den Friedensverhandlungen vereinbart worden –, war sie eigentlich froh, dass wir es mit unserer Kampagne taten. In den Verhandlungen zwischen der PLO und der israelischen Delegation wurde das Thema Jerusalem als so sensibel eingeschätzt, dass vereinbart wurde, erst dann darüber zu diskutieren, wenn zwischen den Verhandlungspartnern Vertrauen aufgebaut sei. Die Wartezeit, bis Jerusalem als Thema der Verhandlungen auf die Tagesordnung gesetzt würde, nutzte die israelische Regierung, um Jerusalem durch umfangreiche Siedlungen in Ost-Jerusalem zu erweitern und damit neue Tatsachen zugunsten Israels zu schaffen. Solche einseitigen Aktionen zerstörten das Vertrauen zwischen den beiden Seiten und machten es noch schwieriger, das Thema Jerusalem zu diskutieren. Israel schien ganz und gar nicht bereit, uns Palästinensern Ost-Jerusalem als unsere Hauptstadt abzutreten.

Die von Israel geschaffenen Tatsachen, die die nationalen und politischen Rechte wie auch die Menschenrechte von Palästinensern in Jerusalem verleugnen, gehen sehr weit. Durch die Konfiskation von palästinensischem Land auf Jerusalemer Stadtgebiet, die Zerstörung palästinensischer

Häuser und die Deportation von Palästinensern aus Jerusalem ist die Zahl der palästinensischen Einwohner Jerusalems empfindlich verringert worden. Nach Sonnenuntergang liegt über Ost-Jerusalem eine unheimliche Ruhe: Läden, Restaurants, sogar die kleinen Strassenkioske sind geschlossen, die Rollläden heruntergelassen. Die palästinensischen Menschen sind nahezu unsichtbar. Weniger als einen Kilometer entfernt in West-Jerusalem sind die Strassen voller geschäftiger Israelis, die ihre Familien und Freunde in belebten Läden und Cafés treffen.

Mitten in diese schwierige Arena kamen wir mit unserem Projekt »Jerusalem miteinander teilen: zwei Hauptstädte für zwei Staaten«. Wir Organisatorinnen des Projekts wurden mit Anschuldigungen überhäuft: »Wie könnt ihr es wagen, Jerusalem zu teilen! Wie könnt ihr es wagen, Jerusalem für zwei Hauptstädte vorzuschlagen! Ihr gebt West-Jerusalem an die Israelis weg! West-Jerusalem ist palästinensisches Land, das mit Gewalt genommen wurde. Ihr wollt es weggeben, bevor die Verhandlungen auch nur begonnen haben? Wer hat euch beauftragt, über Jerusalem zu sprechen und eine solche Lösung auszudenken?«

Das äusserst sensible, mit Emotionen befrachtete Thema Jerusalem führte auch unter uns Friedensfrauen zu Auseinandersetzungen und Missverständnissen. Einige davon waren unmöglich aufzulösen, andere wurden auf einen späteren Zeitpunkt verschoben. Ich erinnere mich mit einer gewissen Bitterkeit daran, wie wir palästinensischen und israelischen Frauen im Frühling und Sommer 1997 fast nicht über die stereotypen Ängste vor »den anderen« hinwegkommen konnten, obgleich wir als Jerusalem Link seit mehr als drei Jahren zusammenarbeiteten. Eine derart polarisierte Situation begrenzt den Raum für einen vernünftigen und objektiven Dialog. Dennoch war es selbst unter solchen Umständen für uns entscheidend, zuzulassen, dass zwei Sammlungen von Fakten existierten und dass es eher zwei Geschichten als eine Geschichte gab. Gegenseitiger Respekt kann das Fundament für spätere politische Verständigung legen, sogar für Versöhnung. Kein Zweifel, es war ein schmerzlicher Prozess, und er wird schmerzlich bleiben. Ich muss zugeben, dass es in solchen Momenten tröstlich und sogar befriedigend war, die andere Seite über ihre Sorgen und Nöte reden zu hören. Wenigstens für einen Augenblick waren wir Palästinenserinnen nicht die Einzigen, die Probleme hatten. »Teilen wir die Depression«, sagte ich manchmal, und alle lachten.

Natürlich brachte das grüne Licht der Palästinensischen Autonomiebehörde nicht alle kritischen Stimmen zum Schweigen. Politischer Schutz war nötig. Und so schufen wir unverzüglich ein Komitee von mehr als dreissig einflussreichen Persönlichkeiten, das unterstützend und beratend wirken sollte – Frauen und Männer, die die ganze Bandbreite der politischen Parteien, einschliesslich der Opposition, repräsentierten.

Der Vorstand des Jerusalem Center for Women und das politische Komitee waren für die Genehmigung jeglicher Zusammenarbeit mit den Israelinnen und aller öffentlichen Verlautbarungen zuständig. Die meisten von ihnen waren führende Mitglieder in politischen Parteien und mussten darauf achten, in deren Sinne zu handeln. Sie waren überlastet mit Parteiaufgaben und meist zusätzlich verantwortlich für die parteinahen Organisationen und Sozialprojekte, bei denen sie angestellt waren. Zwar unterstützten sie die Kampagne, nur wenige jedoch beteiligten sich aktiv daran. Sie vermieden es, Interviews zu geben oder klare Stellungnahmen abzugeben. Sie waren nur als Beobachterinnen dabei und würden dann hervortreten, wenn die Kampagne erfolgreich verliefe. Sollten aber Probleme auftauchen, wollten sie nichts damit zu tun haben. Es war immer ein Kampf, das Komitee zu einem Treffen zu bewegen oder eine klare Zustimmung zu einem Programmpunkt oder einer Aktivität zu bekommen. Um weitermachen zu können, war es oft nötig, ohne sein Einverständnis zu handeln, mit dem Risiko, dafür getadelt und kritisiert zu werden.

In einer solchen Situation zu arbeiten war sowohl herausfordernd als auch verwirrend. Wir mussten uns dauernd selbst ermutigen: »Wir werden es schaffen, wir glauben an das, was wir tun.« Wann immer wir in eine Sackgasse gerieten, fanden eine oder zwei Frauen wie durch ein Wunder einen Weg, der eine Lösung bot und das Projekt rettete.

Trotz all der Schwierigkeiten bei der Vorbereitung wurde die Kampagne ein Erfolg. Es gab Konzerte, Podiumsdiskussionen, Ausstellungen, gemeinsam geführte Stadtrundgänge und eine Demonstration, an der 10 000 Personen teilnahmen. Auch die Medienpräsenz war sehr gross. Die breite internationale Teilnahme an der »Jerusalem miteinander teilen«-Konferenz, einem wesentlichen Bestandteil der Kampagne, war bedeutend. Allein aus Italien kamen mehr als hundert Frauen, unter ihnen auch Parlamentarierinnen. Andere kamen aus Skandinavien, West- und Mitteleuropa sowie Nord- und Südamerika. Die Unterstützung durch diese internationalen Gäste war von unschätzbarem Wert. Als Projektorganisatorinnen werden wir ihnen immer dankbar sein für ihr Interesse und ihre Bemühungen. Dennoch hatte die internationale Beteiligung ihren Preis. Oft glaubten Gäste von ausserhalb, sie wüssten besser als wir, wie in Sachen Jerusalem vorzugehen sei. Eine europäische Friedensaktivistin überraschte uns im Nachhinein mit ihrer Verärgerung über den »Jerusalem miteinander teilen«-Dokumentarfilm: »Weder die italienischen Gäste noch die Mütter der Verschwundenen von der Plaza de Mayo in Argentinien, die während der Kampagne anwesend waren, werden im Film gezeigt. Die Reden der internationalen Gäste hätten einbezogen werden sollen, da sie mehr zählen als das, was ihr zu sagen habt!« Obgleich mich ihre Worte verletzt und verärgert hatten, antwortete ich ruhig und liess sie wissen, dass wir genug Material hätten, um eine mehrstündige Dokumentation herzustellen, und dies sehr gern tun würden. »Sollten wir dafür Geld erhalten, werde ich mit Freude deine Kommentare einbeziehen«, antwortete ich, »aber in einem 14-Minuten-Film war dies einfach nicht möglich.« Diese Begebenheit machte deutlich, dass unsere Partnerinnen weit mehr Eigeninteressen verfolgten, als wir wahrhaben wollten.

1998

Unsere Vision, zusammen in diesem Land in Frieden zu leben, war zahlreichen Belastungen ausgesetzt und ist es noch heute. Die anhaltende Besatzungssituation prägt die Beziehungen zu unseren israelischen Gesprächspartnerinnen und führt regelmässig dazu, dass wir einander verletzen. Es ist schwierig, diese Verletzungen nicht persönlich zu nehmen und sie nicht unseren Partnerinnen persönlich anzulasten. Aber die Gewaltverhältnisse lassen sich auch mit guten Absichten nicht einfach übergehen.

Die politischen Grundprinzipien, an unserem zweiten Brüsseler Treffen von 1992 gemeinsam festgelegt, schufen einen verbindlichen Rahmen und boten Orientierung für die Zusammenarbeit: Gleichwertigkeit und Gleichstellung unserer beiden Völker, die gegenseitige Anerkennung der nationalen Staaten Palästina und Israel wie auch die Bestätigung Jerusalems als offene Stadt, die beiden gehört und die beiden Staaten als Hauptstadt dienen soll. Diese Prinzipien boten uns Schutz vor dem Vorwurf des Verrats der eigenen Seite und damit auch eine politische Legitimation für unsere Arbeit, und sie bereiteten den Weg für Verständigung. Sie sollten zum Aufbau eines sicheren Friedens ohne Gewalt und in Gerechtigkeit beitragen. Neben den politischen Prinzipien des Dialogs entwickelten die Friedensfrauen kommunikative Prinzipien, die gleichsam als Geländer dienen sollten, um in den Gesprächen die verschiedenen Balancen halten zu können.

Auf der Basis dieser Prinzipien organisierte der Jerusalem Link Dialogtrainings für palästinensische und israelische Frauen. Eines der schwierigsten Projekte hiess »Women Making Peace« (Frauen machen Frieden).

Die Vorbereitung der Frauen auf das Zusammentreffen ging von folgenden Voraussetzungen aus: Wenn Menschen als Feinde aufwachsen und zu Angst und Misstrauen erzogen werden, wenn ihr Geschichtswissen von Ideologien bestimmt ist, die die anderen ausschliessen, dann werden sie blind. Wenn Angst gepflegt wird, um die eigene Existenz zu legitimieren, und die Identität der anderen negiert wird, um die eigene Identität zu finden, dann wird das Gespräch sinnlos. Die tiefe Angst um die eigene Existenz und die bitteren Erfahrungen der Vertreibung, des Ausgegrenztseins und der Heimatlosigkeit verhindern die Bereitschaft, die Existenz der anderen als legitim anzuerkennen. Zwei traumatisierte und von Neurosen geplagte Völker gerieten aneinander, und die Existenz des einen schien im Widerspruch zur Existenz des anderen zu stehen: Als das eine, das jüdische Volk, endlich eine Heimstatt finden konnte, verlor das andere, das palästinensische, die seine. Gewalttaten festigen und bestätigen die Politik der Feindseligkeiten. Wenn Menschen von beiden Seiten einander kennenlernen, begegnen sie einander mit Skepsis und sind geneigt, sich zu verteidigen und die anderen anzugreifen. Die Geschichtsschreibung und die Interpretation des Geschehens durch die andere Seite werden als unwahr und unvollständig empfunden.

Viele Frauen sind sehr daran interessiert, Frauen der anderen Seite kennenzulernen. Aber diese gute Absicht reicht bei weitem nicht. Nach fünfzig Jahren, in denen wir einander nur als Feindinnen gekannt haben, kann man nicht einfach zusammenkommen und sagen: »Lasst uns Frieden machen!« Jede möchte zunächst die eigene Seite verteidigen und die anderen von ihrem Unrecht überzeugen. Anschuldigungen werden geäussert, die nur zur Bestätigung der eigenen Vorurteile führen.

Wir mussten also einen längeren Weg gehen und zuerst Gesprächstrainings durchführen und ein Grundwissen in politischer Analyse vermitteln. Sechs Frauengruppen von je einem Dutzend Frauen beider Seiten wurden gebildet, um regelmässig gemeinsam über Probleme und Sorgen, Ängste und Hoffnungen zu sprechen. Sie sollten das Zuhören und Respektieren anderer Meinungen trainieren.

Es war sehr wichtig, dass die Frauen dies zuerst in der eigenen Gruppe übten. Deshalb wurde dem Projekt ein Vorbereitungsprogramm vorangestellt, um Vorurteile aufzudecken, Ängste anzusprechen und Methoden der Konfliktbewältigung zu üben. Um das Eis zwischen beiden Seiten zu brechen, war es notwendig, die Frauen zunächst in ihrer eigenen Persönlichkeit zu bestärken. Ziel war es, die Frauen überhaupt zum Sprechen zu ermutigen. Dazu wurde im Kurs die Grundhaltung vermittelt, dass jede Person das Recht hat, ihre Gefühle, Sorgen, Ängste, Hoffnungen und Visionen auszudrücken. Für die Frauen sollte die Tatsache selbstverständlich werden, dass jeder Mensch ein einzigartiges Geschöpf ist, dass er oder sie fähig ist, zu denken und wundervolle Phantasien und Visionen zu kreieren. Wenn sich aus dem gemeinsamen Denken eine ausgezeichnete Idee entwickelt, empfindet jede Beteiligte Freude über ihren

Anteil daran. Die Frauen lernen ihre Fähigkeiten erkennen, und das Selbstvertrauen wächst. Eine Studentin der Volks- und Betriebswirtschaft schilderte ihre Erfahrungen so: »Ich mache zum ersten Mal bei so etwas mit. Zuerst meinte ich, ich sei einem Kursus der Sozial- und Humanwissenschaften zugeteilt worden, wie es für Studentinnen üblich ist. Ich dachte immer, ich hätte in der politischen Arbeit nichts zu suchen und ich verstünde nichts davon. Ich dachte, ich könne mich nicht richtig ausdrücken und keine Ideen entwickeln. Heute weiss ich, dass ich sehr wohl gute Gedanken habe und dass ich die Freiheit habe, über mein Studienfach hinauszudenken. Ich bin motiviert, in der Politik und der Gesellschaft mitzuwirken, und sehe da eine neue Aufgabe für mich. Ich bin so froh, dies gelernt zu haben. Ich habe meine Schüchternheit und mein Minderwertigkeitsgefühl überwunden.«

Wir vertraten in den Kursen die Überzeugung, dass jeder Mensch das Recht hat, zu versagen, Fehler zu machen und Unsinn zu reden. Das ist menschlich, und es fordert zum Mitdenken heraus, hilft, Versagen zu verkraften und nicht zu zerbrechen, und es ermutigt zu weiteren Versuchen.

Zuhören lernen bedeutet, es nicht hinzunehmen, sondern zu ertragen, wenn ein problematisches Wort, ein verletzender Satz geäussert wird. Dann sollte jede Person gegen ihr Verletztsein ankämpfen und davon ausgehen, dass die sprechende Person diese Worte nur geäussert hat, weil sie zu wenig über die andere Seite weiss. So erlernten wir die Fähigkeit, mit Selbstvertrauen in die Augen der anderen zu schauen und im Gespräch gelassen zu reagieren. Dann sieht man sich gegenseitig als Menschen und erkennt das Leuchten in den Augen der anderen. In die Augen schauen lernen ist eine friedliche Haltung. Wenn wir dazu fähig sind, wird es möglich, in einem grösseren Rahmen das Gespräch zu wagen. Es kommt vor, dass einige nach vielen Übungen immer noch sagen: »Ich kann nicht, ich hasse sie, ich bin so verletzt, ich habe so viel Angst, ich kann nicht vertrauen!« Dann muss die Antwort lauten: »Ja, du hast recht, es ist sehr schwer, wir verstehen, es macht nichts, vielleicht klappt es nächstes Jahr.«

Dieses Programm bereitete uns jedoch auch viele Probleme. Wir begannen uns zu fragen: Bedeutet bei dieser Verständigung das Wort »Frieden« nicht einfach dasselbe wie Hinnehmen von Unterdrückung und Besatzung? Heisst es nicht, im Interesse des Dialogs stillzuhalten, anstatt anzuklagen und zu protestieren? Die teilnehmenden Frauen waren immer wieder geneigt zu sagen: »Wir wehren uns. Wir weigern uns, mit den anderen zu sprechen.« Oder: »Es hat alles keinen Zweck!« Die Palästinenserinnen zweifelten: »Die Israelinnen wollen, dass wir Frieden schliessen, während Besatzung und Entrechtung weitergehen. Dies sei für ihre Sicherheit und Identität nötig, sagen sie als Rechtfertigung, und sie verlangen unser Einverständnis. Sollen wir die Besatzung und die Bedrohung unserer Existenz in unserer Heimat ›Frieden‹ nennen?« – »Ich habe ständig Angst, sie könnten vom Geheimdienst sein, mich und meine Familie in Gefahr bringen oder versuchen, mich in die Falle der Kollaboration hineinzuziehen.« – »Sprechen können wir miteinander, aber uns gegenseitig zu besuchen, davor fürchte ich mich.«

Ich konnte die Verletztheit, das Misstrauen und die Distanz der palästinensischen Teilnehmerinnen gegenüber den israelischen Gesprächspartnerinnen gut nachvollziehen. Die Mehrheit von ihnen gehörte politischen Organisationen an. Dass diese Frauen zu uns schickten, war eine wichtige Rückendeckung für uns. Die Gruppen waren aber immer auch ausdrücklich offen für parteilose Frauen. Die Teilnehmerinnen waren mehrheitlich erwerbstätig, zwischen zweiundzwanzig und fünfundvierzig Jahre alt, häufig verheiratet und Mütter. Wahrscheinlich hatten alle einen oder mehrere Cousins oder Freunde, die getötet oder gefoltert worden waren, aber keine hatte Brüder oder Söhne, denen das geschehen war. Frauen, die nächste Angehörige durch Aktionen des israelischen Militärs verloren hatten, würden nicht zu solchen Treffen kommen.

So wäre auch ich, als mein Sohn Anîs 1990 von israelischen Soldaten angeschossen, geschlagen, in tiefe Angst und Panik versetzt und erst nach geraumer Zeit in ein Spital gebracht wurde, nicht auf die Idee gekommen, meine israelischen Freundinnen anzurufen. Aber ein israelischer Arzt hatte schliesslich durch Vermittlung palästinensischer Ärzte mitgeholfen, dass Anîs behandelt wurde.

1993 verbrachte mein Sohn fünf Monate im Gefängnis und machte in dieser Zeit, wie viele seiner Mitgefangenen, qualvolle und traumatische Erfahrungen, erlebte die Missachtung seiner Würde und seiner Menschenrechte durch israelische Sicherheitskräfte. 1994, der Gefängnisaufenthalt lag einige Monate zurück, begleitete ich ihn nach Tel Aviv zum Flughafen; er flog nach Österreich, um zu studieren. Am Flughafen trafen wir Edna Toledano, eine israelische Gesprächspartnerin. Als ich auf sie zuging, begann Anîs zu fluchen, wollte nicht, dass ich sie begrüsste, und lehnte es ab, ihr die Hand zu geben. Als ich dennoch zu ihr hinging und sie begrüsste, rannte er weg, und auch später im Flugzeug hielt er grossen Abstand zu ihr. Edna sagte zu mir: »Ich verstehe, warum er so reagiert. Es ist für mich kein Problem, das zu akzeptieren. Es ist in Ordnung so.« Für diese einfühlsame Reaktion bin ich ihr bis heute dankbar.

In den Gesprächsrunden wurde versucht, behutsam und in aller Ruhe Vertrauen aufzubauen. Dieses Vertrauen wurde jedoch durch Missverständnisse und entgegengesetzte Interpretationen der eigenen und der anderen Geschichte und Gegenwart erschüttert, ebenso durch die unterschiedlichen Lebenserfahrungen im Besatzungssystem. Aber nicht nur die anhaltende Besatzung, auch konkrete Entscheidungen mancher unserer Bündnispartnerinnen von Bat Schalom hielten das Misstrauen gegenüber unserer Zusammenarbeit lebendig.

Unsere politischen Partner und Partnerinnen sahen sich immer wieder »gezwungen«, sich aus innenpolitischen Überlegungen gegen einzelne unserer Prinzipien zu stellen. So stimmten die im israelischen Kabinett vertretenen Friedensbefürworter 1992 für die Deportation von 415 Palästinensern in den Libanon, obwohl dies völkerrechtlich illegal war. Wir Palästinenserinnen waren sehr schockiert.

Eine weitere Enttäuschung war für uns zwei Jahre später die Haltung der Frauen, als die israelische Regierung wieder einmal das Orient-Haus, den Hauptsitz der Palästinenser in Ost-Jerusalem und wichtigen Schauplatz von Friedensaktivitäten, schliessen wollte. Zwar waren unsere israelischen Freundinnen sofort zur Stelle und protestierten mit uns dagegen. Einige Tage später jedoch wurde in der Knesset über die Schliessung abgestimmt. Nur eine der vier israelischen Abgeordneten, die mit uns kurz zuvor noch protestiert hatten, stimmte dagegen. Zwei stimmten dafür, eine verliess vor der Abstimmung den Saal. Dies war eine schwere Erschütterung der Glaubwürdigkeit der israelischen Partnerinnen. Wir fühlten uns ausgenutzt. Es dauerte lange, bis wir wieder bereit waren, unseren israelischen Partnerinnen Redlichkeit und ein ernsthaftes Interesse am Frieden zuzugestehen.

Ohne ein Minimum an politischer Verlässlichkeit auf beiden Seiten wird die Frauenfriedensarbeit sinnlos. Es ist nur möglich, gemeinsame israelisch-palästinensische Programme zu organisieren, wenn die politischen Grundprinzipien für die gemeinsame Arbeit eingehalten werden. Im Jerusalem Link gab es sogenannte rote Linien, die aus den Prinzipien abgeleitet waren: So waren wir alle »selbstverständlich« gegen den Bau von Siedlungen, gegen die Zerstörung von Häusern, gegen kollektive Bestrafungen – gegen alles, was nach internationalem Recht als illegal oder als Menschenrechtsverletzung gilt.

1998 beteiligten sich sechs Gesprächsgruppen von Frauen beider Seiten an einem neun Monate dauernden Programm von Women Making Peace. Nach einiger Zeit entdeckten wir, dass in einer Gruppe eine Siedlerin mitmachte. Ich war alarmiert und bekam grosse Angst, weil ich einen Verrat der roten Linie zugelassen hatte. In einem ernsten Gespräch machte ich der israelischen Partnerin klar, dass dies nie mehr vorkommen dürfe, andernfalls müssten wir die Programme stoppen. Mein Leben und meine Arbeit seien in

Gefahr, wenn ich so etwas zuliesse. Nie würden es meine palästinensischen Kolleginnen verstehen, wenn ich mit Siedlerinnen gemeinsame Sache machte! Sie, die unser Land gestohlen hatten, deren Landbesetzungen Haupthindernisse für den Frieden waren! Die israelische Projektpartnerin zeigte Verständnis und versprach, dafür zu sorgen, dass es nicht wieder vorkam. Sie gab zu, dass die Koordinatorin diese rote Linie nicht gekannt hatte.

Ein Jahr später organisierten wir das Programm »Women Making Peace« für Gruppen von Studentinnen beider Seiten, unter ihnen eine Gruppe in Hebron. Als der Kurs bereits zur Hälfte vorbei war, bat mich Gila Svirsky, die Leiterin von Bat Schalom, um ein dringendes Gespräch, in dem sie mich um Verständnis bat für das folgende Geständnis: In der Gruppe von Hebron nahmen zwei Siedlerinnen teil. Gila versuchte mich zu überzeugen, dass die Zeit gekommen sei, auch Siedlerinnen miteinzubeziehen, sie seien schliesslich gute Frauen und sehr um Frieden bemüht. Ich erschrak, nicht nur weil die rote Linie erneut überschritten worden war, sondern weil Gila, von der ich überzeugt gewesen war, dass sie den Sinn der roten Linie begriffen hatte, mich nun zu überreden versuchte, meine Einwilligung zu geben. Ich war entsetzt und verzweifelt, denn es handelte sich ja nicht um eine Grenzlinie, die ich persönlich vorgeschrieben hatte, sondern um die politische Linie, die unsere Arbeit überhaupt leitete. Schliesslich war unsere Beziehung immer noch die zwischen Besatzern und Besetzten.

Die Situation war für mich so gefährlich, dass ich die Sache nicht wie beim ersten Mal verheimlichen konnte; ich berichtete den Vorfall dem palästinensischen Vorstand des

Jerusalem Center for Women. Dieser berief sofort eine ausserordentliche Sitzung mit dem israelischen Vorstand ein und forderte ultimativ den Ausschluss der Siedlerinnen. Nach heftigen Diskussionen und verletzenden Vorwürfen wurde dem Ausschluss zugestimmt. Wir Palästinenserinnen waren der Ansicht, dass allein dies unsere Arbeit und unseren Ruf politischer Aufrichtigkeit retten konnte. Die betroffene israelische Dialoggruppe in Hebron war empört und beschloss, das Programm abzubrechen. Wir stellten fest, dass die Grundprinzipien unserer Arbeit in der israelischen Gruppe nicht besprochen worden waren, wie es eigentlich zu Beginn hätte geschehen sollen. Deshalb verstanden die Israelinnen unsere Reaktion nicht und empfanden das Ausgrenzen der Siedlerinnen als Diskriminierung. Vor allem die israelische Koordinatorin war empört; sie sah den Sinn solcher Prinzipien nicht ein. Sie wollte die Tatsache der Besatzung ausblenden, wenn es um Friedensarbeit ging. Sie sagte, die Siedlerinnen seien konstruktiv und bemühten sich sehr, deshalb müsse man sie erst recht für die Friedensarbeit gewinnen.

Unserer Ansicht nach müssten die Siedlerinnen nicht in Gesprächsgruppen mitreden, sondern handeln, indem sie die Siedlung verlassen. Das wäre der Ausdruck von Anerkennung der Ungerechtigkeit, die den Palästinensern durch den Bau von Siedlungen angetan wird. Die Israelinnen brachen den Kurs ab und informierten die Medien über die Diskriminierung. Dieser Schlag behinderte die Dialogarbeit für Monate. Wir brauchten Zeit, um uns politisch zu rehabilitieren.

Hagar Roublev schaffte es schliesslich, eine neue Gruppe zu bilden und die Problematik der Siedlungen aus den verschiedensten Blickwinkeln anzusprechen. Hagar war Mitbegründerin der israelischen Frauen in Schwarz, die mit Mahnwachen gegen die Besatzung demonstrierten, und langjährige Aktivistin von Bat Schalom. Sie war einzigartig in ihrer Suche nach Wahrheit und Gerechtigkeit. Sie nannte die Dinge beim Namen. Sie war an vielen Orten sehr aktiv und organisierte beispielhafte Protestaktionen. Als der Kurs zu Ende war, wollte sie in Urlaub fahren. Am Tag davor kam sie zu einem letzten Evaluierungsgespräch. Hagar war mit uns sehr glücklich, dass sie es mit der neuen Gruppe geschafft hatte. Sie war voller Leben und entschlossen, nach dem Urlaub eine weitere Dialoggruppe zu beginnen. Doch wenige Tage später, im August 1999, starb sie im Urlaub an Herzversagen; sie war fünfundvierzig Jahre alt. Wir alle trauerten um Hagar, und zum ersten Mal trauerten wir gemeinsam und empfanden denselben tiefen Schmerz des Verlustes.

Am 8. März 2000 hätte ich beim Treffen des Global Fund for Women* in San Francisco die Hauptrede zum Internationalen Frauentag halten sollen. Der Kern der Rede war meine Trauer um Hagar. Da ich keine Ausreisegenehmigung erhielt, gab ich meine Rede schriftlich ab:

»An diesem besonderen Tag möchte ich an die Vision von Hagar Roublev erinnern und ihrer gedenken als einer tap-

* Internationales Netzwerk zur ökonomischen Unterstützung von Frauenorganisationen mit den Schwerpunkten Frauenrechte und Gewalt gegen Frauen. Sumaya Farhat-Naser gehört dem Vorstand an.

feren Kämpferin für den Frieden. Wir Palästinenserinnen, im Besonderen die Mitarbeiterinnen und der Vorstand des Jerusalem Center for Women, wir alle haben Hagar geliebt. Hagar war wahrhaftig und vertrauenswürdig, dem Kampf für Gerechtigkeit, Wahrheit und Frieden zutiefst verpflichtet. Immer wenn wir wegen einer besonders brutalen Tat des israelischen Militärs oder einer aussergewöhnlich provozierenden Bemerkung eines israelischen Politikers der äussersten Rechten empört waren, waren wir versucht, alle Israelis für schlechte Menschen zu halten. ›Ja, alle Israelis verzerren die Wahrheit, keinem kann man trauen‹, wollten wir sagen. Aber dann erinnerten wir uns an die Existenz einer Frau namens Hagar und hielten ein.

Hagar war aussergewöhnlich. Sie zeigte uns, wie wir unseren Geist offen halten können, um Unterschiede zu respektieren und neue Möglichkeiten zu suchen.

Eines Tages im letzten Sommer erlitt Hagar völlig überraschend einen Herzinfarkt und starb. Es war ein furchtbarer Schock für uns alle, Palästinenserinnen genauso wie Israelinnen. Ich war sehr verwirrt, weil ich nicht wusste, wie ich mich verhalten sollte. Ich hatte niemals zuvor den Tod einer jüdisch-israelischen Person als so schwerwiegenden Verlust empfunden. Die Beziehung zwischen Hagar und mir war noch jung, nur wenige Jahre alt. Zum ersten Mal war ich in der Auseinandersetzung mit dem Tod in einem wirklichen Dilemma. Ich wusste nicht einmal, ob ich zu ihrer Beerdigung gehen durfte; als Repräsentantin des Jerusalem Center for Women musste ich mich mit meinem Vorstand absprechen. Der Vorstand schlug mir vor, einen Beileidsbrief an Hagars Familie zu schreiben. Dies tat ich natürlich, aber ich hatte das Bedürfnis und den Wunsch, mehr für Hagar zu tun. Ich beriet mich mit meinem Mann. Er sagte: ›Es ist sehr gefährlich, zur Beerdigung zu gehen. Tu es nicht ohne politischen Rückhalt.‹ Darauf rief ich Hanân Aschrâwi an, eine der Gründerinnen des Jerusalem Link, und fragte sie, ob ich diesen Schritt wagen könnte. Hanân gab mir einen guten Rat. Sie sagte: ›Tu das, was du als richtig empfindest.‹

Mir wurde klar, dass es in meiner Verantwortung lag, dieses menschliche Zeichen zu geben, und ich beschloss, in Begleitung zweier Kolleginnen vom Jerusalem Center for Women zur Beerdigung zu gehen. Die Beerdigung, die in einem Kibbuz im Norden Israels stattfand, erinnerte mich an eine Friedensdemonstration. Hunderte von Frauen und Männern, die ihr Leben mit grossem Einsatz dem Frieden gewidmet hatten, waren anwesend. Ich kannte viele von ihnen, obgleich ich sie seit einigen Jahren nicht mehr gesehen hatte. Wir sahen uns an und lächelten, während uns die Tränen übers Gesicht liefen. Wir teilten Ängste, Schmerz, Verlust und ebenso das wundervolle Gefühl, miteinander verbunden zu sein. Zum ersten Mal in meinem Leben empfand ich die Kraft geteilten Kummers. Es ist leichter, Freude zu teilen, aber Kummer zu teilen bringt die Menschen einander näher. Ich glaube, dies gilt besonders für die, die als Feinde gelten. Es war ein Geschenk von Hagar an mich. An uns alle.

Hagar war eine säkulare Jüdin und hätte sich kein Begräbnis mit religiösen Ritualen gewünscht. Ihre Mutter wollte jedoch, dass am Grab gebetet würde. Jemand begann auf Hebräisch zu beten. Eine zweite Person antwortete. Eine nette Frau neben mir übersetzte mir ihre Worte: ›Gott, gib

Israel Frieden!‹ Als dieser Satz gesprochen wurde, fügte Hagars Vater eine eigene Zeile zum Gebet hinzu: ›Gott, gib Israel und seinen Nachbarn Frieden.‹ Diese kleine Geste von Hagars Vater überwältigte mich. Die Unterstützung und Anerkennung, die er mir gab, die er uns allen gab, in einer Zeit tiefen Kummers, werde ich nie vergessen.«

Die Verbreitung meiner Rede über das Internet hatte zur Folge, dass von überall Hunderte von Solidaritätsbriefen kamen, mehrheitlich von Jüdinnen und Juden in Israel und den USA. Es war für mich aussergewöhnlich, von so vielen jüdischen Menschen angesprochen zu werden, so liebevoll und verständnisvoll, so ermutigend und voller Anteilnahme. Ich erkannte, dass es möglich geworden war, es als positiv zu empfinden, wenn man mit Feinden kommunizierte oder sich gar gegenseitig Gefühle des Respekts und der Anerkennung zeigte. Und es war möglich geworden, stolz und ohne Angst darüber zu sprechen. Früher hatte man es verheimlicht und ein schlechtes Gewissen verspürt.

Viele drückten ihr Erstaunen und auch ihre Freude darüber aus, dass es uns Friedensfrauen gab und auch Palästinenserinnen beteiligt waren. Von den Palästinenserinnen hört man kaum etwas, da sie nicht geübt sind in der Verbreitung ihrer Botschaft und auch nicht entsprechend ausgestattet. Ausserdem sind sie mit den Mühen des Überlebens unter der Besatzung so sehr belastet, dass Öffentlichkeitsarbeit und internationale Medienarbeit eine untergeordnete Rolle spielen. Ich erkannte die Notwendigkeit, gerade diese Menschen anzusprechen und miteinzubeziehen.

Jede nationale Identität beruht auf einem Mythos vom gemeinsamen Ursprung, von der Gründung der Nation. Mythen stiften Gemeinschaftsgefühl und Identität, indem sie nur einen bestimmten Strang der eigenen Geschichte wie einen roten Faden benutzen und andere Elemente ausblenden. Sie grenzen auf diese Weise die eigene Identität und Geschichte von der Identität und Geschichte der Nachbarn ab und schliessen diese aus. Damit blockieren sie das wechselseitige Verständnis.

So kennen Palästinenser den Mythos der Israelis, die nach wie vor überzeugt sind, das Land gehöre ihnen allein und sie seien als Volk ohne Land in ein Land ohne Volk gekommen. Die Palästinenser hätten ihr Land freiwillig verlassen, so wurde es den Israelis vermittelt, und deshalb fühlen sie sich nicht verantwortlich für die Heimatlosigkeit der palästinensischen Flüchtlinge. Zwar wissen sie, dass ein Unrecht begangen worden ist, doch sehen sie es als kriegsbedingt und notwendig für ihr Überleben. In israelischen Geschichtsbüchern steht nichts von der gewaltsamen Vertreibung der Palästinenser, dabei hatte selbst Jitzhak Rabin in seiner Biographie bereits 1979 geschrieben, er habe 1948 auf Befehl von Ben-Gurion 50 000 Palästinenser und Palästinenserinnen mit Waffengewalt aus Lod und Ramla vertrieben. Diese Stelle war zwar zensiert worden, das »Geständnis« des späteren Ministerpräsidenten aber wurde dennoch bekannt. Unter uns diskutierten wir darüber, was es heisst, solche Fakten öffentlich anzusprechen. Wenn man das Unrecht aufzeigte und eingestand, dann würde die Bereitschaft zu Kompromissen wachsen.

Mit keinem Wort erwähnen israelische Geschichtsbücher die vielen Massaker, die 1948 an Palästinensern verübt wurden. Nichts wird gesagt über die 418 palästinensischen Dörfer, die dem Erdboden gleichgemacht wurden, nichts über die Verbrechen jüdischer Terrorgruppen wie Irgun, Haganah und Stern, die von Jitzhak Schamir, Ariel Scharon und Menachem Begin geleitet wurden. Erst nach fünfzig Jahren haben die Israelis offiziell das Massaker im Dorf Dair Jassîn zugegeben, das 1948 von Irgun, unter dem Kommando des späteren Ministerpräsidenten Menachem Begin, verübt worden war. Palästinenser in Israel dürfen erstmals in ihren Geschichtsbüchern darüber berichten. Noch im Jahr 1953 überfiel Ariel Scharon mit seinem Kommando das Dorf Kibja bei Ramallah, das unter jordanischer Herrschaft stand, zerstörte fünfundvierzig Häuser und tötete über fünfzig Menschen.

Ich erfahre die Israelis als Menschen, die gelernt haben, es sei ihr Schicksal, vor Verfolgung durch die Araber und alle anderen Völker Angst haben zu müssen. Wenn wir Palästinenser unsere Geschichte erzählen, dann wollen sie diese nicht glauben und beharren darauf, dass das Land unbewohnt gewesen sei und sie es aufgebaut hätten. Wenn wir dann sagen: »Ihr habt es mit Gewalt auf den Trümmern unserer Dörfer und Städte gebaut«, dann sind sie gekränkt und kommen zum Schluss, dass man ihnen wieder einmal, wie schon seit Jahrhunderten, die Schuld für alles Unrecht der Welt zuschiebe. Manche glauben, dass die Palästinenser erst im letzten Jahrhundert aus umliegenden Ländern nach Palästina eingewandert und nur vorübergehende Besucher seien. Israelis glauben, dass sie von den Palästinensern gehasst werden, weil sie Juden sind und nicht weil sie als Eroberer und Besatzer gegenüber dem palästinensischen Volk im Unrecht und schuldig sind. Viele Palästinenser dagegen glauben, dass die Israelis sie als Unmenschen betrachten, als Lügner, denen man nicht vertrauen könne, als Gewalttäter und Unzivilisierte, die kein Volk seien, keine nationale Identität hätten und in andere arabische Staaten integriert werden könnten.

Auf palästinensischer Seite behindern andere Mythen über die Israelis und über die jüdische Geschichte und Identität die Verständigung: Die meisten Palästinenser können den Glauben an das verheissene Land für das auserwählte Volk nicht akzeptieren, zumal sie ihrerseits glauben, dass Gott Palästina den Palästinensern und über sie hinaus der muslimischen Nation verheissen habe. Sie wollen nicht verstehen, dass Jüdinnen und Juden als Religionsgruppe den Anspruch erheben, ein Volk zu sein, und dass Jüdischsein eine nationale Identität begründet. Es ist für sie unannehmbar, dass die Existenz des Staates Israel auf religiösen Überzeugungen gründet, die die Aneignung des Landes Palästina und weitere Landenteignungen legitimieren. Palästinenser lehnen es meistens ab, sich die jüdische Leidensgeschichte anzuhören, weil sie fürchten, man könne sie dafür mitverantwortlich machen. Viele sagen: »Wir haben damit nichts zu tun, unsere Geschichte mit den Juden beginnt mit ihrer Zuwanderung, mit Besatzung und Unterdrückung.«

Zunehmend fürchten auch die arabischen Staaten zwischen Euphrat und Nil, dass Israel seine Herrschaft mit Gewalt, legitimiert durch religiöse Argumente, auf die ganze Region ausdehnen will. Diesen Zionismus lehnen die Araber ab und betrachten ihn als gefährlich und existenzbedrohend. Den Staat Israel sehen sie als zentrales Problem für den gesamten Nahen Osten.

Ich habe mich seit meinem Studium in Deutschland intensiv mit der jüdischen Geschichte befasst. Durch meine Arbeit für den Frieden habe ich viele Erfahrungen mit jüdischen Menschen und Israelis gemacht. Dabei habe ich gelernt, dass der Zionismus viele verschiedene Richtungen und unterschiedliche Interpretationen kennt.

Ich lernte diese Interpretationen erkennen, und ich weiss, wie verletzend und beängstigend es für jüdische Menschen und Israelis ist, wenn sie ihre eine und einzige Version von Zionismus mit anderen Versionen konfrontiert sehen. Der Streit darüber, was unter Zionismus zu verstehen sei, wird in Israel und unter Jüdinnen und Juden fortwährend geführt und scheint als Teil ihrer Identität notwendig. Die Politik, die die israelische Regierung verfolgt, beruht auf einer fanatischen Interpretation, welche die palästinensische Geschichte und Gegenwart ausgrenzt. Vertreter anderer Interpretationen bekämpfen diese fanatische Version. Es gehört zu meinem Verständnis von Menschenrechten und Menschenwürde, dass ich den jüdischen Menschen und den Israelis die Freiheit zugestehe, ihrer jeweiligen Sicht von Zionismus zu folgen. Ich muss das respektieren. Viele meiner israelischen Mitstreiterinnen und Mitstreiter für den Frieden vertreten einen Zionismus, der einen gerechten Frieden mit den Palästinensern in Palästina nicht ausschliesst. Sie wollen Zionistinnen und Zionisten bleiben und sind stolz darauf. Schliesslich war es der Zionismus, der den Staat Israel und die Existenz ihrer Gesellschaft ermöglicht hatte.

Wenn ich sie in ihrem Verständnis dieses friedlichen Zionismus anerkenne und respektiere, dann gewinnen wir uns gegenseitig für meinen und ihren Frieden.

Beide Völker behalten ausschliesslich die eigene Leidensgeschichte in Erinnerung; das Sicherheitsbedürfnis und die Ängste der anderen Seite werden negiert. Der Weg zum gegenseitigen Verständnis, zur Akzeptanz der anderen Geschichte ist schwierig und schmerzhaft.

In den vergangenen Jahren haben ausländische Organisationen immer wieder versucht, Palästinenser und Palästinenserinnen zur Auseinandersetzung mit der jüdischen Geschichte und zum Besuch von Holocaust-Gedenkstätten zu bewegen. Diese Versuche sind meistens gescheitert, weil diese Organisationen in der Regel mit der erklärten Absicht antraten, uns mit dem Holocaust konfrontieren zu wollen, »damit ihr Palästinenser Verständnis für die Israelis und Juden entwickelt«.

Die Reaktion von palästinensischer Seite auf dieses Ansinnen lautete ebenso regelmässig: »Der Holocaust ist eine Sache, auf die wir uns nicht behaften lassen. Es kann von uns kein Verständnis dafür geben, dass wir entrechtet werden und dass Israel sich aufgrund der jüdischen Geschichte uns gegenüber ins Recht setzt und auf unsere Kosten eine neue Geschichte beginnt.«

Im Frühjahr 1998 versuchte die deutsche Konrad-Adenauer-Stiftung einige Palästinenserinnen und Palästinenser dazu zu bewegen, die Holocaust-Gedenkstätte Jad Vaschem in West-Jerusalem zu besichtigen, um gemeinsam herauszufinden, ob die Zeit für Besuche palästinensischer

Schulklassen reif wäre. Ich folgte der Einladung zusammen mit meinem Mann, zwei Deutschen, einem israelischen Professor und vier weiteren Palästinenserinnen und Palästinensern, die alle Akademiker sind und sich in der Friedensarbeit engagieren. Der Besuch fand heimlich statt, wir erzählten niemandem davon. Wir machten uns voller Neugier, aber auch mit Angst auf den Weg. Viele psychische Barrieren waren zu überwinden. Schweigend wanderten wir durch die Räume, sahen die Verbrechen an Menschen und an der Menschlichkeit. Wir empfanden Schmerz, Verzweiflung und Fassungslosigkeit. Ich hatte viele solcher Bilder bereits gesehen, als ich als Studentin die jüdische Geschichte kennengelernt und die Gedenkstätten des Grauens in Dachau, Auschwitz und Neuengamme bei Hamburg und die zahlreichen Stätten in Berlin besucht hatte. Ich erkannte die Bilder, sah die Augen der Opfer und fühlte ihre lebendige Präsenz trotz ihres Todes. Ich habe viel gelernt. Ich war sehr beeindruckt von der kunstvollen Darstellung der Geschichte und der von Ehrfurcht und Würde geprägten Atmosphäre. Es fröstelte mich, und ich identifizierte mich mit dem Leiden dieser Menschen. Den anderen ging es ähnlich. Ungläubigkeit über das Ausmass der Verbrechen war ihnen anzusehen.

Doch an einer Stelle gab es einen Bruch: In einem Ausstellungsraum geht der Holocaust abrupt in die Staatsgründung Israels über. Auf einem Bild ist der Mufti von Jerusalem zusammen mit Hitler zu sehen, dann gibt es Dokumente vom 1948er Krieg und schliesslich Abbildungen von der Begeisterung über die Eroberung und den Aufbau des Staates Israel. Unsere Geschichte ist vollständig ausgeblendet, unsere Existenz negiert. Ein komplettes Verschwinden unseres Leidens, eine Verfälschung der Geschichte, das Leugnen des Unrechts und unserer Realität, dachte ich. Kein Wunder, dass wir für die Israelis als Volk, als Menschen und als politische Dimension unsichtbar bleiben. Ich war tief gekränkt und verletzt und fragte mich: Wie können wir Frieden aufbauen, wenn diese Lücke bleibt? Wie könnte man Palästinenserinnen und Palästinenser dorthin führen und erwarten, dass sie mit Erschütterung reagieren, wenn sie und ihre Geschichte inexistent sind? Wenn es eines Tages möglich sein sollte, dass die Palästinenser der internationalen Öffentlichkeit eigene Gedenkstätten zu ihrer Geschichte, ihrem Leiden und ihrer Entwicklung präsentieren können, dann erst wäre die Zeit reif und würde jede Seite die andere Seite als Bestandteil der eigenen Geschichte, Gegenwart und Zukunft miteinbeziehen.

Ich weiss, ein Vergleich unserer Leiden mit den Leiden der Juden und Jüdinnen ist nicht nur ungerecht, sondern auch falsch und darf nicht zugelassen werden. Dennoch glaube ich, es wäre wichtig für den Friedensprozess, die palästinensische Geschichte in einer für beide Seiten angemessenen Weise in die Konzeption von Jad Vaschem einzubeziehen. Andernfalls würde ein Besuch von Palästinensern das Gegenteil dessen bewirken, was wir Palästinenser, die wir uns für den Frieden einsetzen, und was Israelis und Juden sich erhoffen. Ich denke an die Worte des palästinensischen Publizisten und Wissenschaftlers Edward Said: »Wir müssen den Holocaust anerkennen und verstehen, nicht um Israel einen Blankoscheck zu geben, uns anzutun, was sie uns antun, sondern um unsere Menschlichkeit zu bestätigen und zu bereichern. Nur so kann unser Leid anerkannt werden, und nur so erweisen wir uns der Freiheit, Unabhängigkeit und des Friedens würdig.«*

Das palästinensische und das israelische Volk sehen einander vor allem als Bedrohung. Auf dem Weg zur Versöhnung müssen wir uns aber öffnen für die Leidensgeschichte der anderen. Denn wir brauchen ihre Anerkennung unserer Leiden, damit wir ihnen genug Vertrauen entgegenbringen können, um gemeinsam Schritte der Versöhnung zu machen.

* *Le Monde diplomatique,* August/September 1998.

2000

Die Palästinensische Autonomiebehörde verfügt über kein eigenes Militär, sondern über Polizisten, die ihre Waffen von Israel bekommen haben, um die Sicherheit, vor allem der Siedler, zu gewährleisten. Die Mehrheit der Bewaffneten ist in der Fatah-Partei organisiert, die zusammen mit anderen Parteien die PLO ausmacht. Doch gibt es einige Aktivisten, die deren Befehle nicht befolgen und eigenständig handeln. Die Kämpfer der islamischen Front stehen ohnehin ausserhalb der PLO und gehören vorwiegend der Hamâs und dem Islamischen Dschihâd an. Sie nehmen keine Befehle von Arafât an und lehnen den Friedensprozess prinzipiell ab. Es sind kleine Gruppen, aus deren Reihen die Selbstmordattentäter kommen, die sich selbst als Märtyrer sehen. Die Wirkung ihrer Aktionen auf die israelische Gesellschaft und auf das politische System überhaupt ist verheerend. Sie verstärken die tiefe Angst in jedem und jeder Israeli und lassen die Menschen, auch die Kinder, unter ständiger Bedrohung leben. Eine Situation, die man niemandem wünschen darf.

Die gleiche Angst und die gleiche Gefahr erleben wir Palästinenser. Unter Besatzung und ohne den Schutz des Gesetzes wird der Respekt vor Menschenleben mit Füssen getreten und der Glaube an den Frieden zerstört. Die von Palästinensern verübten Attentate treffen mich zutiefst und schmerzhaft und machen mir Angst. Ich habe Angst, dass dieses Verhalten in meiner Gesellschaft zur Norm werden könnte. Ich weiss dann oft nicht, wie ich mich verhalten soll. In den ersten Jahren der Zusammenarbeit mit israelischen Frauen brachten solche Attentate wie auch die Tötung von Palästinensern durch israelisches Militär oder durch Siedler unsere Zusammenarbeit jeweils zum Stillstand. Wir wollten einander weder sehen noch sprechen. Mit der Zeit einigten wir uns jedoch darauf, dass wir uns anrufen, wenn etwas passiert. Wie oft riefen Daphna, Gila oder Terry und ich einander an! Es wurde uns dann jeweils klar, dass es derselbe Schmerz ist, den wir fühlen, dieselbe Trauer. Wir liessen uns von solchen Rückschlägen nicht beirren, sondern beschlossen, noch enger zusammenzuarbeiten. Meist genügte eine Woche Abstand, dann konnten wir uns wieder treffen. Oft schrieb ich Terry einen Brief und drückte mein Beileid aus, wenn israelische Zivilisten getötet worden waren.

Einmal wurde ein israelischer Jugendlicher, Ofir Rachum, per E-Mail von einem palästinensischen Mädchen zu einem Rendezvous gelockt. Dieses lieferte ihn an eine Kämpfertruppe aus, die ihn kidnappen wollte, um Israel zu erpressen. Als der Junge wegzulaufen versuchte, schossen sie ihm ins Bein. Aus der gegenüberliegenden Siedlung beobachteten Siedler oder israelische Soldaten den Schuss und eröffneten das Feuer, ohne zu wissen, worum es ging. Sie trafen den israelischen Jungen tödlich. Bei der Obduktion fand man mindestens drei verschiedene Geschosstypen. Dennoch wurden nur die Palästinenser für den Tod des Jungen verantwortlich gemacht. Sie wurden mit mehrfach lebenslänglichen Gefängnisstrafen belegt. Im Falle einer Amnestie entfällt nur eine lebenslange Strafe, die anderen

Strafen bleiben bestehen, wodurch garantiert ist, dass der Gefangene nie entlassen wird. Nach seinem Tod wird die Leiche nicht der Familie übergeben, sondern auf einem speziellen Friedhof mit nummerierten Gräbern bestattet.

Der israelische Jugendliche Ofir Rachum hatte offenbar allen Widerständen zum Trotz eine Palästinenserin kennenlernen und Vertrauen zwischen den beiden Völkern aufbauen wollen. Und dann fand er bei uns den Tod. Ich dachte bei dieser Geschichte an meine eigenen Kinder und dass ihnen etwas so Schreckliches geschehen könnte. Ich schrieb darauf Terry einen Brief und gab meinen Gedanken und meiner Trauer Ausdruck. In ihrer Antwort sprach sie mir aus der Seele, herzlich, vertrauensvoll, dankbar und gerührt. Es stärkt uns, einander auch im Schmerz begegnen und gemeinsam trauern zu können.

Als ich am 12. Oktober 2000 im Büro die Nachricht vernahm, zwei Männer des israelischen Geheimdienstes seien in Ramallah gefangengenommen worden, machte ich mich sofort auf den Heimweg. Die Atmosphäre war ohnehin sehr angespannt, da am Tag zuvor Issâm Hamâd Dschûdeh, der von Siedlern aus Halamisch bei Birseit gekidnappt worden war, beerdigt wurde. Man hatte ihn mit verbrannten Händen, zerschmetterten Knochen und gebrochenem Genick gefunden. In Ramallah fand ein Trauerzug statt, der zu einer Volksdemonstration gegen die Brutalität von Siedlern wurde, vor denen uns niemand schützte. Zwei Mustaaribîn – Geheimagenten, die sich wie Araber kleiden und sich als Araber ausgeben – waren angeblich in der Nähe des Trauerzuges erkannt worden, und in ihrem Wagen fand man Waffen und Handgranaten. Die Anwesenheit der beiden Geheimagenten versetzte die Massen in Wut und Panik, und wie ein Lauffeuer verbreitete sich die Nachricht, die beiden seien gekommen, um den Trauerzug anzugreifen. Weshalb sonst waren sie in die A-Zone eingedrungen, zu der den israelischen Soldaten der Zutritt verboten war? Einige junge Menschen packten sie und begannen sie zu verprügeln. Es war vorauszusehen, dass sich Wut, Verbitterung und Hass auf die beiden entladen würden. Die palästinensische Polizei kam sogleich und nahm die beiden Mustaaribîn mit aufs Revier, um sie zu retten. Es war ein kleiner Posten von nicht mehr als fünfzehn Polizisten. Sie verständigten die israelischen Behörden über den Vorfall und bereiteten die nötigen Schritte zur Auslieferung vor. Doch die wütenden Massen stürmten die Polizeistation, lynchten die beiden Israelis und warfen einen der Toten aus dem Fenster. Die brutale Szene wurde von einem Kollaborateur gefilmt und in den folgenden vierundzwanzig Stunden alle paar Minuten im israelischen Fernsehen wie auch von amerikanischen und europäischen Sendern ausgestrahlt.

Die andere Seite blieb unsichtbar. Die Rufe nach Vernunft, Menschlichkeit und Erbarmen mit den beiden Mustaaribîn wurden nicht gezeigt. Diese Stimmen waren dem filmenden Kollaborateur und auch den Journalisten nicht wichtig.

Die Medien erreichten, dass die Brutalität der wenigen Täter als Merkmal auf das ganze palästinensische Volk übertragen wurde, genauso wie das Wort »Terror« bewusst und systematisch in den Gedächtnissen verankert wurde, als sei Terrorismus eine Eigenschaft der Palästinenser. Ohne

Differenzierung und ohne den Kontext miteinzubeziehen, wurde mit diesem Stempel das Feindbild zementiert. Hinrichtungen und Lynchmorde sind kriminelle Akte ersten Grades, die verurteilt und bekämpft werden müssen, egal wer sie an wem verübt. Sie zu verschleiern oder sie zu rechtfertigen ist ebenso kriminell. Doch die israelische Reaktion war nicht weniger fragwürdig.

Bald schon kreisten israelische Helikopter über unseren Köpfen; die Warnung vor einem Angriff wurde verbreitet. Bewaffnete palästinensische Sicherheitskräfte bezogen an allen Ecken Stellung und forderten die Menschen auf zu verschwinden. Das Gerücht ging um, das Hauptquartier von Arafât solle zerbombt werden. Dort befindet sich auch das Hauptgefängnis, wo Hunderte von Oppositionellen zusammen mit kriminellen Gefangenen inhaftiert sind. Um ihr Leben zu schützen, wurden sie alle freigelassen. Es dauerte dann Wochen, sie wieder einzufangen, und einige blieben bis heute verschwunden.

Ich war erleichtert, als ich es geschafft hatte, heil nach Hause zu kommen. Doch dann entdeckte ich, dass meine Tochter Hâla nicht zu Hause war. Bald darauf rief sie an, sie habe sich bei einer Freundin versteckt, weil sie nicht wusste, wie sie heimkommen sollte. Sofort machten wir uns auf den Weg nach Ramallah, um sie zu holen. Wir ahnten Schlimmes und befürchteten eine totale Sperre, während deren sich tagelang niemand ausser Haus begeben darf.

Hâla war noch in der Schule gewesen, als die israelischen Helikopter die erste Polizeistation bombardierten. Alle Schülerinnen und Schüler hatten voller Panik aufgeschrien, als durch die Detonation die Scheiben des Klassenzimmers in die Brüche gingen. Dann waren sie weinend weggerannt, und Hâla hatte sich ihrer Freundin angeschlossen.

Die ausländischen Studierenden an der Universität Birseit kamen in Panik zu unserem Haus. Wir versuchten, sie zu beruhigen, in Birseit werde ihnen nichts passieren. Mehrere Konsulatsvertreter holten ihre Studierenden ab, um sie zu evakuieren. Das verdeutlichte uns den Ernst der Lage, und unsere Angst wuchs.

Die Helikopter kreisen zu sehen war ein Erlebnis, das vielen Kindern zum Albtraum wurde. Wir standen mit den verbliebenen ausländischen Studierenden und vielen Bewohnern von Birseit zusammen und blickten in Erwartung des Angriffs nach Ramallah. Immer wieder sahen wir es aufblitzen, und die Leute begannen zu zählen. Bei sieben oder acht erfolgte die Detonation. Über Telefon und aus dem Fernsehen erfuhren wir, dass drei verschiedene Polizeistationen getroffen worden waren. Es gab mehrere Tote und Verletzte.

Inzwischen gehört die Bombardierung von Häusern und palästinensischen Polizeistationen zu unserem Alltag. Wie soll ein Sicherheitssystem weiterfunktionieren, wenn seine Infrastruktur zerstört ist? Die Polizeikräfte fürchten um ihre Arbeitsstellen und sind stets in Alarmbereitschaft. Morgens, wenn ich jeweils durch Ramallah zur Arbeit fuhr, sah ich oft Gruppen von Menschen mit Decken unter dem Arm aus den Tälern heraufkommen; sie hatten aus Angst vor nächtlichen Bombenangriffen im Freien geschlafen. So erlebten wir die israelische Reaktion auf den Lynchmord an den beiden israelischen Sicherheitskräften.

Als ich nach dem Lynchmord eine Pressemitteilung von Bat Schalom erhielt, freute ich mich zunächst darüber, dass der Kontakt weiterhin bestand. Als ich aber den Text genau las, wurde ich wütend: Die Frauen von Bat Schalom hatten den Lynchmord und die Notwendigkeit einer Reaktion darauf an erster Stelle genannt. Andere schlimme Ereignisse der letzten Wochen wurden mit keinem Wort erwähnt.

Die neue Leiterin von Bat Schalom, Terry Greenblatt, schrieb mir in einem persönlichen Brief, dass sie mit mir einer Meinung sei. Sie erzählte von der hysterischen Stimmung, die in diesen Tagen wegen der Lynchmorde herrschte und die den Ton der Pressemitteilung bestimmt hatte. »Ich kann Dir dazu nur sagen, dass die hasserfüllten Briefe und Anrufe dieser Woche und die Morddrohungen gegen Naomi Chazan bei unserem Versuch eine Rolle spielten, etwas zu schreiben, das die überhandnehmende Hysterie eindämmen könnte. Wir wollten wenigstens einen Teil der israelischen Öffentlichkeit erreichen, um deren Gefühle und Ängste zu beruhigen.« Terry schlug vor, den Text so umzuschreiben, dass er nicht mit dem Mord an den israelischen Soldaten beginnen würde.

Doch für uns Palästinenserinnen lag das Problem tiefer: Für uns war es in dieser Situation überhaupt gefährlich, mit Israelinnen zu tun zu haben. Auch wenn es sich dabei um Friedensfrauen handelte, die mit uns einig waren. Wie konnten wir die Zusammenarbeit gegenüber unseren Leuten in einer Situation rechtfertigen, in der Hass und Vergeltung vorherrschten?

Unter diesem Druck verfasste der Vorstand des Jerusalem Center for Women eine Erklärung, die an den Vorstand von

Bat Schalom gerichtet war. »Es war und ist unsere Überzeugung, dass die Zusammenarbeit mit dem israelischen Friedenslager nicht nur den Palästinensern zugutekommt«, stellten wir eingangs fest. Nach sieben Jahren der Zusammenarbeit bedauerten wir es aber sehr, dass Bat Schalom nicht klar und deutlich Stellung gegenüber den Ereignissen in den vergangenen Wochen bezogen hatte. Wir hatten gehofft, dass der Vorstand von Bat Schalom öffentlich eine Haltung einnehmen würde, die der Heftigkeit der Attacken gegen das palästinensische Volk entsprochen hätte. Wir bedauerten auch, dass Bat Schalom die neuen Prinzipien des Jerusalem Link vom 18. August 1999 nie publiziert hatte. Insbesondere legten wir Wert auf Jerusalem als zwei Hauptstädte für zwei Staaten und auf das Rückkehrrecht der palästinensischen Flüchtlinge gemäss der UNO-Resolution 194.

Wir schrieben: »Wir verstehen die grossen Schwierigkeiten, die Ihr habt, aber wir möchten vorwärtsgehen, anstatt uns vor der Realität zu verstecken.« Wir konnten das Verhalten unserer Partnerinnen nur als politischen Rückzug verstehen. Das Schweigen der israelischen Frauen vermittelte uns den Eindruck, dass sie sich von den gemeinsamen Prinzipien endgültig verabschiedet hatten. Wir fragten sie, ob sie sich bewusst waren, dass ihr Schweigen in dieser kritischen Phase die Macht der rechten Parteien und Bewegungen in Israel stärkte, deren Ziel es ist, die Anstrengungen für eine friedliche Koexistenz zu sabotieren.

Das Jerusalem Center for Women konnte die Abwesenheit der israelischen Linken und der israelischen Friedensbewegung in dieser Zeit nicht entschuldigen. Es war und ist deren Pflicht, in der israelischen Gesellschaft einen unüberhörbaren Protest zu äussern. Wir fürchteten die Zurückhaltung der israelischen Linken, weil sie den aggressiven, expansionistischen Stimmen und Aktivitäten Macht verleiht. Wir warnten das israelische Friedenslager: »Handelt jetzt, brecht Euer Schweigen, seid nicht die Ersten, die aufgeben – oder Ihr werdet selber Opfer der Aktionen und der Politik des rechten Flügels sein, der sich schnell bewegt.«

Einen Monat später, im November 2000, entschieden wir vom Jerusalem Center for Women, alle gemeinsamen Programme und Aktivitäten mit Bat Schalom einzustellen, bis wir eine klare und öffentliche Unterstützung der neuen Jerusalem-Link-Deklaration erhielten, der Bat Schalom eigentlich im August 1999 zugestimmt hatte. Ausserdem forderten wir, dass Bat Schalom die Frage, ob bei ihnen auch Siedlerinnen Mitglieder sein dürften, überprüfte. Die Überschreitung dieser roten Linie würden wir nie akzeptieren können.

Bat Schalom reagierte mit einem Statement und schlug vor, den Artikel der neuen Jerusalem-Link-Deklaration, in dem es um die Flüchtlingsfrage geht, neu zu formulieren: »Israels Anerkennung seiner Verantwortung für die Schaffung palästinensischer Flüchtlinge im Jahre 1948 ist eine Vorbedingung, um eine gerechte und nachhaltige Lösung des Flüchtlingsproblems in Übereinstimmung mit den relevanten UNO-Resolutionen zu finden.«

Als Leiterin des Jerusalem Center for Women schrieb ich Terry Greenblatt im Januar 2001 erneut einen Brief, in dem ich zum Ausdruck brachte, dass wir ihre Schwierigkeiten verstünden, unserer Forderung nach einer Anerkennung der

Verantwortung Israels bei der Schaffung von Flüchtlingen im Jahre 1948 nachzukommen. »Doch wir sähen es gerne, dass Ihr ›Verantwortung‹ wie folgt definiert und versteht: Israel akzeptiert seine moralische, rechtliche, politische und ökonomische Verantwortung gegenüber den Forderungen der palästinensischen Flüchtlinge und muss deshalb das Recht auf Rückkehr gemäss den relevanten UNO-Resolutionen akzeptieren.«

Der Vorstand hatte uns ausserdem aufgetragen, Bat Schalom mitzuteilen, dass gemeinsame Projekte mit Rücksicht auf die Gefühle und die vorherrschende Meinung in der palästinensischen Gesellschaft gegenüber der brutalen Besatzungspolitik Israels weiterhin eingefroren blieben.

Seit August 1999 hatten keine gemeinsamen Vorstandssitzungen mehr stattgefunden, denn die palästinensische Seite wartete immer noch auf eine klare Stellungnahme der israelischen Seite zur Deklaration. Da die Frauen von Bat Schalom jedoch nicht mehr hinter der Deklaration stehen konnten, baten sie um Zeit, um einen Kompromiss ohne Druck und unter Beteiligung möglichst vieler Mitglieder zu erreichen. Das Jahr verging ohne Antwort, und entsprechend konnten keine neuen gemeinsamen Programme begonnen werden. Wir konnten die Zukunft unserer Arbeit nicht planen und so auch die Finanzierung nicht sichern. Die Arbeit beschränkte sich lediglich darauf, die laufenden Programme zu beenden. Die politische Stimmung hemmte jeglichen Gedanken an Zusammenarbeit. Verzweiflung und Ohnmacht wuchsen täglich, und der Sinn der Friedensarbeit wurde mehr und mehr in Frage gestellt. Der Ruf nach einem sofortigen Stopp aller gemeinsamen Projekte war laut geworden. Unterschiedlichste Drohungen wurden ausgesprochen, ich fühlte mich vielen Gefahren ausgesetzt, und auch meine Familie war gefährdet. Niemand wollte mehr in gemeinsamen Projekten mitarbeiten, und die meisten distanzierten sich auch offiziell von der gemeinsamen Friedensarbeit, um ihren eigenen Ruf zu retten. Die totale Umzingelung unserer Wohngebiete und die Einschränkung der Bewegungsfreiheit bis auf wenige Kilometer verhinderten normales Arbeiten ohnehin. Es war lächerlich, unter diesen Verhältnissen den Versuch machen zu wollen, Frauen für Kurse oder Treffen zu mobilisieren. Das Alltagsleben war so gefährlich geworden, dass nur unter Gefahr das Lebensnotwendigste erledigt werden konnte; man blieb wann immer möglich im Haus. Überleben war zur Sorge des Tages geworden.

Ich war allein für die Finanzierung des Jerusalem Center for Women verantwortlich, sah mich jedoch nicht mehr imstande, diese grosse Verantwortung zu tragen.

Gleichzeitig war mir klar, dass das Zentrum als Zentrum des Friedens gegründet worden war, und diese Botschaft war die meine. Es fiel mir deshalb sehr schwer, dem Beschluss zu folgen, jegliche Kontakte mit der israelischen Seite abzubrechen, denn das in Jahren aufgebaute Vertrauen und die Annäherung konnten und durften doch nicht rückgängig gemacht werden. Ich war von Zweifeln geplagt und fühlte eine quälende Schwäche, in einer Zeit, in der ich mich nach einer Perspektive und einer Vision sehnte. Es fehlte der Beistand und der politische Schutz. Es dauerte Wochen, bis mein innerer Konflikt zum Ausbruch kam. Ich musste eine Entscheidung treffen.

An einem Morgen ging ich ins Tal, umarmte die Olivenbäume, sprach mit den Sträuchern, streichelte sie und dachte nach. Ich weinte und fühlte einen tiefen Schmerz. Ich sagte mir: Warum sollte ich nicht auch das Recht haben, Schwäche und Schmerz zu empfinden? Ich redete mir zu, es werde bald vorbeigehen. Ehrlich mit mir selbst zu sein half mir, meine eigenen Möglichkeiten realistisch einzuschätzen und einen Ausweg zu finden. Als es Abend wurde, war mir klargeworden, dass ich die Arbeit im Zentrum nicht mehr verantworten konnte und das Zentrum verlassen würde.

Ich fühlte mich plötzlich erleichtert, ja ich fühlte eine neue Kraft in mir. Mein Kopf und meine Seele waren wieder offen und frei, zu denken und zu planen. Auch wenn viele den Sinn der Friedensarbeit nicht erkennen können oder bessere Resultate erwarteten, so denke ich, dass wir einiges erreicht haben. Es war eine reiche Erfahrung, mit vielen Schwierigkeiten und Herausforderungen, oft unter Angst und Gefahr. Doch es waren sehr viele kleine Schritte der Annäherung und Verständigung gelungen. Ich sah nun meine Aufgabe darin, diese Schritte zu dokumentieren, um anderen zu zeigen, dass vieles möglich ist.

2006

11. Juni

Heute, an meinem achtundfünfzigsten Geburtstag, öffne ich dieses Tagebuch, um die nächsten neun Monate von meinem Leben in Palästina zu berichten.

Es ist Sommer, und die Pracht des Frühlings ist längst vergangen. Doch es ist auf andere Weise bunt und schön: Das Grün der Olivenbäume, das Gelb der Weizenähren, das Braun der Erde und die vielen hellen Steine zwischen dem duftenden, hoch aufragenden Thymian widerspiegeln das Mosaikbild Palästinas. Zu meinem Geburtstag gehen wir zum Kasr im Olivenhain, einem massiven Rundbau aus Stein, und geniessen das Beisammensein in der Natur mit Salbei- und Pfefferminztee. Dabei erinnern wir uns an unsere Frühjahrswanderung und daran, wie unser Kasr entstanden ist.

Im April waren mein Mann Munîr, unser Sohn Anîs, unsere Töchter Ghâda und Hâla und ich durch Täler und über Hügel gewandert. Anemonen, Ginster, Zyklamen, wilde Tulpen, Lilien und Orchideen sowie wilde Rosen und Kletterpflanzen schmückten das Grün der Landschaft. Wir schwirrten nach allen Seiten aus und erkundeten die Vielfalt der Lebewesen. Wir suchten wilden Spargel, der sich im Gestrüpp der stachligen Beeren und Kletterpflanzen versteckte, wurden von Dornen zerkratzt und gestochen. Wie freuten wir uns, wenn wir die Köpfe der Spargelstangen aufragen sahen, als hätten sie auf uns gewartet. Wir jauchzten, pflückten davon, so viel wir konnten, und verglichen dann unsere Spargelsträusse.

Später gelangten wir zur grossen Mülldeponie von Birseit. Im ganzen Land wird der Müll, ohne Verarbeitung, einfach am Rande der Dörfer aufgeschüttet und der Bauschutt entlang der Strassen abgelagert. Wohnhäuser werden immer näher an die Deponien herangebaut.

Haufenweise lag der Müll offen verstreut. Rauch und Fäulnisgeruch raubten uns fast den Atem. Wir verhüllten das Gesicht, hielten die Luft an, kniffen die Augen zusammen und stiegen zügig, doch vorsichtig über die Haufen, um die Mülllandschaft möglichst schnell hinter uns zu lassen. Wir wollten einfach die Schönheit der Natur sehen.

Wir erreichten den Weinberg meines Grossvaters Ibrahîm. Heute wachsen dort Olivenbäume. Vergebens suchte ich den alten Johannisbrotbaum, unter dem wir uns jeweils ausgeruht und die gepflückten Weintrauben für den Verkauf in Kisten gelegt hatten. Traurig musste ich erkennen, dass er abgeholzt worden war. Ich erinnerte mich, wie Grossmutter Miriam damals im Tontopf auf dem Holzfeuer Frischgemüse gekocht und Fladenbrot gebacken hatte. Sie hatte auch die Ziegen versorgt und aus der gemolkenen Milch Frischkäse und Joghurt zubereitet.

In diesem Weinberg steht die Ruine eines Kasrs. Er gehörte Regina, der Schwester meiner Grossmutter. Wir krochen hinein, setzten uns auf den felsigen Boden und betrachteten das Gewölbe, das aus Steinen geschichtet ist, die sich ohne Mörtel neben- und übereinander stützen. Ein Kunstwerk aus früheren Zeiten. Wir berührten die Steine voller Achtung und spürten die Anwesenheit der Vorfahren, ihrer Arbeit und ihrer Seelen. Wir empfanden eine tiefe Verbundenheit mit der Familie über Generationen hinweg.

Ganz in der Nähe befindet sich auch eine römische Ruine. Wir besichtigten die grosse Anlage von eingestürzten Mauern, die noch die verschiedenen Räume und Gänge erkennen lassen. Die Zisterne zum Auffangen von Regenwasser deutet auf die Versorgung einer grösseren Zahl von Menschen hin. Tiefe Rinnen in den Felsen hatten die Stampf- und Pressstelle der Weintrauben mit dem Sammelbecken verbunden.

Es war heiss und das Laufen und Klettern auf dem bröckligen Gemäuer mühsam. Wir wollten zu den Ruinen des Kasrs zurück, doch die bunten Mosaiksteine, die Glas- und Tonscherben, die überall verstreut lagen, hielten uns auf. Wir fanden viele schöne Steine, kleine und grosse. Die schönsten waren die Mosaiksteine, die mit Kalkerde aneinandergeklebt waren. Wuchtige Säulen und Portale lagen zwischen den Akanthusdisteln auf dem Boden. Eine einst blühende Kultur wurde sichtbar und sprach uns an.

Ein Bauer hatte auf den fruchtbaren Boden in den Trümmern der römischen Ruine Weizen gesät. Die Ähren, und dazwischen prachtvolle rosa- und lilafarbene Lilien, wuchsen üppig; Hâla, die mittendurch ging, verschwand fast darin. Im sanften Wind schienen sich Hâla, die Ähren und die Lilien wie Wellen im Pflanzenmeer zu bewegen. Dann kletterten wir auf die Ruine des Kasrs. Von oben konnten wir weit in die Ferne schauen und die Bewegungen auf der Nablusstrasse, die sich durchs Tal schlängelt, beobachten. Wir sassen wortlos lächelnd da und genossen die Stille. Aus den Ruinen früherer Zeiten könnten auch heute und morgen blühende Kulturen entstehen. Wir müssten es wollen, und es müsste uns nur erlaubt sein.

Wir pflückten Thymian, wilden Pfefferminz, Salbei und Wildgemüse, die wir zu Hause als Salat, gekocht oder in Teigtaschen gebacken geniessen werden. Wie schön ist das Ausruhen nach einer erschöpfenden Wanderung.

Während dreier Jahre waren wir im Frühling jeweils von einem Kasr zum nächsten gewandert. Munîr dokumentiert sie, er hat bereits mehr als hundertzwanzig dieser Rundbauten in Birseit registriert und viele schöne Geschichten dazu gesammelt. Sie sind etwa dreihundert Jahre alt. Es sind wunderbare Bauwerke, bei denen ein Stein den anderen stützt. Sie dienten der Wache in Wein- und Feigenpflanzungen. Sie bestanden aus einem runden Raum mit einem Radius von vier Metern, bis zu vier Meter hohen, dicken Mauern und einer runden Türöffnung, die nachts mit einer Steinplatte oder stachligem Gestrüpp versperrt wurde. Sie waren ein- oder zweistöckig. Den Abschluss bildete eine gedeckte Dachterrasse. Sie diente zum Wachehalten, Ausruhen und Schlafen.

Vielen dieser schönen Rundbauten droht der Zerfall, weil sie vernachlässigt wurden. In der Landschaft verbirgt sich der Schatz unserer Kultur, dort sind unsere Wurzeln. Inspiriert von den Wanderungen in den Hügeln, beschlossen wir vor einem Jahr, den verfallenen Kasr Reginas wieder aufzubauen. Wir begannen damit, als Munîr in den USA weilte. Kaum waren die ersten paar Reihen der Steinmauer aufgeschichtet, wurden viele Menschen in Birseit auf die Wiedergeburt einer alten Idee oben auf dem Hügel aufmerksam. Neugierig kamen sie herbei und wollten Genaueres wissen.

Die Freude war gross, als sie feststellten, dass hier die Kultur und damit das Bebauen des Bodens neuen Schwung erlebten. Viele wollten bei der Entstehung dabei sein. Sie schleppten verstreut herumliegende Steine herbei, ordneten sie der Grösse nach und beteiligten sich am Wiederaufbau. Autos, die auf der gegenüberliegenden Hangseite vorbeifuhren, drückten mit einem Hupkonzert ihre Freude über die aussergewöhnliche Aktivität aus.

Die aufeinandergeschichteten grossen Steine brauchten kleine und noch kleinere Steine, die sie stützten. Diese Aufgabe übernahmen wir Frauen und Mädchen, und wir dachten dabei an das Sprichwort: Jeder Stein, wie gross er auch sein mag, braucht einen kleineren als Stütze. Freudenschreie erklangen, wenn wieder eine von uns es schaffte, den passenden Stein an den richtigen Platz zu legen.

Als Munîr, der eine grosse Vorliebe für Land- und Terrassenbau hat, zurückkehrte, war er beglückt, zu sehen, dass wir mit dem Bau begonnen hatten. Er übernahm die Baumeisterrolle, und jeden Tag nach Arbeitsschluss an der Universität Birseit ging er hin, um weitere Reihen zu bauen. Eine kleine Brücke führt von der nächsthöheren Bodenterrasse auf das Dach des Rundbaus. Dieses ist ringsum gesäumt von einer halbmeterhohen Steinbank, auf der etwa fünfzehn Leute sitzen können. Darüber spannten wir eine Jutedecke, die an vier Balken befestigt und mit Palm- und Olivenzweigen bedeckt ist. Am Fusse des Kasrs pflanzten wir zwei Weinreben, die an den Mauern hochklettern und ihn im nächsten Jahr umhüllen sollen.

Ein Ort der Begegnung, der Meditation und der Freude ist entstanden. Uns stört und ärgert jedoch, dass die Schlachter ihre Abfälle hinter unseren Weinberg kippen. Besonders bei Ostwind erreicht uns der Fäulnisgeruch. Oft verbrennen wir die Abfälle, damit keine Hunde, Katzen und Wildtiere angelockt werden, die Krankheitserreger ins Dorf schleppen. Eine Zisterne zum Sammeln des Regenwassers wurde gebaut, und die verfallenen Terrassenmauern wurden in mühseliger Arbeit repariert. Die alten Olivenbäume wurden gepflegt. Unter dem Gestrüpp entdeckten wir die Wurzelstöcke zweier Feigenbäume aus Urgrossmutters Zeit – ein Geschenk, das wir schätzen und pflegen. Wir pflanzten Bäume und Blumen; auch ein Gemüsegarten wurde angelegt. Das Stück Land lebt wieder und mit ihm alle, die sich an seiner Belebung beteiligten. Fast täglich treffen sich hier Freunde und auch Fremde, die sich über dieses Projekt freuen. Manche liessen sich dazu ermutigen, ihren eigenen Kasr wieder aufzubauen.

Sehnsüchtig hatten wir auf Regen gewartet. Plastikplanen wurden unter den Bäumen ausgelegt, um das Regenwasser aufzufangen und in die Zisterne zu leiten. Erst im April regnete es dann in Strömen. Sobald wir das Rauschen hörten, rannten wir ans Fenster. Wir lauschten dem Tropfen, Plätschern und Rauschen. Unsere Blicke folgten dem Strömen des Wassers ins Tal. Sobald der Regen aufgehört hatte, eilten wir zur Zisterne. Die matschige Terra-rossa-Erde klebte an unseren Schuhen und Kleidern, doch dies gehörte dazu, ebenso wie die Spannung beim Messen der Wassermenge in der Zisterne. Viele Leute riefen an und wollten wissen, wie viel Regenwasser uns die Natur beschert habe.

12. Juni

Wie jeden Tag blätterte ich in der Zeitung. Nichts war darin zu lesen, was das Herz erfrischte, nur traurige und erschreckende Nachrichten. Zum Beispiel Berichte über den israelischen Luftangriff am Strand von Gasa:

Die elfjährige Huda Ghâlia überlebte, aber ihre ganze Familie wurde am Strand getötet: Ali Ghâlia (45), Raîfa Ghâlia (26), Alia Ghâlia (25), Ilhâm (7), Sabrîn (3), Hanadi (2) und Haitham (1). Gestern Abend sah ich im Fernsehen, wie Huda neben der Leiche ihres Vaters weinte und ihn anflehte aufzuwachen, während die anderen Leichen zerfetzt um sie verstreut lagen.

Mir war schlecht. Ich konnte nicht mehr lesen, hinschauen und hinhören. Für einen kurzen Moment, denke ich, herrscht Empörung und Trauer. Aber was wird dann aus dem traumatisierten Kind, wer kümmert sich weiter um Huda? Israel äussert Bedauern, nie jedoch kommt eine Entschuldigung, denn das würde bedeuten, dass es die Verantwortung übernähme. Aus diesem Grund entschuldigt sich Israel prinzipiell niemals. Das steigert bei vielen Palästinensern Wut und Zorn, was in Hass und weitere Gewalt umschlägt.

Ich hatte zu nichts Lust. Ich räumte die Wohnung auf und ging ins Dorf einkaufen. Ich fand alles, was ich suchte, ausser frischen Tomaten und Auberginen. Kein Problem, sagte ich mir, dann essen wir heute Mudschaddara, das Reis- und Linsengericht mit gerösteten Zwiebeln, und dazu Joghurt. Kaum zu Hause angekommen, hörte ich den Gemüsemann aus dem fahrenden Lastwagen rufen. Von der Veranda aus antwortete ich ihm laut. Er blickte wie immer nach oben und winkte mir zu, er schien verstanden zu haben. Schnell ging ich auf die Strasse hinunter. Er hatte vielerlei frisches Gemüse, was mich sehr freute, und ich kaufte für die ganze Woche Gemüse und Obst. Achmad schleppte mir die Einkäufe die neununddreissig Treppenstufen hoch und stellte sie wie immer vor die Küchentür am hinteren Eingang. Er erzählte begeistert von seiner ersten Tochter und von seiner Frau, die die Geburt tapfer durchgestanden hatte. Ich gratulierte ihm und wünschte ihnen alles Gute. Ich gab ihm eine Schachtel Schokolade für die Familie und ein paar Seifenstücke für seine Frau. Dann kochte ich Auberginen mit Hackfleisch, Tomaten und Zwiebeln und dazu Reis.

Ich brachte meiner achtzigjährigen Mutter, die in der Nähe wohnt, ihr Essen und blieb eine Stunde bei ihr. Gegen zwei Uhr war ich wieder zu Hause, um mit meiner Familie zu essen.

13. Juni

Ich konnte es nicht lassen und las auch heute die Zeitung. Wieder eine blutige Nacht in Gasa: zwei Tote und fünfzehn Verletzte in Rafah, darunter drei Kinder, bei einer Schiesserei zwischen der Polizei des Präsidenten Abbâs und den Sicherheitskräften der Hamâs-Regierung. Maskierte Männer drangen in das Parlamentsgebäude ein, zerschlugen Türen und Fenster, verwüsteten Möbel und Büromaschinen und setzten öffentliche Gebäude in Brand. Ein Fatah-Abgeordneter wurde gekidnappt, nachdem zuvor Hamâs-Leute entführt worden waren.

Um dies zu verkraften, wandte ich mich meinen Aufgaben zu.

Heute wurde das Frauenseminar in Dair Ibsî wiederaufgenommen, nach der mehrwöchigen Pause, wenn die Kinder in der Schule Prüfungen haben. Alle Frauen berichteten über ihre Erlebnisse und Gedanken. Suzan und Nida waren nicht wiedergekommen. Sie waren mit ihren fünfköpfigen Familien in die USA ausgereist. Unser Seminar behandelte deshalb die erzwungene Auswanderung. Dabei stellten wir fest, dass auch Hadîl und Samar mit ihren Familien den Antrag zum Auswandern eingereicht hatten. Sie sagten: »Das Leben ist nicht mehr zu ertragen: Es gibt kein Einkommen, keinen Schutz, keine Zukunft.« Samar ist Sekretärin an der Universität und verdient dreihundert Dollar im Monat. Ihr Mann verkaufte Fliesen und Steine für Bauten. Doch seit drei Jahren gab es kaum mehr Arbeit, und sein Geschäft ging ein. Das Baugewerbe liegt genauso wie die meisten anderen Gewerbezweige darnieder. Es fehlt an Geld, und die Menschen riskieren keine Investitionen. Ohne Unterstützung durch die in den USA lebende Familie hätte Samar kaum überleben können. Ihr Haus liegt in der Nähe des Checkpoints Atara. Ständig fahren Militärjeeps und Panzer vorbei, und oft wird geschossen. Sie hat Angst um ihre Kinder.

Hadîl ist Hausfrau. Ihr Mann ist seit drei Jahren arbeitslos. Es gibt bei uns weder Arbeitslosenunterstützung noch Sozialhilfe, noch Krankenversicherungen, denn wir haben keinen Staat. Wenn sie nichts zu essen haben, warten sie, bis sie von der Schwägerin eingeladen werden. Sie haben Schulden und wissen nicht weiter. Deshalb verlassen sie das Land. In Israel wird das als *human transfer* bezeichnet. »Man braucht den Menschen nur das Leben schwerzumachen, dann gehen sie freiwillig«, sagte Hadîl.

14. Juni

In der Zeitung steht, dass die fünfzigjährige Palästinenserin Nada Abu Chaisarân getötet wurde, weil sie mit dem israelischen Geheimdienst kollaborierte. Sie wurde beschuldigt, bei vielen Tötungen Beihilfe geleistet zu haben. Ich denke an die vielen, die von den eigenen Leuten getötet wurden, nur weil ein Verdacht bestand, ohne dass die Schuld bewiesen oder dem Opfer die Chance gegeben wurde, seine Unschuld zu beweisen. Alle Familienmitglieder werden zu Opfern, weil Schande auf sie fällt. Sie werden ausgestossen oder zur Kollaboration gedrängt.

Im Flüchtlingslager Balata bei Nablus schoss eine Gruppe bewaffneter Männer auf Hussâm Thaladsch (29) und verletzte ihn am Bein. Die Täter blieben unerkannt.

Jetzt beginnen unsere Jugendlichen auch noch sich gegenseitig zu beseitigen. Welch ein Jammer, ein solches Verbrechen!

Ich machte Wäsche, danach beantwortete ich Mails. Beim Besuch bei meiner Mutter erledigte ich das Nötigste in ihrem Haushalt, mass ihr den Blutdruck und kontrollierte die Medikamente. Dann begannen wir zu erzählen und uns zu erinnern, und wir lachten viel.

15. Juni

Heute bereitete ich zwei Stunden lang mit Reis, Fleisch und Gewürzen gefüllte Zucchini und Weinblätter zu. In einem grossen Topf trug ich sie zum Kasr. Obwohl wir nur zu viert waren, reichte das Essen für sieben, denn wir rechnen immer mit zufällig vorbeikommenden Gästen. Wir genossen den schönen Blick über die Hügel, die frische Luft und das Beisammensein. In solchen Stunden leben wir einfach dankbar, ohne Zwischenfälle. Danach las ich eine Weile und kümmerte mich dann um den Boden: Steine einsammeln und die Pflanzen pflegen.

In mir wächst die Sorge um meinen Sohn Anîs, der seit sieben Monaten eine Stelle als Arzt sucht. Er hatte vor zwei Jahren sein Studium in Innsbruck abgeschlossen, war nach Hause zurückgekehrt und hatte ein Ausbildungsjahr in der Klinik von Ramallah absolviert. Ganz Birseit und Umgebung freute sich mit uns. Die Leute kamen mit Blumen und Geschenken, um zu gratulieren, und wollten so ihre Hoffnung stärken, dass auch ihre gebildeten Söhne und Töchter eines Tages zurückkehren würden. Die Probleme, sich hier wieder einzuleben, sind enorm, doch Anîs bewältigt sie Schritt für Schritt.

Entsprechend den Vorschriften der Ärztekammer arbeitete er ein Jahr in der Klinik auf allen Abteilungen, und nach einer Prüfung erlangte er die Erlaubnis zur Berufsausübung. Doch aufgrund der fehlenden Mittel im Gesundheitswesen ist es sehr schwierig, eine Anstellung zu bekommen. Seit sieben Monaten arbeitet er als Volontär in verschiedenen Kliniken und macht Hausbesuche – unentgeltlich, denn die meisten können nichts bezahlen. Für eine Spezialisierung müsste er nach Jerusalem. Doch dafür benötigt er eine Erlaubnis des Militärs, die ihm nicht gewährt wird. Ihm wurde gesagt, er müsse zuerst beim israelischen Geheimdienst um Begnadigung bitten; als Fünfzehnjähriger war er von israelischen Soldaten angeschossen und zwei Jahre später verhaftet worden. Er müsse seine Schuld bekennen und Reue aussprechen für das Böse, das er dem Staat Israel zugefügt habe, und sich zu Loyalität verpflichten. Anîs lehnt dies ab, weil er sich unschuldig fühlt. Ein solches Schreiben würde als Eingeständnis von Schuld gelten. Und es wäre zu befürchten, dass er zur Zusammenarbeit mit dem Militär erpresst würde.

Alte Wunden brachen auf, von denen wir gehofft hatten, sie wären nach fünfzehn Jahren wenn nicht geheilt, so doch zumindest vernarbt. Anîs beschloss dennoch, sich bei der Augenklinik in Jerusalem für eine Spezialisierung zum Augenarzt zu bewerben. Die ganze Familie zitterte, als er sich unter Gefahren zur Prüfung nach Jerusalem schmuggelte. Er gehörte zu den fünf Besten und wurde zum Vorstellungsgespräch eingeladen. Zwei Monate später rief das Krankenhaus an; sie wollten ihn als Stationsarzt anstellen. Aber noch immer durfte er nicht nach Jerusalem. So verlor er die Chance auf diese Arbeit.

Auch ich hatte vor eineinhalb Jahren eine Einreise nach Jerusalem beantragt, um in einer Schule Friedensarbeit für Schülerinnen, Eltern und Lehrerinnen anzubieten. Der Antrag wurde abgelehnt mit dem Hinweis, ich stünde auf der schwarzen Liste und müsse erst beim Geheimdienst vorsprechen. Ich gab meine Telefonnummer an, da sie mich anrufen wollten – noch in derselben Woche oder nächsten Monat oder erst in ein paar Jahren, wie der diensthabende Soldat mir mitteilte. Ich wartete drei Monate, ohne dass ein Anruf kam. Dann übergab ich den Fall einer israelischen Rechtsanwältin. Sie erreichte, dass ich zwei Monate später von der schwarzen Liste gestrichen wurde, ohne dass ein Treffen mit dem Geheimdienst nötig war. Ich ging mit dem Brief der Benediktinerabtei in Jerusalem, in dem bestätigt wurde, dass wir gemeinsam an einem Friedensprogramm arbeiten würden, zur Militärbehörde. Viele Menschen standen Schlange, und einer nach dem anderen durchlief die drei Durchsuchungsphasen vor dem Schalter. Als ich nach vier Stunden an der Reihe war, zeigte ich meine Identitätskarte, die es erlaubt, einen Antrag zu stellen, und reichte dem Soldaten dann den Brief der Abtei. Die Karte sei in Ordnung, sagte er, der Brief auch, aber er datiere von vor zwei Monaten. Ich müsse ein neues Schreiben mit einem aktuellen Datum bringen, dann sei alles in Ordnung. Die ganze Prozedur, bis ich an diesen Schalter gelangt sei, habe zwei Monate gedauert, sagte ich, aber sie meinten, es sei nicht zu ändern.

Ich besorgte einen neuen Brief mit einem neuen Datum und ging wieder hin. Nach stundenlangem Warten kam ich wieder zum Schalter und übergab die Unterlagen. Nach einer Stunde sagte man mir, es sei alles in Ordnung. Doch nicht ich müsse den Antrag stellen, sondern die Partnerorganisation in Jerusalem müsse beim israelischen Amt für Erziehungsangelegenheiten vorstellig werden. Diese Behörde müsse bestätigen, dass es sich um eine anerkannte Institution handle und dass meine Arbeit in Jerusalem tatsächlich nötig sei.

Die Bestätigung haben wir bisher nicht bekommen. Es ist sehr hart und schmerzlich für mich, Jerusalem nicht besuchen zu dürfen. Aber mein Sohn wird für sein Leiden als Kind noch viel härter bestraft; ihm wird der Weg in die Zukunft versperrt. Mein zweiundsechzigjähriger Mann und unsere Töchter sind wegen Anîs auch auf der schwarzen Liste. Die ganze Familie ist mit ihm verurteilt. Diese Massnahmen gelten für Tausende von Familien, deren Söhne verhaftet, verletzt oder getötet wurden. Genehmigungen vom israelischen Militär sind auch notwendig, um von einer Stadt in die nächste zu gelangen. Werden sie verweigert, sind die Menschen in ihrer Bewegungsfreiheit und somit in ihren Arbeits- und Ausbildungsmöglichkeiten gelähmt. Als Konsequenz bleibt nur: das Land zu verlassen.

16. Juni

Meine Tochter Hâla leitet heute das Mädchenseminar in Birseit.

Auf die Idee, regelmässige Seminare mit jungen Mädchen zu organisieren, war ich gekommen, als ich im August 2002 ein Seminar mit fünfzig Mädchen zwischen sechzehn und achtzehn Jahren aus drei Schulen in Birseit durchgeführt hatte. Wir hatten das Thema »Töten« gewählt. Es ist ein Jammer, dass wir gezwungen sind, solche Themen auf die Tagesordnung zu setzen – weil fast jeden Tag jemand getötet wird und weil die Realität uns unserer Menschlichkeit beraubt und unsere Seelen zerstört. Nach einem Attentat der Israelis oder der Palästinenser lautet die erste Frage auf beiden Seiten: »Wie viele Tote von uns, wie viele von ihnen?« Und dann heisst es: »Ich bin dafür.« Oder: »Ich bin dagegen.« Vertiefte Gespräche darüber, warum man dafür und warum dagegen ist, finden selten statt, schon gar nicht in der Öffentlichkeit.

Ich präsentierte den Mädchen bekannte Fälle aus dem Alltag und wollte wissen, was sie davon hielten. Zum Beispiel: Ein junger Mann aus dem Nachbardorf Atara hatte auf dem Feld zwei Frauen vergewaltigt und getötet. Er wurde hingerichtet.

»Findet ihr das richtig?«

Die Mädchen fanden die Strafe grausam, doch diene sie der Abschreckung, damit sich Gleiches nicht wiederhole.

»Sollen Kollaborateure getötet werden?«

Die eine Hälfte war dafür: »Sie sind schuldig, weil sie dem israelischen Geheimdienst geholfen haben, meinen Bruder zu töten, meinen Vater gefangenzunehmen und zu foltern und die Besatzung aufrechtzuerhalten. Sie sind Verräter und Verbrecher.«

Drei der Mädchen begannen zu weinen und sagten: »Nein, sie sind unsere Brüder, Mütter, Tanten, Freundinnen, Väter. Ihr wisst nicht, was sie dazu bewogen hat und wie sie gezwungen und erpresst worden sind. Sie sind Täter und zugleich Opfer der Situation.« Dann begannen sie unter Schluchzen ihre Geschichten zu erzählen. Es folgte eine hitzige Diskussion, und die Atmosphäre war aufgeladen von Gefühlen der Trauer und der Verwirrung, von Entsetzen und Hilflosigkeit. Es war das Flehen nach Erbarmen, nach Befreiung von solchen Erfahrungen. Es braucht politische Lösungen, die unseren Bedürfnissen entsprechen und unsere Gesellschaft gesund machen.

»Wer befürwortet das Töten von Israelis?«

Erst Schweigen, dann die Reaktion: »Nicht alle darf man töten, aber die Soldaten und auch die Siedler.«

»Die Soldaten kommen, um uns zu töten, also sollen auch sie getötet werden.«

»Aber die Siedler sind Zivilisten!«

»Nein, sie sind bewaffnet, rauben unser Land und sind schuld daran, dass kein Friede zustande gekommen ist.«

»Würdest du jemanden töten? Wer von euch will töten, kann töten?«

Keine Antwort.

»Das Leben ist jedem geschenkt und anvertraut worden. Niemand hat das Recht, es zu beenden. Leben zu erhalten ist ein Grundprinzip der Menschlichkeit. Wir rufen nach Einhaltung der Menschenrechte, auch zu unserer Befreiung und Sicherheit. Wenn wir diese Rechte selber nicht einhalten, dann werden sie auch uns nicht gewährt.«

»Aber die Israelis und die ganze Welt negieren doch diese Rechte für uns!«

»Bedeutet das, dass wir sie deshalb auch verwerfen sollen? Müssen wir nicht vielmehr für die Respektierung und Einhaltung dieser Rechte sorgen? Das ist unsere einzige Rettung. Wenn wir unsere Menschlichkeit hervorheben und sie mit unseren Idealen des Glaubens und der Tradition speisen, dann machen wir unser Leiden sichtbar, unseren Schmerz begreifbar und lernen die eigenen Traumata und die der anderen zu respektieren und zu verstehen, um sie zu bewältigen.«

»Wenn wir ein einziges Mal das Prinzip des Tötens zulassen, dann ist der Weg frei für ein zweites, drittes und viertes Mal.«

Das Seminar hatte vier Stunden gedauert. Alle Mädchen baten darum weiterzumachen. »Genau das brauchen wir, öffentlich, in einer Gruppe über solche Dinge zu sprechen.« Dass ich nicht ihre Lehrerin war, sondern eine Aussenstehende, eine unabhängige Person, die sie als Dorfbewohnerin kannten, erleichterte das Gespräch und motivierte sie, sich zu öffnen und ihre Probleme und Sorgen zu äussern. Wir stellten eine Prioritätenliste für kommende Themen auf.

Es dauerte zwei Jahre, bis sich daraus ein festes Seminarprogramm entwickelte. Mit rund dreissig Mädchen im

Alter von elf bis siebzehn Jahren finden nun wöchentlich in mehreren Gruppen Seminare statt. Eine vertraute Beziehung hat sich entwickeln können, und alle Gruppen sind gemischt, mit Musliminnen und Christinnen.

Ziel ist es, gewaltfreie Kommunikation und Dialogfähigkeit zu lernen und sie sich als Verhaltensprinzip anzueignen. Das heisst, Frieden mit und in sich selbst wie auch mit den anderen zu finden. Die Verantwortung für die Gestaltung der eigenen Persönlichkeit zu übernehmen setzt die Entwicklung von Selbstwertgefühl und Selbstvertrauen ebenso voraus wie Einfühlsamkeit und die Fähigkeit, sich auszudrücken und zuzuhören. Das ist die Basis, um Probleme definieren, ansprechen, aushalten und lösen zu können.

Die Mädchen haben ein grosses Bedürfnis, angehört und respektiert zu werden. Sie wollen frei denken und Fehler machen dürfen, ohne gleich als ganze Person beurteilt oder verurteilt zu werden. Sie lernen von den Fehlern und von den Erfahrungen der anderen. Wir üben, uns auszusprechen, die Stimme zu erheben und uns zu stärken.

23. Juli

Ich bin zur Sommerschule an der Universität Augsburg eingeladen, die unter dem Titel steht: »Kommunikation – Dialog – Friedensarbeit: nachhaltige Perspektiven für Israel/Palästina«.

Ausreisen ist zur Qual geworden. Seit mehr als vier Jahren dürfen Palästinenser den Flughafen Tel Aviv nicht mehr benutzen. Alle müssen über Jordanien ausreisen. Ich wohne nur eine halbe Stunde von Tel Aviv entfernt, aber ich muss nun erst nach Jericho fahren, um über die Grenze nach Jordanien zu gelangen. Jericho liegt zwar nur vierzig Kilometer entfernt, doch ich rechne mit fünf bis acht Stunden, weil mehrere Checkpoints zu überwinden sind. Der Checkpoint Atara liegt nur wenig ausserhalb von Birseit: Hunderte von Autos warteten hier auf die Durchfahrt. Nach einer halben Stunde durften wir weiter. Drei Kilometer weiter trafen wir bei Ujun al-Haramia an der Kreuzung nach Nablus auf einen fliegenden Checkpoint. Ein Militärjeep kontrollierte die unzähligen Autos. Es dauerte mehr als eine Stunde, bis unser Taxi an der Reihe war. Danach fuhren wir einige Kilometer und trafen bei der Siedlung Ofra auf eine noch längere Schlange von Autos. Wir wussten, dass die israelischen Fahrer mit der gelben Autonummer einfach durchfahren durften, während Hunderte von palästinensischen Autos mit grünen Nummernschildern warten mussten. Ich überlegte mir, was sie sich wohl dabei dachten: Sahen sie uns, nahmen sie uns überhaupt wahr, oder war diese Trennung für sie völlig normal geworden? Am liebsten hätte ich einen von ihnen darauf angesprochen, aber ich fürchtete, ich könnte ihn beleidigen und mich in Lebensgefahr bringen.

Nach einer Dreiviertelstunde fuhren wir weiter. Bei Anâta, zehn Minuten später, stand ein weiterer Militärjeep. Wir warteten wieder. Die Erwachsenen im Auto guckten verängstigt und wagten nicht, einen Laut von sich zu geben – nur leises Stöhnen im Wechsel mit Gebeten und Trostsprüchen. Im Auto sass auch eine Mutter mit zwei Kindern. Die Kinder stellten Fragen und wurden ungeduldig. Sie weinten, und eines von ihnen musste pinkeln. Aber aussteigen oder die Tür öffnen war nicht erlaubt. Als es nicht mehr auszuhalten war, erlaubte der Fahrer dem Kind, durch den Türspalt zu pinkeln. Alle waren erleichtert, als es klappte. Es dauerte mehr als eine halbe Stunde, bis wir weiterfuhren. Endlich erreichten wir die Hauptstrasse nach Jericho. Da trafen wir noch mal auf einen fliegenden Checkpoint. Wir waren froh, dass wir hier nur zehn Minuten zu warten brauchten.

Danach erreichten wir den Hauptcheckpoint am Eingang von Jericho. Hunderte von Autos standen in der Schlange. Wir warteten zwei Stunden, dann hiess es, es gebe keine Durchfahrt mehr. Ich stieg aus und fand ein Taxi, das bereit war, uns über das freie Feld durch die Wüste zu schmuggeln. Wir fuhren über Schotterstrassen und durch Gräben hindurch. Einmal blieb das Auto stecken. Wir stiegen aus, schoben und hoben das Auto an. Endlich schafften wir es. Wir schauten uns um, befürchteten, ein Jeep hätte uns entdeckt. Wir waren froh, als wir endlich beim Zaun an der Hauptstrasse ankamen. Dort wartete ein anderes Taxi, das sich mit unserem koordiniert hatte. Wir tauschten die Handynummern für alle Fälle, stiegen aus, trugen unsere Koffer über holprige Fusswege und durch Gräben, um auf die andere Seite zu gelangen. Plötzlich tauchte ein Jeep auf. Der Taxifahrer und die Männer gerieten in Panik und flohen; ihre Koffer liessen sie zurück. Ich blieb mit der Frau mit den zwei Kindern stehen. Die Soldaten richteten ihre Gewehre auf uns und fragten, wie wir hierhergekommen seien. Mit dem Taxi, gab ich zur Antwort, und wir wollten nur nach Jericho, um auszureisen. Der Soldat sagte, das sei verboten. Ich sagte, wir wollten ins Ausland, ich müsse in Deutschland unterrichten, man warte auf mich. Er schaute sich unsere Papiere an und erlaubte uns, über den Zaun zu klettern, allerdings müssten alle herumliegenden Koffer weg, denn es könnten Bomben darin sein. Ich sagte, er brauche keine Angst zu haben, ich würde dafür sorgen, aber dem Taxifahrer müsse erlaubt sein zurückzukommen, ohne bestraft zu werden. Der Soldat nickte. Ich rief den Taxifahrer an. Er sammelte alle Koffer ein und machte mit den geflohenen Mitfahrern einen Treffpunkt aus. Er rief auch den Taxifahrer auf der anderen Seite herbei, der uns dann endlich nach Jericho fuhr. Wir waren froh, so viel Glück gehabt zu haben. Dieser Abenteuerweg von einem Kilometer hat mich vierzig Dollar gekostet.

Wir kamen zur Sammelstelle für Ausreisende auf der palästinensischen Seite. Tausende von Menschen warteten; ich hatte die Nummer 1653. Inzwischen war es Mittagszeit, und meine Angst wuchs, wir könnten es nicht schaffen, denn die Grenze schloss um vierzehn Uhr. In letzter Minute wurde meine Nummer aufgerufen, und ich durchlief die vielen Stationen des Grenzübertritts. Die Koffer wurden in einem Speziallaster gesammelt. In einem Bus fuhren wir fünfhundert Meter, dann wurden unsere Pässe und die Ausreisegebühren von dreissig Dollar von palästinensischen Polizisten eingezogen. Diese Gebühren teilen sich Israel und Palästina. Nach einer halben Stunde durften wir weiter und kamen nach dreihundert Metern zum ersten israelischen Kontrollposten. Vier Busse standen bereits da. Wir warteten fast zwei Stunden, dann mussten wir alle aussteigen, wurden kontrolliert und mussten in einen anderen Bus umsteigen, der zur Passkontrolle fuhr. Wir wurden der ersten Leibesvisitation unterzogen, dann nach hundert Metern der zweiten, und dann schlossen wir uns der Menschenschlange an, die auf die Pässe wartete. Nach einer Stunde waren wir durch. Wir stiegen in einen weiteren Bus, der uns vierhundert Meter weit fuhr. Wir stiegen aus, rannten zu einem Schalter, kauften Fahrscheine und suchten unsere Koffer. Mit Müh und Not gelang es uns, im Gewühl der Menschen unsere Koffer in den Kofferraum zu packen. Erschöpft sassen wir endlich wieder im Bus. Er fuhr uns über die Grenze zum ersten jordanischen Kontrollposten. Unsere Pässe wurden erneut kontrolliert, und nach einer halben Stunde ging es einen Kilometer weiter zur zweiten Kontrolle. Wir füllten die Einreiseformulare für Jordanien aus, verpflichteten uns, nicht mehr als eine Woche in Jordanien zu bleiben, und bezahlten dreissig Dollar Einreisegebühren. Immer wieder baten alte und kranke Leute junge Männer um Hilfe beim Ein- und Aussteigen aus den Bussen, und dies wurde ihnen selbstverständlich gewährt. Von der Grenze bis Amman dauerte es dann noch knapp eine Stunde. Wir waren erleichtert, nach fast dreizehn Stunden endlich in Amman angekommen zu sein – für eine Strecke von nur sechzig Kilometern, die in Friedenszeiten in weniger als zwei Stunden zu schaffen wäre. Wir träumen davon und glauben daran, dass die Ausreise eines Tages so normal wie in jedem Land verlaufen wird.

6. August
In Augsburg hielt ich einen Vortrag über »Die Kunst des Friedenschliessens«, den ich hier in Auszügen wiedergebe.

»Je länger der Konflikt andauert, desto komplexer und schwieriger wird die Suche nach Lösungen. Ein Friedensschluss rückt immer weiter in die Ferne. Das Schweigen gegenüber dem Unrecht und der fehlende Mut, Dinge beim Namen zu nennen, aus Sorge um alle Beteiligten und mit dem Ziel, Einsichtigkeit bei der Friedensfindung zu fördern, versperrt die Wahrnehmung der eigenen Verantwortung. Es ist einfacher, den Preis des Schweigens zu bezahlen, als sich für den Frieden einzusetzen. Die Folge ist, dass sich der Unfriede durchsetzt und man auch im eigenen Haus nicht mehr sicher ist.

Der Frieden im Nahen Osten konnte noch nicht erreicht werden, weil immer noch Besatzung herrscht und die unterschriebenen Friedensverträge nicht umgesetzt wurden. Menschen- und Völkerrechtskonventionen wie auch die UN-Resolutionen wurden nicht respektiert. Das Fehlen eines Sanktionsapparates und das Schweigen der Weltgemeinschaft begünstigten die Eskalation und die Verbreitung radikaler und fundamentalistischer Ideologien in allen Gesellschaften.

Frieden zu schliessen bedeutet, sich von der Ethik und Moral der Menschlichkeit, festgelegt in unseren Religionen und Kulturen, leiten zu lassen und die Rechte, die man für sich selbst beansprucht, auch der anderen Seite zu gewähren.

Frieden zu schliessen bedeutet, den Mut aufzubringen, sich gegenseitig einzugestehen, dass beide Seiten verantwortlich sind für das Leiden und für das Irreführen beider Völker.

Frieden zu schliessen bedeutet, das Unrecht und die Schuld einzugestehen, die jede Seite der anderen zugefügt hat, und dafür die Verantwortung zu übernehmen.

Frieden zu schliessen bedeutet, willens zu sein, den Frieden als höchstes Ziel anzunehmen, anstatt Landnahme, militärischen Ruhm und Herrschaft über die anderen, und eine Lösung zu finden, die die Menschen der Region vor religiösen Kriegen und Vernichtungsideologien rettet und die Versöhnung ermöglicht.

Frieden zu schliessen bedeutet, die anderen in die eigenen politischen Ziele einzuschliessen, anstatt sie auszuschliessen. Freiheit, Unabhängigkeit, Sicherheit und Frieden können nur erreicht werden, wenn alle Seiten sie gleichermassen geniessen dürfen. Beide Völker haben das gleiche Recht auf Leben und Überleben in Palästina/Israel und in der Region. Ein Staat Palästina/Israel wäre ideal, ist aber heute für beide Völker nicht akzeptierbar. Daher wären zwei Staaten für die zwei Völker realistisch, wobei beide Staaten frei, unabhängig und lebensfähig sein müssen.

Frieden zu schliessen bedeutet, den Frieden zu wollen. Konkret hiesse das:

Erstens: Einigung über den territorialen Umfang, den jeder Staat haben soll. Der UN-Teilungsplan von 1947 wird von Israel niemals akzeptiert werden, und die heutige Grenze, die Israel mit dem Mauerbau einseitig und mit Gewalt festzulegen versucht, wird von den Palästinensern niemals akzeptiert werden. Eine mögliche Option wäre, die Vereinbarung im Rahmen des Friedensprozesses von Oslo 1995, beziehungsweise die Ergänzung durch die Genfer Initiative, als Grundlage für einen territorialen Kompromiss zu akzeptieren.

Zweitens: Einstellung aller Gewalthandlungen auf beiden Seiten.

Drittens: Amnestie ist die Grundlage für einen Neubeginn. Mehr als 10 000 Palästinenser sind in israelischen Gefängnissen, darunter viele Jugendliche unter siebzehn Jahren, auch Frauen und Babys, die im Gefängnis geboren worden sind. Die politischen Gefangenen geniessen Vertrauen, Respekt und Glaubwürdigkeit bei der palästinensischen Bevölkerung. Gerade jetzt, da die Enttäuschung und Empörung über die Politiker gross ist, können die Gefangenen den politischen Kurs korrigieren. Sie gehören verschiedenen Parteien an, und sie waren es, die vor kurzem ein Dokument zur nationalen Einigung verfasst und Regierung wie auch Parlament und den Präsidenten zum Dialog gezwungen haben. Die Anerkennung der unterschriebenen Verträge mit Israel und damit die Anerkennung Israels durch die Hamâs waren reif zur Unterschrift. Doch am nächsten Tag begann die Invasion des israelischen Militärs in Gasa, und mehr als zwanzig palästinensische Abgeordnete und acht Minister wurden verhaftet. Die Lähmung der Regierung und des Parlaments führt zu noch mehr Chaos und noch grösserer Radikalisierung. Die Amnestie muss alle, die jemals gefangen waren, betreffen, und die schwarze Liste muss gelöscht werden.

Der Konflikt hat seine Wurzeln und Gründe; er dauert seit Jahrzehnten. Es wäre falsch, danach zu fragen, wer begonnen hat und wer jetzt die Eskalation bewirkt, denn es ist ein Kreislauf. Der Konflikt muss transparent gemacht werden, und man muss dabei auch Ängste und Leiden der anderen erkennen, respektieren, aussprechen und das Wissen darüber der anderen Seite übermitteln können. So wachsen Verständnis, die Bereitschaft zum Zuhören und das Einfühlungsvermögen.

Frieden zu schliessen bedeutet, nicht von ›uns‹ und ›ihnen‹ zu sprechen und ›sie‹ als das Problem zu sehen, sondern den Konflikt als das Problem zu verstehen und ›sie‹ und ›uns‹ als die Leidenden. Wenn wir von unserem Leiden sprechen, muss ihr Leiden präsent sein, und wenn wir ihre Fehler benennen, so müssen wir unsere Fehler erst recht aufdecken.

Frieden zu schliessen bedeutet, Antennen für Sensibilität zu entwickeln, positive Gedanken zu erspüren und sich mit Empathie zu rüsten, die ein tiefes Verstehen der Gedankengänge und der Gefühle der anderen ermöglicht, gerade wenn Negatives das Gespräch zu trüben scheint. Empathie beleuchtet das Unsichtbare und öffnet die Augen und Herzen beider.

Frieden zu schliessen bedeutet, die Situation kreativ so zu verändern, dass mehrere Optionen für einen friedlichen Ausgang möglich werden.«

7. August

Rückflug nach Amman.

Ich höre die Nachrichten: zehn Tote und dreiundzwanzig Verletzte in Schoka, östlich von Rafah im Gasastreifen. Zur gleichen Zeit versuchten jüdische Gruppen in die al-Aksa-Moschee in Jerusalem einzudringen. Sie trugen Bilder des Dritten Tempels mit sich, der anstelle der Moschee errichtet werden sollte. Alle Tore zur Moschee wurden geschlossen, um Zusammenstösse zu verhindern.

In Amman besuche ich meine Schwester Nuha und meinen Schwager Adîb.

12. August

Eigentlich wollte ich bereits am 8. August nach Hause fahren, aber ich hatte es nicht geschafft, denn an der Grenze warteten viele Menschen vor mir. Also beschloss ich, noch in Amman zu bleiben. Munîr ist ebenfalls hergekommen; er begleitete Hâla, die zum Studieren in die USA reiste. Sich allein durch die reisenden Massen durchzudrängen wäre für sie sehr schwierig, und es war zugleich eine Gelegenheit für Munîr, seinen Bruder Adîb zu sehen und mit mir einige Tage Urlaub zu machen. Richtigen Urlaub zu planen ist selten möglich. In Amman erfuhren wir auch, dass mein Neffe Râmi, Nuhas Sohn, sich verloben wollte. Der Termin wurde schnell so vereinbart, dass wir auch dabei sein konnten. Es würde schön für uns sein, endlich einmal mit unseren Verwandten und Bekannten aus Birseit, die in Amman leben, zu feiern. Es munterte uns auf und erinnerte uns an ein normales Leben.

Mit Adîb fuhren wir heute zum Dorf Middîn bei Karak, aus dem unsere Vorfahren ausgewandert waren, bevor sie sich endgültig in Birseit niedergelassen hatten. Das war vor fünfhundert Jahren. Früher wanderten die Stämme im Winter in die Gegend östlich des Jordans und im Sommer westlich davon. Nach zwei Stunden Fahrt sahen wir den Wegweiser zum Dorf Middîn. Darunter stand auf einer Tafel: »Geht hin zur Quelle Midian, da findet ihr Menschen, die ihre Böden pflegen, kultivieren und bewässern.« Wir waren gerührt, weil wir mit eigenen Augen sehen durften, dass dieses Dorf existiert. Mit all unseren Sinnen sogen wir die Landschaft in uns auf und verglichen sie mit Birseit. Die Überreste der Terrassen mit den Fusswegen hin zur Quelle kamen uns vertraut vor. Feigen, Wein und Feigenkakteen wuchsen da genauso nebeneinander wie in Birseit. Mitten in den Ruinen des alten Dorfes strahlte uns ein einzelner alter Olivenbaum an. Der Stamm war dick, gewunden und verknöchert, doch die Blätter leuchteten silbergrün und verkündeten Leben. Wir berührten ihn und dankten denen, die ihn gepflanzt hatten. Es waren sicher unsere Vorfahren, sagten wir uns. Unter dem Baum sass eine alte Frau. Sie schaute uns erstaunt zu. Als ich sie ansprach, drängte sie mich, mit ihr zu ihrem Haus zu gehen. Sie ging flink voran, barfuss, über Steine und durch Dornengestrüpp. Am Rand der Ruinen war ein Raum renoviert worden, und darin lebte sie mit ihrer Familie. Daneben befand sich die Hütte für die Schafe und Ziegen. Wir tranken Tee und erzählten. Danach zeigte sie mir Glasscherben und Münzen aus alten Zeiten. Sie hatte sie in der grauen Erde der Ruine verstreut gefunden. Ich wollte sie gerne haben, doch sie wollte sie mir nicht verkaufen, sondern schenken. Ich sagte: »Du schenkst sie mir, und ich schenke dir, was ich an Geld bei mir habe, für die Familie.« Sie war einverstanden. Diese Funde werden in einem künftigen Palästina-Museum ihren Platz finden. Die Häuser waren früher aus schwarzem Gestein gebaut, die Dächer aus Holz und Stroh mit Lehm verklebt worden. Heute werden sie aus Beton gebaut und mit weissem Verputz versehen. Wir sprachen die Leute an und erklärten ihnen, dass unsere Vorfahren vor fünfhundert Jahren hier gelebt hatten. Sie waren erstaunt über unser Wissen und unser Interesse. Wir erzählten ihnen die von Generation zu Generation weitergegebene Geschichte über Munîrs Grossvater, den Priester der Grabeskirche St. Jakob in Jerusalem, die vor hundert Jahren von Mûssa Ibn Nâser niedergeschrieben worden war. Die Vorfahren der jetzigen Bewohner waren vor hundertfünfzig Jahren als Nomaden aus Hebron gekommen und hatten sich bei dieser Ruine angesiedelt. Sie hatten jahrzehntelang in Zelten nahe der Quelle gelebt. Wir konnten in der Baustruktur der Häuser eine Ähnlichkeit zu Birseit erkennen, in der Anordnung der Wohnräume, mit den Höfen und den Nischen in den Wänden. Wir inspizierten jeden Fleck und machten viele Aufnahmen. Die Leute des Dorfes empfanden eine Art Nähe zu uns und wir zu ihnen auch. Selbst die kleinen Kinder, die uns begleiteten und uns zuhörten, drängten wie die Erwachsenen darauf, dass wir zum Essen blieben und sogar bei ihnen übernachteten. Auch in Middîn werden die Leute unsere Geschichte weitererzählen. Es war eine wunderbare Begegnung, von der wir den Menschen in Birseit bei jeder Gelegenheit berichten.

4. September

Heute habe ich meinen ehemaligen Studenten Mo getroffen. Eine herzliche Begegnung, nach zehn Jahren. Inzwischen ist er Vater von zwei Kindern und arbeitet im Amt für Lebensmittelversorgung, wo er, wie alle Angestellten, seit Monaten nur einen Bruchteil seines Gehalts bekommt. Von dem wenigen, das er hat, gibt er etwas ab an seinen Bruder, der Journalist ist. Seine Frau ist Lehrerin. Die Lehrerschaft im öffentlichen Dienst streikt seit Wochen, weil sie keinen Lohn erhalten hat. Die Frau ist mit den Kindern zur Grossfamilie ins Dorf gefahren, um das wenige, das sie haben, mit den andern zu teilen und sich gegenseitig zu unterstützen.

Mo arbeitet an seiner Dissertation über Kinder, die zu Kollaborateuren gemacht wurden. Er gab mir Dokumente und Berichte zu lesen, und wir sahen uns ein Video über Kinder-Kollaborateure an, die beim Verhör ihre Taten gestanden und erzählten, wie sie Kollaborateure geworden waren. Es war herzzerreissend. Zum Beispiel die Geschichte von Ra, aufgezeichnet von einer palästinensischen Widerstandsgruppe beim Verhör. Im Film war nur Ra zu sehen, zu hören waren auch die Stimmen der Vernehmer. Ra war siebzehn Jahre alt, er hatte ein hübsches, doch blasses Gesicht und verweinte Augen. Seine Hände waren rastlos, sein Rücken gebeugt, mit eingezogenen Schultern. Er sass auf zwei aufeinandergeschichteten Steinen vor einer kahlen grauen Wand. Ich wollte jeder Bewegung folgen und jeden Zentimeter seines Körpers sehen, erkennen und verstehen. Ich wollte den Menschen wahrnehmen. Ra erzählte:

»Ich wurde mit dreizehn Jahren von meinem eigenen Onkel, dem Bruder meiner Mutter, rekrutiert. Mein Vater war bei einem Streit im Dorf erschossen worden. Ich fühlte mich verloren, denn ich bin der Älteste von sechs Geschwistern. Trauer, Wut und die Sorge um die Familie hüllten mich in eine unerträgliche Ohnmacht. Mein Onkel zeigte sich besorgt und bot mir seine Hilfe an. Ich war dankbar, denn ich sah ihn als Retter. Er sagte mir: ›Diese Verbrecher haben deinen Vater getötet, sie haben kein Herz. Wenn du Rache üben willst, so helfe ich dir. Hier, nimm dieses Handy, folge diesen zwei Personen, beobachte, wo sie hingehen, mit wem sie sich treffen, wie ihr Tagesablauf aussieht, und berichte es mir.‹ Ich tat, was er sagte, und hin und wieder gab er mir eine Telefonkarte für das Handy und dazu etwas Geld.«

»Wie viel Geld?«

»Zwanzig, manchmal fünfzig Schekel. Ich dachte, er plane für mich die Rache. Nach einiger Zeit antwortete, als ich ihn anrief, eine fremde Stimme: ›Ich bin Captain Fu, von nun an hast du nur mit mir Kontakt. Hier hast du drei weitere Namen, die du betreuen musst. Für jede Information kriegst du Geld. Du brauchst das Geld für deine Familie; es ist deine Pflicht, für sie zu sorgen. Du bist bereits in die Sache verstrickt, es gibt kein Zurück, andernfalls käme Schande über deine Familie, deine kleine Schwester wäre gefährdet, und du wärst schuld und würdest getötet.‹ Ich war vierzehn Jahre alt und sass in der Falle. Mein Onkel war verschwunden; später fand man ihn tot. So rutschte ich hinein, ohne es zu wollen. Meine Seele und mein Körper waren wie tot.«

»Über wie viele Personen hast du Informationen weitergeleitet?«

»Über Schafîk, Muhammad, Sâhir, später auch Abdalrachmân, Thâir, Nidal, Abu Muhammad und auch Miriam.«

»Was ist mit diesen Menschen geschehen?«

»Schafîk, Sâhir und Muhammad wurden vom israelischen Geheimdienst hier im Dorf erschossen. Zwei von ihnen sind mit mir verwandt; sie versteckten sich im Haus meiner Tante, ich war oft bei ihnen, denn sie haben mir vertraut. Captain Fu rief mich an und sagte: ›Beobachte sie heute gut, und wenn sie schlafen gehen, ruf mich an, denn ich will sie schlafend erwischen. Es wird ihnen nichts passieren, wir wollen nur verhindern, dass sie weglaufen und dabei allenfalls auf sie geschossen wird. Sie sollen nur gefangengenommen werden.‹ Ich sagte: ›Versprichst du mir das?‹ – ›Natürlich, wir wollen nur ihr Leben retten.‹ Am Abend setzte ich mich unter den Olivenbaum auf dem Feld neben dem Haus meiner Tante. Gegen zwanzig Uhr betraten sie das Haus. Noch eine Weile sah ich Licht, dann wurden die Fenster dunkel. Danach rief ich Captain Fu an und teilte ihm mit, dass sie jetzt schliefen, und ging nach Hause.«

»Wollte deine Familie nicht wissen, warum du so spät noch draussen warst?«

»Doch, meine Mutter fragte mich immer wieder, und ich sagte, ich sei bei meiner Tante gewesen.«

»Wie alt warst du damals?«

»Fünfzehn.«

»Und was geschah dann?«

»Ich wachte gegen zwei Uhr morgens vom Geräusch der Militärjeeps auf. Ich wusste, jetzt wurden die drei festgenommen, und schlief weiter. Am nächsten Tag wachte ich auf, als vom Minarett Korangesänge zu hören waren. Da wusste ich, dass jemand gestorben war. Ich lief zum Haus meiner Tante. Alle drei waren im Schlaf erschossen worden. Ich weinte, schrie und tobte. Ich rief Captain Fu an und fragte, warum er sie erschossen habe, er habe sie doch nur fangen wollen. Er sagte, das gehe mich nichts an.«

»Wie viel Geld hast du für diesen Auftrag bekommen, für Beihilfe zum Mord?«

»Siebzig Schekel. Aber ich holte sie nicht ab. Ich sass jeden Tag im Trauerhaus und hoffte, die Arbeit sei jetzt zu Ende. Doch schon bald rief Captain Fu wieder an und sagte: ›Hier sind die nächsten Namen. Du hast keine Wahl. Du wirst entweder von deinen Landsleuten oder von uns getötet.‹«

»Und dann?«

»Ich führte den nächsten Auftrag aus, beobachtete drei weitere Leute und dann noch mal zwei.«

»Wo sind diese jungen Männer jetzt?«

»Drei hatten das Dorf verlassen, weil sie die Gefahr von Informanten spürten. Einer nach dem anderen wurde innerhalb weniger Wochen vom israelischen Geheimdienst erschossen. Ha und Ma wurden im Dorf getötet.«

»Bist du verantwortlich für den Tod dieser Menschen?«

»Ja, das bin ich.«

»Wie viele Menschen sind gestorben?«

»Acht.«

»Hast du sie getötet?«

»Ja, ich habe sie getötet, weil ich dem Geheimdienst das Töten ermöglichte.«

»Welche Strafe verdienst du?«

»Ich verdiene den Tod.«

»Hat jemand bei diesem Geständnis Druck auf dich ausgeübt?«

»Nein, ich tue es aus freiem Willen, ich kann es nicht mehr ertragen.«

»Welchen Tod verdienst du?«

»Ich verdiene es, auf grausamste Weise getötet zu werden. Wie einen Hund sollte man mich durch die Strassen schleifen.«

»Was willst du deiner Familie und den Leuten im Dorf als Letztes sagen?«

»Ich möchte sagen, dass es mir sehr leidtut. Ich habe

euch verraten, ich entschuldige mich. Ich sage allen, die für den Geheimdienst arbeiten, sie sollen sofort aufhören. Sie sollen sich so schnell wie möglich an die ehrlichen politischen Aktivisten wenden, gestehen und sich vergeben lassen. Sie sollen Rat holen und nicht zulassen, dass sie Schritt für Schritt in die tödliche Falle gelockt werden. Ich bitte um Vergebung, nicht weil ich leben will, sondern damit ich sterben kann.«

»Was willst du deiner Mutter sagen?«

»Meiner Mutter? Verzeih mir, ich habe dich enttäuscht, ich habe Menschen getötet, die für unser Land, unser Leben und unsere Zukunft gekämpft haben. Ich bin unwürdig zu leben.«

Die Stimme versagte ihm, er liess den Kopf vornüberhängen, seine Gestalt schrumpfte zusammen. Er begann zu weinen und schluchzte mit dem ganzen Körper. Leise fügte er hinzu: »Jamma, verzeih mir. Sag allen Verzeihung. Ich kann nicht mehr.«

Der siebzehnjährige Ra, das Kind mit vier Jahren Kollaborateurerfahrung, wurde erschossen. Die Schande lastete auf der Mutter und den Geschwistern. Sie wurden aus der Gemeinschaft ausgeschlossen und gemieden, die Zukunft ist ihnen versperrt. Wenn sie keine Fürsorge erhalten, droht die Gefahr, dass auch sie in ihrer Schwäche und Verlassenheit Kollaborateure werden. Sie sind Opfer und werden zu Kriminellen gemacht.

Ein Tabuthema wie dieses anzusprechen ist sehr gefährlich. Der israelische Geheimdienst will das Kollaborateursystem für die Besatzung und Beherrschung aufrechterhalten. Die Kollaborateure werden von den palästinensischen

Behörden dazu aufgerufen, sich zu stellen. Es gibt ein Gerichtsverfahren; Amnestie und Rehabilitation sind begrenzt möglich. Palästinensische Widerstandskämpfer nehmen sich das Recht, die Kollaborateure selbst zu verfolgen, zu verhören und auch zu töten. Das Fehlen einer Gesetzesherrschaft und die Handlungsunfähigkeit der Polizei machen viele Unschuldige zu Opfern. Kollaborateure sind immer in Gefahr. Wenn sie aussteigen wollen oder wenn sie erkannt werden, werden sie von ihren Komplizen, die ebenfalls für den israelischen Geheimdienst tätig sind, getötet. Besatzung ist Gewalt, und nur mit der Gewalt der Kollaborateure kann sich die Besatzung halten. Es gibt im Rahmen der Kollaboration verschiedene Aufgaben – Kinder sind hauptsächlich einfache Informanten, Erwachsene Gewalttäter mit oft sehr gefährlichen Aufträgen wie dem Töten.

Die meisten Kollaborateure sind zwölf bis siebzehn Jahre alt. Sie werden im Gefängnis rekrutiert, wo sie extremem physischem und psychischem Druck ausgesetzt sind – durch Schläge, sexuellen Missbrauch und Androhung langer Haftstrafen, durch Gefährdung von Familienmitgliedern und die Verbreitung von Gerüchten, die Schande über sie bringen, oder durch Verlockungen mit Geld, Sex und dem Versprechen, Genehmigungen für Arbeit oder mehr Bewegungsfreiheit zu kriegen. Ihre Schwäche, Angst und Ahnungslosigkeit und ihre Verletzlichkeit werden ausgenutzt.

Seit fast vierzig Jahren sind ständig 10 000 bis 12 000 Palästinenser in israelischen Gefängnissen. Zehn Prozent davon sind Kinder unter achtzehn Jahren. Geständnisse von gefolterten Kindern ergeben, dass vierzig Prozent von ihnen zu Kollaborateuren gemacht werden. Sie sind stigmatisiert und werden ausgeschlossen, sie töten und werden getötet.

Viele Jugendliche können und wollen nicht mehr im Land bleiben. Sie versuchen mit allen Mitteln ins Ausland zu gehen. Es gibt Jugendliche, die im Visumsantrag angeben, sie seien Kollaborateure, obwohl sie politisch sauber und aufrichtig sind, um wegen der angeblichen Verfolgung ein Recht auf Asyl zu erlangen. Kollaborateur zu sein ist Verrat, lebensgefährlich und die grösste Schande in unserer Gesellschaft. Und doch geben sie sich als Kollaborateure aus, nur um wegzukommen. Für verschiedene Länder, die mit dieser Kollaboration sympathisieren, erhalten sie ein Visum. Also reisen sie aus und glauben, ein neues Leben mit vielen Chancen vorzufinden. Manche schaffen es, andere werden dort erst recht Opfer der Geheimdienste, die sie nun tatsächlich zu Kollaborateuren machen – ihre einzige Möglichkeit zum Überleben im fremden Land.

7. Oktober

Wegen der Sukkoth, des Laubhüttenfestes, schloss das israelische Militär den Gasastreifen und das Westjordanland. Weitere Jugendliche wurden gekidnappt.

Samstags fahre ich immer nach Bait Dschalâ, in der Nähe von Bethlehem, um an der Schule Talitha Kumi meine Seminare durchzuführen. Das Zwei-Strassen-Netz – eine Strasse nur für Israelis, die andere nur für Palästinenser – verlängert die Fahrt um drei bis vier Stunden. Statt einer geraden Linie von Norden nach Süden, wofür man vierzig Minuten brauchte, hat mein Weg die Form der Ziffer Drei. Ich muss zuerst Richtung Norden fahren, dann nach Osten, dann Richtung Süden und Westen, dann wieder in östlicher Richtung zum Jordantal, schliesslich weiter südlich, um von Süden her Bethlehem zu erreichen. Um fünf Uhr morgens breche ich auf, damit ich sicher um zehn Uhr in der Schule bin. Neben den zwei festen Hauptmilitärsperren können noch drei bis fünf fliegende Checkpoints mitten auf der Strasse hinzukommen. Mit Glück wartet man zehn Minuten, mit weniger Glück über eine Stunde, und wenn das Glück ganz ausbleibt, muss man umkehren.

Einmal hatte ich mich vor Sonnenaufgang auf den Weg gemacht und mit viel Glück mehrere Sperren überwunden, als ich zum Container-Checkpoint vor Bethlehem kam. Bereits einen Kilometer davor durfte niemand weiterfahren – die Soldaten schossen auf alles, was sich bewegte. Einigen Menschen gelang es, zu Fuss die Strasse nach Bethlehem zu erreichen, indem sie den vom Checkpoint aus nicht sichtbaren Hang hinunterrutschten. Aber sie wurden entdeckt, und ein Militärjeep fuhr auf sie zu. Ich hörte die Soldaten bereits auf dem Weg über Lautsprecher einen Krankenwagen rufen. Der Jeep hielt auf der unteren Strasse; dort hatte sich ein Taxi versteckt, um Passagiere, die sich erfolgreich durchgeschmuggelt hatten, aufzunehmen. Ein Soldat stieg aus und schlug dem Taxifahrer sein Gewehr über den Kopf. Er brach blutend zusammen. Eine Frau rutschte in der Panik aus und brach sich den Arm. Nach einer Weile kam der Krankenwagen und nahm die Verletzten auf.

Oft stehen israelische Friedensfrauen von Machsom Watch an den Checkpoints, um Gewalt und Zwischenfällen entgegenzuwirken. An diesem Tag der totalen Sperre durften sie nicht kommen. Immer wenn wir sie sehen, grüssen wir sie und danken ihnen.

Ich wartete mehr als eine Stunde, bis Ruhe einkehrte und weit und breit keine Soldaten mehr zu sehen waren. Dann beschloss ich, den mit Steinen und Dornen übersäten Weg am Hang zu wagen. Gelegentlich blieb ich am Stacheldraht hängen, mal ging ich schwankend, mal lief oder rutschte ich. Schrammen und Prellungen hinderten mich nicht, sondern spornten mich zum Weitergehen an. Endlich erreichte ich die Wüstenstrasse. Ich eilte in Richtung Tal. Nach zwei Kilometern wurde ich von einem hinter dem Hügel versteckten Jeep mit Soldaten überrascht. Sie richteten ihre Gewehre auf mich, doch ich ging mit erhobenen Händen auf sie zu: »Ich bin eine Frau, habt keine Angst, ich habe nur Gutes im Sinn.« Ein Soldat fragte: »Woher kommst du, wie bist du hierhergekommen?« Auf Englisch sagte ich: »Ich bin einfach zu Fuss gegangen. Niemand hat mich daran gehindert.« Er sagte, ich solle zurückgehen. »Wohin? Hier ist weit und breit keine Menschenseele.« Er sagte, heute sei alles geschlossen, niemand dürfe nach Bethlehem, höchstens diejenigen, die von dort seien. Ich sagte: »Ich aber darf hin, denn ich habe etwas Gutes vor, ich habe etwas sehr Wichtiges zu erledigen.« Er wollte meinen Ausweis sehen: »Auch das noch, du kommst aus Ramallah! Wie hast du das geschafft?« Ich sagte: »Gott hat mir geholfen, und oft begleiten mich Engel.« Er schien in Gedanken versunken, und bevor er etwas sagte, fügte ich hinzu: »Ich bin Friedenserzieherin für Schüler und Schülerinnen. Sie erwarten mich. Niemand darf mich daran hindern, denn sie wollen zum Frieden erzogen werden. Das ist eine grosse Chance.

Sicher schätzen auch Sie Bildung und Erziehung.« Er fragte: »Bist du Lehrerin?« – »Ja, und Friedensfrau. Kennen Sie Friedensfrauen oder Friedensmänner?« Er blieb nachdenklich. Ich sagte weiter: »Hätten wir und Sie Tausende solcher Friedenskräfte, dann brauchten Sie diese furchtbare Arbeit nicht mehr zu tun«. Wir blickten einander an, er lächelte, ich lächelte zurück, dann sagte er: »Geh an deine Arbeit.« Ich dankte ihm. Nach einigen Schritten wandte ich mich um und sagte: »Sie, guter Soldat, spätnachmittags muss ich zurück nach Ramallah. Sie lassen mich doch wieder durch, oder?« Er antwortete: »Du wirst bestimmt einen anderen guten Soldaten treffen.«

Ich kam rechtzeitig in der Schule an, und alle wunderten sich, dass ich es geschafft hatte. Ich sagte: »Es war ein Wunder. Ein Wunder zu erleben nach so vielen Qualen, das ist eine Freude, die mich entspannt und Angst und Müdigkeit wegwischt. Es gibt Kraft für neue Versuche, auch die Soldaten als Menschen anzusprechen, ihre Menschlichkeit zu wecken und lebendig zu halten.«

10. Dezember

Als der Tag anbrach, war mir sehr elend. Bewusst hörte ich keine Nachrichten, ich wollte nichts wissen. Am liebsten alles hinschmeissen und weglaufen. Ich ging zum Kasr. Ein kalter Wind wehte, aber ich fror nicht. Ich ging von einem Olivenbaum zum nächsten, berührte sie und roch an ihnen. Ich sah mir die Pistazien an und den Johannisbrotbaum, die Erdbeer- und Lorbeerbäume, die Reben und die Feigenbäume und dazwischen die Salbei-, Thymian-, Klematis- und Smilax-Sträucher. Ich besichtigte sie einzeln, nickte ihnen zu, blieb stehen. Es war, als wollten sie alle mich anfassen und umarmen. So stellte ich es mir jedenfalls vor, und es tat mir gut.

2007

9. Januar

Heute wurden die Autos am Checkpoint Atara stundenlang an der Durchfahrt gehindert. Tausende von Autos verstopften die Strassen von Birseit, und der Betrieb an der Universität wurde weitgehend behindert. Ich war in die Unibibliothek gegangen, um mich auf meinen Kurs vorzubereiten. Einige Studenten sassen auf der Bank neben der Bibliothek und diskutierten. Sie sprachen über die Hip-Hop-Musikgruppe Dam, die sie vor kurzem erlebt hatten. Ich setzte mich dazu und genoss ihre begeisterte Schilderung.

Der Name der Gruppe Dam bedeutet auf Arabisch und Hebräisch »Blut«. Sie besteht seit 1998. Die Musiker sind aus Lod und Jaffa, zehn Kilometer von Tel Aviv entfernt, und – wie ein Drittel der Einwohner dieser Städte – Palästinenser mit israelischer Staatsbürgerschaft. Sie kämpfen um ihre grundlegenden Rechte als Bürger und für Dienstleistungen des Stadtrats, die ihnen als Palästinenser verweigert werden. Die Regierung Israels kümmert sich nur um die Sicherung des Wohnbedarfs der jüdischen Bürger. Palästinensische israelische Staatsbürger haben keinen Anspruch auf die vom Staat gebauten Wohnungen; dieses Recht wird ihnen verweigert. Sie erhalten auch nur selten Baugenehmigungen für Häuser auf dem eigenen Grundstück und dürfen ihre verfallenden Häuser nicht renovieren; damit sollen sie zum Verlassen des Landes veranlasst werden. Die Palästinenser wollen aber nicht vertrieben werden, und viele sehen sich gezwungen, ohne Genehmigung zu bauen. Die Folge ist, dass allein in Lod ungefähr zweitausend Wohnungen von Palästinensern als illegal klassifiziert werden und von der Zerstörung durch die Regierung bedroht sind. Die Bewohner dieser Bauten haben keine Chance, eine Wohnung zu finden.

Dam sieht sich als Protestgruppe, die in ihrer Musik Osten und Westen mischt: »Wir bringen Dabka ein, unsere traditionelle Tanzmusik, setzen arabische Instrumente ein – die Ud und den Kanun – und vertonen arabische Gedichte. Wir nehmen von Ost und West und schaffen daraus eine neue Stimme für Dam.«

Im Oktober 2006 trat Dam am Bierfestival in Taibe, einem christlichen Dorf bei Ramallah, auf. Die Musiker begeisterten Hunderte von jungen Menschen, die mitsangen und tanzten. Die erste und einzige Brauerei in Palästina ist dort vor einigen Jahren von der Familie Chûri aufgebaut worden. Am Bierfestival wird nicht nur Bier verkauft und getrunken, es werden auch regionale Landwirtschaftsprodukte verarbeitet und zum Kauf angeboten. Auf einem bunten Marktplatz werden eingemachte Oliven, Olivenöl, Seife aus Olivenöl, Getreideprodukte, frische und getrocknete Gemüse und Wildpflanzen angeboten sowie Feigen, Nüsse, Rosinen, Wein, Marmelade, Honig und Milchprodukte. Auch Kunsthandwerk und Handarbeiten aus Holz, Ton, Stoff und Glas werden angeboten. Mit Gesang und Tanz soll unser kulturelles Erbe belebt und wertgeschätzt werden. Das Taibe-Bier ist in Israel ebenfalls sehr beliebt, denn die Brauerei stellt auch ein von einem Rabbiner geprüftes koscheres Bier her. Begründer der vielen Aktivitäten und des wirtschaftlichen Aufschwungs in Taibe ist Nadîm Chûri, der von dort stammt. Er hat keine palästinensische Identitätskarte, weil er zufällig zur Zeit der Volkszählung kurz nach dem Krieg 1967 zum Studium in den USA weilte. Er gilt als »gebietsfremd«, während seine Eltern und Geschwister als »Gebietsansässige« klassifiziert werden. Nadîm Chûri besitzt einen amerikanischen Pass, und ihm wurde während vieler Jahre die Aufenthaltsgenehmigung laufend erneuert, denn er hat mehr als zweihundert Millionen Dollar in Palästina investiert. Nach einer Reise im Sommer 2006 durfte er nicht wieder einreisen, mit der Begründung, es gälten neue Bestimmungen für Ausländer. Nach der Intervention der amerikanischen Botschaft bekam er eine Aufenthaltserlaubnis für drei Monate. Er kämpft jetzt alle drei Monate um die Erneuerung der Erlaubnis, zu Hause bei seiner Familie bleiben und seinen Projekten und seiner Arbeit nachgehen zu dürfen. Hunderte von Investoren mussten das Land verlassen, und viele liessen sich abschrecken, weil das Risiko zu gross ist, dass ein Geschäft zugrunde geht.

Dam ist auch in Bethlehem und im Kasaba-Theater in Ramallah aufgetreten. Das Theater war längst ausverkauft, als immer noch viele junge Menschen hinströmten, um die Sensation zu erleben. Mitten in dieser schweren, von Gewalt geprägten Zeit wollen die Menschen sich von der Musik für kurze Zeit in eine andere Welt entführen lassen. Die Leute, die um Tickets anstanden, drücken damit aus, dass sie leben und sich unterhalten wollen. Viele blieben draussen vor dem Theater stehen und lauschten später den Beschreibungen derjenigen, die die Vorstellung miterleben durften.

Die Jugendlichen sagten: »Wir lieben Dam, weil sie über unsere Probleme sprechen.« – »Unsere Stimme wird nicht gehört, vielleicht hört man uns durch ihre Musik.« – »Sie singen von unserer Realität unter der Besatzung, und sie sprechen soziale Probleme an – Drogen, zum Beispiel, und Frauenrechte.« – »Ihr Song *Wer ist der Terrorist?* ist eine Herausforderung, ein Aufschrei gegen die stereotypen Vorstellungen vom Nahostkonflikt. Er beginnt mit der Aussage: ›Vielleicht sind Palästinenser und Iraker die am meisten terrorisierten Völker der Welt.‹ Und weiter: ›Wir kämpfen für unsere Freiheit, aber ihr habt daraus ein Verbrechen gemacht, und ihr, die Terroristen, nennt mich Terrorist?‹« – »Sie sprechen über mich und wer ich bin. Sie sind Palästinenser, egal woher sie kommen.«

Die Musiker von Dam sagen: »Wir singen, weil wir vor den Augen der jüdischen Israelis diskriminiert werden. Sie sehen es nicht oder wollen es nicht sehen. Und wir wollen ihnen von unserem Leben unter ihnen erzählen. Wir singen, damit alle verstehen, warum durch ungerechte Behandlung das Leben für alle schwergemacht wird.« – »Ich will der Welt sagen, ich bin ein Palästinenser, der auf seinem Boden im eigenen Land geblieben ist. Dieses Land heisst jetzt Israel. Und dann versuche ich zu erklären, dass die arabische Welt mich als Israeli behandelt und Israel mich als Palästinenser.« Der Musiker Machmûd Dschreri sagt weiter: »Diese Anormalität hat zur Folge, dass wir uns weder als arabische noch als israelische Band bezeichnen. Unser neues Album ist von den deutschen Red Circle Records herausgegeben worden. Wir mussten ins Ausland gehen, um wieder in unser Land hineingehen zu können. Ich bitte die

Leute nicht darum, propalästinensisch oder antiisraelisch zu sein. Ich bitte darum, zuzuhören, sich über die Situation zu informieren und sich dann eine Meinung zu bilden … Ich glaube nicht, dass ich die Welt verändern kann, aber ich lasse den Verstand Funken sprühen, die die Welt ändern.«

Die Bühne war in vielen glitzernden Farben dekoriert. Für die richtige Stimmung sorgten Symbole, die Gefühle der Verbundenheit mit Palästina, mit der Leidensgeschichte und unseren Zielen weckten, Palästinakarten und -bilder und, als Krönung, Handala, die Cartoonfigur des palästinensischen Künstlers Nâdschi al-Ali.

Handala ist der Name einer bitteren Beere, und bitter war der Verlust der Heimat für den elfjährigen Nâdschi al-Ali, als er im Jahr 1948 mit seiner Familie und Hunderttausenden Palästinensern aus Palästina vertrieben wurde und als Flüchtling im Lager Ain al-Hilwa im Libanon leben musste, auf die Rückkehr nach Palästina wartend. Handala repräsentiert Nâdschi al-Ali, der elf Jahre alt bleiben will, bis er wieder nach Palästina zurückkehren darf. Handala wendet sein Gesicht von uns ab, dreht uns den Rücken zu und schaut aus Protest in die Ferne. Seine Schultern sind von der schweren Last nach vorne gebeugt, der Rücken leicht gekrümmt. Die Hände hat er hinter dem Rücken verschränkt. Mit seinen geflickten Kleidern spricht er für alle Flüchtlinge. Seine Haare stehen ihm zu Berge und geben ihm eine kecke Ausstrahlung, auch wenn sein Gesicht nie zu sehen ist. al-Ali hat Handala in jede Karikatur irgendwo eingefügt. Jedes Werk verrät, wohin Handala schaut, was er beobachtet, ob er verlegen, traurig oder zornig ist, was er denkt, kritisiert und wohin er mit seinem Finger zeigt.

Handala ist seiner Botschaft immer treu. Er ist ein Symbol für Widerstand, Selbstkritik, soziale und politische Gerechtigkeit und Befreiung. Der Künstler Nâdschi al-Ali, im Dorf al-Schadschara zwischen Nazareth und Tiberias geboren, gilt als »Brotfladenkünstler«, als Künstler der Armen und Unterdrückten. Jeden Tag konnte man seine Karikaturen in verschiedenen Tageszeitungen der arabischen Welt finden. Vor Sonnenaufgang, wenn die Leute in den Flüchtlingslagern Brotfladen kaufen gingen, holten sie sich dazu die Zeitung, um sich an der Karikatur des Tages zu erfreuen. Kritik an den Herrschenden und ein Plädoyer für soziale und politische Gerechtigkeit und Befreiung waren seine Botschaft. Er sprach den Menschen aus der Seele und wurde von ihnen geliebt, doch die Herrschenden hassten und verfolgten ihn. Als er um sein Leben fürchten musste, ging er nach London. Seine letzte Karikatur war: »Nein zur ›Stummpistole‹, nein zur politischen Hinrichtung« – die Figur Handala wird von einer Pistole mit Schalldämpfer bedroht. Am nächsten Tag, auf dem Weg von seiner Wohnung zur Zeitungsredaktion in London, wurde er vom israelischen Geheimdienst mit einer ebensolchen Pistole zum Verstummen gebracht.

15. Januar

In den letzten Tagen hatte ich immer wieder gehört, dass verschiedene Leute auf Ausflügen unterwegs waren. Ich wunderte mich, denn das ist selten möglich. Ich erkundigte mich über diese seltsame Aktivität und erfuhr, dass der Priester von Birseit für mehr als hundertachtzig Leute einen Antrag auf eine Reisegenehmigung für Jerusalem gestellt hatte, mit der Begründung, sie wollten dort beten – und es klappte. Sie sind unterwegs nach Jerusalem und Israel, zum Beten, Einkaufen, Bummeln und vor allem zum Besuch ihrer Verwandten, auch in Jaffa, Akko, Lod und Nazareth. Welch eine Freude, einfach in die nächsten Städte und nach Jerusalem fahren zu dürfen. Sofort ging ich zum Priester und bat ihn, auch für mich einen Antrag zu stellen, denn meine Familie und ich sind seit vier Jahren nicht in Jerusalem gewesen. Er sagte, einen Antrag zu stellen sei eigentlich nur während weniger Tage Mitte Dezember möglich gewesen. Die Genehmigung gelte für das Weihnachtsfest der Westkirche am 25. Dezember, dasjenige der Ostkirche am 7. Januar und das Weihnachtsfest der Armenier am 18. Januar. Aber ich könne es ja trotzdem versuchen, meinte er und gab mir einen Brief, in dem er die zuständigen Stellen darum bat, mir die Genehmigung zu erleichtern. Ich fuhr sofort mit dem Sammeltaxi nach Ramallah und nahm dort ein Spezialtaxi zur Militärbehörde. Der Weg dorthin war in schlechtem Zustand. Das Taxi fuhr durch Gassen der Wohnviertel in al-Bîreh, dann über Feldwege, steinig, holprig und gewunden. Es war eine Kunst, den Schlaglöchern auszuweichen, und ich war jedes Mal froh, dass das Taxi von einem platten Reifen verschont blieb. Ich sah ein Taxi, das in einen Graben gerutscht war, und der Fahrer versuchte verzweifelt, es mit Hilfe von anderen wieder aufzurichten. Endlich erreichte ich mein Ziel, ein verlassenes Feldstück, von einem Schuttwall zur Strassenseite hin begrenzt und mit einem Zaun umgeben. Durch eine Lücke im Zaun gelangte ich auf die asphaltierte Strasse vor dem Militärquartier. Auf dem Turm oben stand ein Wachsoldat.

Ich schaute zu ihm hoch und war mir nicht sicher, ob ich warten musste, bis er mir erlaubte, auf der normalen Strasse weiterzugehen. Ich blieb stehen, machte einige Schritte, schaute wieder nach oben, zögerte, aber nichts rührte sich. Ein junger Palästinenser sagte mir: »Lauf zu, schau weder nach oben noch nach unten und nicht nach rechts oder links.« – »Soll ich dabei die Augen offen halten oder schliessen?«, fragte ich. »Darf ich normal atmen?« Er sagte: »So weit kommt es noch! Nein, nie den Kopf hängen lassen und niemals die Augen schliessen.« Wir nickten einander zu und gingen weiter. Am Eingang schloss ich mich den Menschen an, die vor der ersten Metallschleuse warteten. Über die Köpfe hinweg versuchte ich zu sehen, was vorne vor sich ging. Es klickte. Bei jedem Klicken schob sich eine Person durch die Schleuse. Endlich klickte es auch für mich, und ich war dran. Eine Stimme forderte mich in gebrochenem Arabisch auf, die Taschen zu leeren, Gürtel, Uhr, Jacke und Schuhe auszuziehen, auf die Bank zu legen und bis zur Scheibe vorzurücken. Hinter dieser sass ein Soldat. Er befahl: »Stehen bleiben! Handtasche öffnen! Fach für Fach zeigen! Alles ausleeren! Wieder einpacken! Geh durch die elektronische Kontrolle! Wieder zurück! Jetzt rückwärts gehen! In der Mitte stehen bleiben! Dreh dich um! Jetzt auf die andere Seite rum! Nein, links! Links! Links! Noch mal vorwärts! Jetzt weiter!« Ich war völlig durcheinander. Ich wollte den Anordnungen folgen, machte jedoch immer wieder etwas verkehrt. Angst und Gefühle der Erniedrigung und des Ausgeliefertseins erhöhten die Spannung und steigerten Wut und Verbitterung. Hinter der Schleuse versuchten die Leute mir zuzurufen, wie ich es machen musste.

Das irritierte mich noch mehr, und der Soldat brüllte los und verlangte Ruhe. Sie hatten Mitleid mit mir, manche waren wütend, weil das so lange dauerte, oder zornig, weil sie sich mit mir gedemütigt fühlten. Endlich gelangte ich zur nächsten Station. Der Soldat hinter der Scheibe dieses Schalters forderte mich auf, meinen Antrag geöffnet an die Scheibe zu halten. Er gab mir eine gelbe Nummer 87 und machte mit dem Finger ein Zeichen, ich solle nach rechts gehen. Dort war eine zweite Schleuse. Ich rüttelte am Gitter, aber es gab nicht nach. Ich musste warten, bis ein Gong ertönte, dann konnte ich durch. Endlich kam ich zur dritten Station, in einen Raum voller Menschen, die auf Bänken sassen. Neben dem Polizeischalter gab es fünf weitere Schalter mit Scheiben aus Sicherheitsglas, wo man Anträge für verschiedenste Genehmigungen stellen konnte. Wenn es piepte, leuchtete eine Nummer auf, mit dem Verweis auf die Schalternummer. Ich wusste, dass es lange dauern würde, vielleicht vier oder fünf Stunden, bis man drankam. Ich unterhielt mich mit den Frauen, die um mich herum sassen. Wir sprachen über unsere Sorgen, stöhnten, ärgerten uns, wurden wütend, und manchmal lachten wir. Wir versuchen die Zeit und unser Schicksal zu verkraften.

Eine alte Frau, um die siebzig, ging zum Schalter. Wir konnten hören, was sie dem Soldaten sagte: »Mein Sohn ist fünfzig Jahre alt und sehr krank, er kann nicht mehr gehen. Bitte gebt mir eine Genehmigung, damit er nach Jerusalem ins Krankenhaus fahren kann.« Der Soldat sagte: »Geh weg. Er muss persönlich herkommen. Trag ihn her, oder lass ihn von irgendjemandem hertragen.« Sie sagte: »Aber der Offizier vorgestern hat mir gesagt, er brauche nicht persönlich zu kommen, wenn ich den Bericht des Krankenhauses bringe. Hier habe ich ihn.« Sie schob das Dokument durch den Schlitz. Er schaute sie an und sagte: »Bring mir einen Beweis, dass er im palästinensischen Krankenhaus nicht behandelt werden kann.« Sie sagte: »Er hat Krebs, und nirgends im Westjordanland gibt es eine Behandlungsmöglichkeit. Jeder weiss das, auch ihr wisst das.« – »Verschwinde, bring noch einen Beweis!« – »Aber der Bericht ist doch vom Krankenhaus und von der Gesundheitsbehörde.« – »Geh weg! Verschwinde!«, schrie er sie an. Sie setzte sich auf den Boden und sagte: »Ich bleibe hier. Mich schickt niemand mehr weg. Seit zwei Wochen komme ich hierher und werde zurückgeschickt, und mein Sohn stirbt langsam, aber sicher. Ich will hier sterben.« Sie brach zusammen, weinte und schluchzte. Es herrschte Ruhe im Raum, wir schauten einander an. Dann ging ich zu ihr hin, setzte mich neben sie auf den Boden, fasste ihre Hand und sagte kein Wort. Eine zweite Frau kam dazu, eine dritte folgte, und eine vierte stand eben auf, als der Soldat uns anzuschreien begann: »Alle auf die Bänke, sonst schiesse ich.« Wir Frauen halfen der alten Frau auf die Beine und setzten sie auf die Bank. Alle blieben stumm.

Es gongte, und die nächste Nummer leuchtete auf. Ein Mann ging zum Schalter. Wir konnten seine Geschichte hören: Er war Lastwagenfahrer und zum achten Mal in diesem Raum. Seit zwei Monaten kämpfte er um eine Streckenfahrgenehmigung für seinen Lastwagen. Er war aus Ramallah, und seine Arbeit bestand darin, Waren von Hebron im Süden via Ramallah in der Mitte nach Nablus und Dschenîn im Norden zu transportieren. Heute bekam er endlich eine

Genehmigung für die Strecke von Nablus nach Dschenîn, für einen Monat. Aber das nützte ihm nichts, denn für die Strecke von Ramallah nach Nablus und von Ramallah nach Hebron bekam er keine. Er flehte den Soldaten an, die Sache zu überprüfen. Dieser sagte: »Das nächste Mal bekommst du die Genehmigung für die nächste Strecke.« Mit erstickter Stimme sagte der Mann: »Aber das macht doch keinen Sinn, ich muss zuerst nach Nablus fahren können!« Der Soldat schrie ihn an und befahl ihm zu verschwinden. Der Mann fasste sich an den Kopf, hielt kurz inne und schlug dann seinen Kopf gegen die Wand. Er weinte laut. Zwei ältere Männer wagten es, ihn hinauszubegleiten. Die jüngeren Männer und alle Frauen blieben stumm und reglos. Wir fürchteten, die Soldaten könnten schiessen. Dann sagte ein junger Mann: »Und sie wundern sich noch, dass wir sie hassen!« Eine Frau sagte: »Sicher hassen sie uns mehr, als wir sie hassen, sonst würden sie uns das nicht antun.« Ich sagte: »Hass vergiftet unsere und ihre Seelen. Hass tötet unsere und ihre Menschlichkeit. Niemand will das. Ich wehre mich, ich kämpfe, damit mich der Hass niemals überwältigt. Sonst würde ich meine Wahrnehmung, meine Orientierung und meine Seele verlieren.« Ein Mädchen sagte: »Aber das ist schwierig!« – »Natürlich ist es schwierig«, erwiderte ich. »Sobald ich mich ärgere, sage ich mir, es darf Wut aufkommen, und sie kommt. Dann tobe ich meine Wut aus, weine, schreie oder stürze mich in die Arbeit. Hier, in diesem Raum, empfinde ich auch Wut, und ich beisse die Zähne zusammen, spüre mein Herz schneller schlagen und meinen Atem schwerer werden, aber dann sage ich mir: Halt! Du hast eine Aufgabe, nämlich dich selbst zu schützen, dich vor Wut und Hass zu retten. Ich atme tief durch und sage mir: Was zu ändern ist, versuche ich zu ändern, und was nicht zu ändern ist, das lasse ich stehen. Ich versuche das Beste aus der Situation zu machen.« Die Leute, die mir zuhörten, sagten: »Du hast es gut, ich kann das nicht.« Ich sagte: »Man kann das lernen. Es ist eine Einstellung und Übungssache.« Ich erzählte ihnen von meinen Seminaren und dass ich solches Verhalten mit Jugendlichen und Frauen übte. Alle, auch die Männer, sagten, sie wollten mitmachen.

Mit der nächsten Nummer ging Badia, eine Cousine meines Mannes, an den Schalter. Sie ist sechsundachtzig Jahre alt, hat Bauchspeicheldrüsenkrebs und wollte zur Behandlung zu ihrem Bruder in die USA reisen. Sie bekam heute, nach fünf Anläufen, die Genehmigung, den Flughafen Tel Aviv zu benutzen, der den Palästinensern eigentlich nicht mehr offensteht. Wir freuten uns alle mit ihr über ihr Glück. Ein junger Mann sagte: »Ich wünschte, ich hätte Bauchspeicheldrüsenkrebs, vielleicht würde ich dann eine Arbeitsgenehmigung für Jerusalem kriegen!« Als Nächster war ein Student dran, der bei der Ausreise an der Jordanbrücke zurückgeschickt worden war, weil er seinen Pass erst vor kurzem erneuert hatte und die Passnummer noch nicht bei den Israelis im Computer registriert war. Man muss nach der Ausstellung eines neuen Passes drei Wochen warten, bis man ausreisen darf. Dieser Student stellte den Antrag, dass seine Passnummer frühzeitig im Computer registriert werde. Er war glücklich, als es klappte, auch wenn durch die Zurückweisung sein Flugticket verfallen war. Es gongte wieder, und diesmal war ich dran. Ich ging zum

Schalter und schob meinen Antrag durch den Schlitz. Der Soldat las den Brief des Priesters und sagte: »Das gilt nicht. Sizar muss den Brief schreiben.« – »Wer ist Sizar«, fragte ich, »ein Mann oder eine Frau, wo kann ich ihn oder sie finden?« – »In Jerusalem.« Ich sagte, ich dürfe doch nicht nach Jerusalem. Er erwiderte: »Nicht du, sondern die Kirche soll Sizar aufsuchen.« Die nächste Nummer gongte, und ich ging und rief den Verwalter im Priesteramt in Birseit an und fragte nach Sizar. Er sagte: »Nie von ihm gehört.« Voller Verzweiflung schrieb ich Abt Benedikt von der Dormitio-Abtei in Jerusalem eine Mail und erzählte meine Geschichte. Er schrieb zurück, er kenne Cesar, und gab mir eine Telefonnummer. Dort hiess es, die Kirche müsse einen Antrag für eine Genehmigung für mich bei Cesar einreichen, damit Cesar oder Sizar ein Gutachten an das Militär schicken könne. Cesar war, so stellte sich heraus, ein Beamter im Innenministerium, beim Amt für Religionsangelegenheiten. Eigentlich wäre es also machbar, eine Genehmigung zu kriegen, aber wo konnte ich eine Kirchenbehörde finden, die sich für mich einsetzte, mich einlud zum Gebet, zu einer Sitzung oder zu einem Vortrag? Ich bin müde geworden, bin traurig und geknickt. Ich gebe den Versuch erst mal auf. Tausende sind in der gleichen Lage. Ich warte bis Ostern, vielleicht geschieht ein Wunder, und ich darf nach Jerusalem, in die geliebte Stadt, von der ich nur eine halbe Stunde entfernt wohne.

1. Februar

Ich bin wütend, und am liebsten möchte ich laut schreien und heulen. Doch ich weiss, dass viele gleich mir verzweifelt und ohnmächtig sind, und ich sage mir: Warum sollte ich es anders empfinden? Ja, ich fühle mich schwach und ausgeliefert. Dann ist es eben so. Die Lage ist ja wirklich zum Verzweifeln. Weiter sage ich: Und? Was jetzt? Halt! Die zehn Minuten Wut und Zorn, Trauer und Schwäche werden bald zu Ende sein. Wenn zehn Minuten nicht ausreichen, dann nehme ich mir eben eine halbe Stunde, um mich in dieser Stimmung auszutoben. Dann beschliesse ich, zur nächsten Phase überzugehen. Ich sage mir: Jetzt liegt es an mir, dass ich mir selber helfe, mir Mut mache. Wie oft habe ich es versucht, und es hat geklappt. Also los! Aus Verantwortung gegenüber allen, die schwächer sind und denen es noch schlechter geht als mir, bin ich verpflichtet, aktiv und kreativ zu werden. Sobald ich mich dazu entschliesse, fühle ich mich schon besser. Ich atme tief durch. Ich lächle. Es geht mir wirklich besser. Ich denke bewusst an die Kinder und Jugendlichen und an die Frauen. Ich lächle wieder.

2008

1. Januar
Ein neues Jahr beginnt, und ich setze mich hin, um zu schreiben. In meinem Tagebuch und den Briefen an meine Freunde versuche ich Ereignisse festzuhalten, die den Alltag prägen und die Komplexität unserer Situation aufzeigen.

Aber manchmal, wenn wieder etwas besonders Schlimmes passiert, gelingt es mir weder zu schreiben noch klar zu denken. Dann fühle ich mich dumpf und ausgelaugt. Dann möchte ich fliehen und mir einreden, es sei alles normal. Gründe zum Verzweifeln und zum Trauern gibt es genug. Ich sage mir aber: In meinem Kummer bin ich nicht allein, denn vielen Menschen geht es viel schlechter als mir. Dass wir uns elend fühlen, ist angesichts unserer Situation normal – weil unsere Sinnesorgane noch funktionieren. Weil wir fühlen, empfinden und spüren. Weil wir sehen und hören. Weil wir denken und Pläne und Träume haben und weil wir wirkliche Ängste kennen. Es ist normal, weil wir entschlossen sind, unsere Menschlichkeit zu behalten.

Ich suche dann nach Gedanken, die mich ermutigen, und sage mir: Ich glaube weiterhin daran, dass bessere Zeiten kommen. Ein Keimling braucht einen gewissen Reiz, damit ein neuer Spross emporwächst. Ich will hoffen, denn Hoffnung macht kreativ und verleiht Kraft, damit wir aktiv bleiben und noch aktiver werden. Die Hoffnung trägt.

Das Schönste, was wir im letzten Jahr erleben durften: Munîr und ich sind Grosseltern geworden. Unsere Tochter

Ghâda hat am 15. August ihr erstes Kind, Rina, geboren. Dieses wundersame Ereignis bringt uns viel Freude und willkommene Aufgaben.

16. Januar

Die politische Lage ist verfahren und entmutigend. Seit vergangenem Sommer haben wir zwei palästinensische Regierungen, die miteinander verfeindet sind. Die eine wird von der national ausgerichteten Fatah-Bewegung gestellt und regiert als sogenannte Autonomiebehörde im Westjordanland. Die andere gehört der islamistischen Hamâs-Bewegung an und kontrolliert den Gasastreifen. Israel hat Gasa zu einer »feindlichen Entität« erklärt und das Gebiet seit 2006, nach der Entführung eines israelischen Soldaten, immer stärker abgeriegelt. Die Einfuhr lebensnotwendiger Güter für die mehr als 1,5 Millionen eingesperrten Menschen wurde drastisch reduziert.

Mehrere Anläufe, Fatah und Hamâs zu versöhnen, sind gescheitert. Das liegt auch daran, dass beide von fremden Mächten abhängig sind, die an einer Versöhnung kein Interesse haben. Die Fatah-Regierung unter Präsident Machmûd Abbâs ist auf westliche Hilfsgelder angewiesen und kooperiert mit der Besatzungsmacht Israel, während die Hamâs vor allem von iranischer Unterstützung abhängig ist.

Fatah und Hamâs regieren, ohne grundlegende Menschenrechte oder rechtsstaatliche Prinzipien gesetzlich verankert zu haben, geschweige denn sie zu respektieren. Hunderte politischer Häftlinge der jeweiligen Gegenseite sitzen in ihren Gefängnissen. Der Streit zerstört die mühevoll erreichten demokratischen Ansätze. Meinungs- und Medienfreiheit sind stark eingeschränkt. Aus Angst vor Repressalien äussern die Menschen kaum noch Kritik. Sie sind tief enttäuscht von der Politik und misstrauen den Parteien.

2. Februar

Unser Sohn Anîs ist im Juli 2004, nach abgeschlossenem Medizinstudium in Innsbruck, nach Palästina heimgekehrt. Seither arbeitet er als Allgemeinarzt in Flüchtlingslagern, die von der UNO verwaltet und finanziert werden. Er hat dort einen Tagelohn und verdient im Monat weniger als 400 Euro. Davon kann man nicht leben. Daher hat er in Birseit in der Wohnung seiner Grossmutter Tekla eine kleine Praxis aufgemacht, für Sprechstunden am Nachmittag und Notfälle. Die Patienten kommen von überall her, und kaum jemand bezahlt die bescheidenen zwei Euro Gebühr, die Anîs verlangt. Viele gehen davon aus, dass die Praxis eine Zweigstelle der Klinik im nahe gelegenen Flüchtlingslager Dschalasûn ist, wo die Bewohner kostenlos behandelt werden. Andere sehen in Anîs den Jungen aus dem Dorf, den Freund des Sohnes, den Verwandten, Nachbarn, Schulkameraden, der von ihnen doch sicher nichts verlangt! Patienten mit schweren Leiden und arme Menschen behandelt er von sich aus unentgeltlich. Oft bezahlt er ihnen auch die Medikamente.

Im Flüchtlingslager läuft die medizinische Versorgung wie am Fliessband. Täglich sieht Anîs rund hundert Patienten, oft noch mehr. Da sie nichts zu bezahlen brauchen, kommen viele bloss, um sich zu treffen, zum Zeitvertreib. Einige fragen nach Antibiotika und Schmerzmitteln für mehrere Monate und wollen sie dann heimlich verkaufen.

Für Anîs ist es ein ständiger Abwehrkampf. Einmal wurde es gar lebensgefährlich: Ein Mann bedrohte ihn, indem er ihm eine Pistole an die Schläfe hielt.

Seither sucht Anîs nach einer Möglichkeit, sich im Ausland zu spezialisieren. Wir Eltern sehen die Notwendigkeit, doch plagt uns der Gedanke, dass Anîs mit dreiunddreissig Jahren noch keine Braut hat und die ganze Stadt eine Frau für ihn sucht.

Für Christen in Palästina ist es schwer, eine Partnerin oder einen Partner zu finden. Das liegt schon daran, dass sie eine kleine Minderheit von weniger als drei Prozent sind. Zudem verhindern israelische Sperren und administrative Einschränkungen eine Begegnung in den wenigen Orten, in denen noch Christen leben. Früher trafen sich junge Leute an Weihnachten und Ostern zum Gebet, zu Familienbesuchen und anderen gesellschaftlichen Ereignissen in Jerusalem und Bethlehem. Inzwischen ist das nicht mehr möglich, weil uns die israelischen Besatzungsbehörden unterschiedliche Kategorien von Identitätskarten aufgezwungen haben, die unsere Mobilität eng begrenzen. So dürfen wir vom Westjordanland nicht nach Jerusalem, Israel oder Gasa. Selbst innerhalb des Westjordanlandes sind wir eingeschränkt und dürfen nicht ins Jordantal oder das Gebiet zwischen der Sperrmauer und der israelischen Grenze. Die dort lebenden Menschen oder auch die Bewohner von Gasa dürfen nirgendwohin ohne eine Genehmigung des Militärs, und die wird nur selten erteilt.

Gemeinsam feiern und gemeinsam trauern verbindet, entlastet und festigt die Zugehörigkeit zur Gemeinschaft mit ihren Traditionen und Sitten. Doch gerade das will die

Besatzungspolitik unterbinden. Wer heiraten möchte, dem bleibt nichts anderes übrig, als in der nächsten Umgebung, im eigenen Dorf zu suchen.

Seit seiner Rückkehr nach Birseit ist Anîs immer wieder darauf angesprochen worden, dass er noch keine Frau hat. »Jetzt ist die Zeit gekommen, du musst heiraten. Wir wollen uns mit dir freuen«, sagten die Leute. »Das will ich auch«, antwortete er, »aber noch suche ich.« Alle wollten sie für ihn suchen, immer wieder kamen Vorschläge. Es wurde zur Nervenprobe. Anîs ärgerte sich, und wir Eltern hofften, er würde in Ruhe gelassen. Als er wütend darüber sprach, sagte ich ihm: »Die Leute meinen es gut, nimm sie so, wie sie sind, reagiere mit Humor.« Einmal waren wir an einem Fest im Garten der Kirche. Wo Anîs auch hinschaute, winkte jemand und zeigte auf ein Mädchen. Er beschloss mitzuspielen: Sobald ihn jemand auf eine junge Frau hinwies, zeigte er auf die andere Seite mit der Bemerkung, es gebe dort andere, die er im Blick habe. Allmählich beruhigten sich die Leute und gaben die Suche auf.

15. April

Ich bin auf Vortragsreise in der Schweiz. Als ich gestern in Bern unterwegs war, erhielt ich einen Anruf von Anîs: »Jamma, es hat geklappt, du kannst schon mal zu trillern beginnen.« Ich wusste sofort Bescheid und liess mitten auf der Strasse einen lauten Jubeltriller ertönen. »Ein Mädchen aus Birseit?« Er bejahte. »Es ist diejenige, die du mir vor drei Jahren vorgeschlagen hast, Dima, die Tochter der Nachbarn.« Ich trillerte noch einmal. Die Leute, die an mir vorbeigingen, schauten mich erstaunt an, und ich sagte:

»Mein Sohn hat seine Braut gefunden.« – »Wieso, war sie verlorengegangen?«, fragte eine Frau. Ich antwortete: »Nein, aber bei uns ist alles schwer, und wenn etwas klappt, dann freuen wir uns von Herzen.«

30. November

Erster Advent in Bern: Die Glocken läuten, die Sonne strahlt auf den Schnee. Ich bin noch ganz erfüllt von der gestrigen Feier zum neunzigsten Geburtstag von Samuel Maurer, dem Mann meiner verstorbenen Freundin Rosmarie Kurz. Die sechs Kinder mit ihren Familien musizierten so phantastisch, dass ich mich über die Wolken beglückt fühlte – geschenkte Momente der Unbeschwertheit, die ich bewusst wahrnehme und dankbar wirken lasse.

Seit 2003 organisiert OeME, die Fachstelle für Oekumene, Mission und Entwicklungszusammenarbeit der Reformierten Kirchen Bern-Jura-Solothurn, jeweils im Mai und November Seminare für Eltern und palästinensische, arabische und arabisch-schweizerische junge Menschen. Von Anfang an war ich an diesen Seminaren beteiligt, die auf Initiative von Albert Rieger ins Leben gerufen wurden.

Diesmal fasste ich unsere Situation wie folgt zusammen: »Die Fülle von Problemen und Sorgen auf allen Ebenen zermürbt die Menschen und lässt Gefühle der Angst, Depressionen und Verzweiflung aufkommen. Das ist verständlich, aber wir dürfen niemals dabei stehenbleiben. Wir wollen bewusst die positiven Kräfte in unserer Gesellschaft betrachten und sie nie aus den Augen verlieren. Wenn wir sie bündeln und sie uns bewusst vergegenwärtigen, fühlen wir uns gestärkt und sind in der Lage, positiv zu handeln. Ich nenne einige Beispiele: Die Menschen in Palästina sind müde und zunehmend enttäuscht von der politischen Führung. Viele sind entschlossen, ihre Kräfte für den Aufbau einer gesunden Gesellschaft einzusetzen. Unzählige Projekte in Erziehung, Wirtschaft und sozialen Bereichen werden durchgeführt. Im Mittelpunkt stehen Themen wie Transparenz, Aufrichtigkeit, Verlässlichkeit, Übernahme von Verantwortung, Umgang mit Formen der Korruption, die Erstellung eines Verhaltenskodex für Politiker und Beamte sowie die Arbeit in nichtstaatlichen Organisationen und an Schulen und Universitäten. Ich führe Seminare und Workshops mit Jugendlichen in Schulen, mit Studenten und mit Frauen durch: Es geht darum, Frieden in und mit sich selbst zu finden, um dadurch Frieden mit den anderen zu erreichen. Es geht um Selbsterziehung, um sich vor verletzenden Gefühlen zu schützen und den Umgang mit Provokationen, mit Wut, Angst und Ohnmacht zu lernen. Wie suche ich Lösungen, und wie verwalte ich meine Probleme, die keine Lösung zu haben scheinen? Wir bemühen uns um die Stärkung des Vertrauens und den Glauben an das Gute in uns selbst und in den anderen. Wenn ich lerne, gewaltfrei mit mir selbst umzugehen, meine Schuldgefühle anzusprechen und mich davon zu befreien und mir gegenüber Rechenschaft abzulegen, dann empfinde ich Stärke und Zufriedenheit. Ich empfinde innere Ruhe und Frieden. Mit der Zeit bestimmt diese Verhaltensweise meine Persönlichkeit, sie rettet mich und führt zu Freude und Erfolg. Wer das erreicht, wird auch anderen diese Werte und Prinzipien niemals verweigern. Durch Einfühlsamkeit und Mitgefühl werden beim Gegenüber ähnliche Verhaltensweisen geweckt, und das ist die Basis für Verständigung, Versöhnung und Frieden. Sie ist grundlegend für eine gesunde Gesellschaft.«

Wenn meine Schüler dann lächeln und strahlen, dann weiss ich, dass sie verstanden haben und erkennen, dass solche Seminare ihnen persönlich guttun, und dann bin ich glücklich. Sie kommen freiwillig immer wieder, um Neues zu lernen.

28. Dezember

Seit Monaten hat die israelische Armee den Gasastreifen aus der Luft angegriffen, und umgekehrt haben Kämpfer der Hamâs Dörfer und Städte in Israel mit Raketen beschossen. Es war, als hätte man sich an die kriegerische Situation gewöhnt und würde die Zahl der Toten und Verletzten nur noch stumm zur Kenntnis nehmen, weil die Kraft zur Empörung nicht mehr da ist. Israel will den Widerstand der in Gasa regierenden Hamâs brechen und einen im Juni 2006 bei einer Militäroperation festgenommenen israelischen Soldaten befreien. Dass es Hamâs-Kämpfer damals trotz der Zäune um Gasa geschafft hatten, durch einen Tunnel einen israelischen Militärposten zu überfallen und den Soldaten gefangenzunehmen, war für Israel ein schwerer Schlag.

Doch seit gestern wird im Gasastreifen mit einer Wucht Krieg geführt, die uns in Angst und Panik versetzt. Das Fernsehen zeigt die durch israelische Luftangriffe angerichteten Zerstörungen in Wohnquartieren und Schulen, überall. Die Telefonleitungen waren gestern überlastet, jetzt sind sie ganz verstummt. Über Mobiltelefone versuchen wir, Familien, Verwandte und Freunde ausfindig zu machen, besorgt um ihr Wohlergehen. In Birseit kennen sich alle, die aus Gasa stammen, und sind miteinander verbunden, um Informationen auszutauschen. Sie kommen auch zu den Eltern unserer Schwiegertochter Dima, da ja ihr Onkel als Priester in Gasa lebt.

2009

22. Januar

Die Evangelische Frauenarbeit in Wien, die unsere Arbeit unterstützt, hat mich gebeten, eine Erfolgsgeschichte aus unserer Friedensarbeit aufzuschreiben. Also berichtete ich von der jungen Frau im Seminar in Birseit, die uns eines Tages mit einer Schramme im Gesicht aufgefallen war:

»Sie sei gegen einen Ast gestossen, sagte sie. Doch beim nächsten Treffen verrieten blaue Flecken im Gesicht, dass sie geschlagen worden war. Wir Frauen warfen ihr Blicke zu, die Mitgefühl und Verbundenheit zeigen sollten, aber niemand sprach sie darauf an. Wir machten einige Übungen zur Selbststärkung und besprachen Prinzipien von gewaltfreiem Denken, Fühlen, Sprechen und Handeln. Wie gehe ich gewaltfrei mit mir selbst um, wie trage ich Sorge zu mir, wie bestärke ich mich, wie bleibe ich ich selbst und behalte den Kopf oben, trotz oder gerade weil mir so viel Böses zustösst.

Es dauerte Wochen, bis die Frau zu sprechen begann und Hilfe suchte. Angst und Scham hatten sie fast erdrückt. Ihr Mann war seit vier Jahren arbeitslos und fand keine Stelle, weil er keine Identitätskarte hat, obwohl er hier geboren ist, immer hier gelebt hat und Haus und Land besitzt. Militärverordnungen sorgen dafür, dass viele Menschen ihre Identitätskarten verlieren und ihnen das Recht auf Leben im eigenen Land entzogen wird. Er wurde von Wut, Verzweiflung und Ohnmacht beherrscht. Die Frau arbeitete als Sekretärin und sorgte für die Familie mit drei Kindern. Wir waren uns einig, dass das Leben für sie, die Kinder und den Mann sehr schwierig war und sie alle Hilfe brauchten. Auch der Täter ist ein Opfer. Er wird sich selbst zum Feind, weil er weiss, dass er sich und anderen ein Unrecht antut.

Ich suchte Unterstützung. Eine Freundin erklärte sich bereit, die Schulgebühren für eines der Kinder zu übernehmen. Der Pfarrer und ich machten einen Plan, um den Mann zu gewinnen: In einem offiziellen Brief lobte ihn der Pfarrer, weil er seine Frau ermutige, zu den Seminaren zu gehen – dabei hatte er das Gegenteil davon getan. Durch das Lob wollten wir ihn dazu bewegen, Positives zu wagen. Als Belohnung seien dem Kind die Schulgebühren erlassen worden. Der Mann war überrascht, und er begann die Fortbildungsseminare mit anderen Augen zu sehen. Von nun an ermunterte er seine Frau, an die Seminare zu gehen, und kümmerte sich währenddessen um die Kinder. Er wartete gespannt auf die Unterlagen der Seminare, um sie auch zu lesen, und es entwickelten sich gute Gespräche zwischen den beiden. Dann bat ich den Pfarrer, dem Mann für einen symbolischen Lohn eine Aufgabe zu übertragen, damit sein Selbstwertgefühl wieder wachse. Ihm wurde dann eine Aufgabe im Bereich der Familiensozialberatung angeboten, für die er zusammen mit seiner Frau eine Einführung von mindestens zehn Sitzungen zu besuchen hatte. Dort konnte er an sich selbst arbeiten und verstehen lernen, was in ihm vorging und wie er mit seinen Problemen und Gefühlen zurechtkommen könnte. Dieser Prozess ist notwendig, um Menschen zur Selbsthilfe anzuleiten. Er war danach wie neu geboren, dankbar und voller Energie. Er bekam eine richtige Stelle als Berater für Jugendliche und sozial schwierige Familien, und seine Frau mit ihrer Erfahrung begleitet nun andere Frauen.«

26. Januar

Endlich, acht Tage nach Beginn einer Waffenruhe in Gasa, habe ich heute Ghâdas Freundin Wisâm am Telefon erreicht. »Es ist so schlimm gewesen, dass ich kaum glauben kann, dass wir noch leben«, sagte sie. »Ich habe meine beiden Kinder fest an mich gedrückt und ihnen Lieder vorgesungen, um sie zu beruhigen. Ich war sicher, dass wir gemeinsam sterben würden. Viele Häuser sind zerstört worden, es gab viele Tote, auch in unserer Nachbarschaft. Auch jetzt, da es vorbei ist, mag ich nicht nach draussen gehen, ich will nichts wissen. Am meisten leiden wir jetzt unter dem häufigen Ausfall der Elektrizität und dass wir nicht wissen, wann sie funktioniert. Manchmal starte ich mitten in der Nacht die Waschmaschine und hoffe, dass es auch noch für eine zweite Wäsche reicht. Die Lebensmittel sind knapp, wir sind froh, wenn uns nur ein Bruchteil von dem, was wir nötig haben, erreicht. Aber wir danken Gott, dass wir noch leben, es geht uns gut im Vergleich zu anderen.«

9. April

Friedensarbeit und Friedenserziehung beruhen auf der Grundlage von gewaltfreiem Denken, Sprechen, Fühlen und Handeln.

Mit allen Zielgruppen behandeln wir in unseren Seminaren das Thema »Prozessbeschreibung im Umgang mit Verletzungen«. Ausgangspunkt sind folgende Überzeugungen:

- Jeder Mensch wird mit einem wunderbaren Kern geboren. Es liegt an einem selbst, dieses Wunderbare zum Blühen zu bringen.
- Jeder Mensch ist anders, jeder ist einzigartig, und das ist ein Reichtum.
- Körper, Geist und Seele sind aufeinander abgestimmt, ihre Wechselwirkungen legen das Befinden eines Menschen fest. Die Gedanken bestimmen die Taten und die Gefühle. Die Gefühle beeinflussen die psychische Verfassung, prägen die Befindlichkeit der Seele. Wie ich mich fühle, hängt davon ab, wie ich denke.

Bewusste Achtsamkeit, Beobachtung und Hinterfragen der eigenen Gedankengänge erleichtern das Verstehen der eigenen Gefühle. Es öffnet mir die Augen für das, was in mir selbst vor sich geht. Es ermöglicht die Selbstkontrolle und Selbstbeherrschung und bestimmt meine Gedanken, Gefühle und Taten, die wiederum mein Wohlbefinden beeinflussen. Wenn ich die Führung, die Zurechtweisung und Verantwortung für mich selbst übernehme, dann umsorge und schütze ich mich. Dann bin ich froh, zufrieden, und mir geht es gut!

Wie gehe ich mit Verletzungen, Provokationen, Wut und Zorn um?

Jeder kennt Situationen, in denen er sich verletzt fühlt, und dieses Gefühl ist echt und muss respektiert und ernst genommen werden, auch wenn andere die Sache belanglos finden. Ich beschliesse, den Frieden in mir selbst und mit mir selbst zu finden, um den Frieden mit den anderen zu erreichen.

Prozessbeschreibung: Ich fühle mich durch eine Person, eine Sache oder eine Situation verletzt. Ich empfinde

Schmerz, bin irritiert, und es drängt mich nach einer Reaktion, nach Gegenwehr und Schutz. Dies ist mein Recht, und mein Verlangen ist gross, Stellung zu nehmen, mich zu verteidigen. Es gibt verschiedene Wege des Verhaltens:

Eine erste Verhaltensweise: Ich bin höchst erzürnt, ich könnte platzen. Mein Herz schlägt schneller, mein Puls rast, mein Gesicht wird rot, meine Stimme zittert, und womöglich laufen gleich Tränen. Mir ist es sehr peinlich, es schmerzt. Ich raffe mich auf und reagiere sofort, ich provoziere und verletze ebenfalls, indem ich zurückschlage. Gelingt mir dies nicht so, wie ich es wollte, dann ärgere ich mich noch mehr. Egal wie stark ich zurückschlage, meistens bin ich nicht zufrieden, denn ich hätte stärker schlagen sollen. Je mehr ich darüber nachdenke, desto mehr vertieft sich der Schmerz in mir. Ich überlege und plane die nächste Konfrontation. Mich beschäftigt die Sache beim Essen, beim Lernen, Autofahren, Arbeiten, und sie stört meinen Schlaf. Ich bin gereizt, und jeder Hauch, der mich an die Person erinnert, führt zu neuer Anspannung: Ein Wort oder ein Gegenstand, der die Farbe ihres Hemdes hat, kann den Schmerz wecken und die Verbitterung vertiefen. Viel Energie geht verloren, und mein Befinden verschlechtert sich. Ich bin mutlos und verzweifelt. Negative Gedanken nehmen mich gefangen im Kreislauf der Gewalt und der Verletzungen.

Eine zweite Möglichkeit des Verhaltens: Ich fühle mich verletzt und nehme mir vor, die Verletzung als solche abzulehnen. Ich will mir vormachen, es sei mir gleichgültig: Mich kümmert das nicht, ich tue so, als wäre nichts geschehen. Ausweichen, um Streit zu vermeiden, um des Friedens willen. Doch es schmerzt dennoch. Man ärgert sich, macht sich Vorwürfe, weil man sich nicht gewehrt hat, weil man sich als schwach empfindet oder denkt, man werde von den anderen zum Schwächling gestempelt. Die Angst wird wach, ich würde wieder und wiederholt angreifbar sein. Schuldgefühle treten auf, ich werde den Gedanken an die Verletzung nicht los und leide. Die Verletzung verdrängen zu wollen ist also keine Lösung.

Auf dem dritten Weg wagen wir folgende Gedanken- und Gefühlsschritte: Sobald ich merke, dass mich negative Gefühle belasten, beginnt der Prozess. Ich beobachte, was in mir vorgeht, nehme meine Gefühle bewusst wahr und benenne sie, ich zeige mir gegenüber meine Wünsche in diesem Moment, folge meinem Gedankengang und versuche zu verstehen, um mein Verhalten entsprechend zu bestimmen. Dies sind die ersten Schritte zum Umgang mit Angst, Stress, Verletzung, Provokation und um die schweren Gefühle ertragen zu können und sie in eine positive Richtung zu lenken.

Ich lerne, Ruhe zu bewahren, und trete einen Moment aus meinem Rahmen heraus. Ich lerne, mit mir selbst den Dialog zu führen, und nehme mich wahr als eine Freundin, die mich bestens kennt, meine Stärken und Schwächen, die mit mir fühlt und das Gute für mich will und vor der ich nichts verbergen kann.

Ich beschliesse, den positiven Weg zu wagen. Ich besänftige mich, weil ich mich selbst schützen will. Ich lasse das Gute in mir zur Geltung kommen, ich schöpfe Kraft aus dem Schönen, das ich erlebt, und aus dem Guten, das ich erfahren habe. Bei jedem guten Gedanken sage ich mir:

Bravo! Das stärkt und führt mich zu den nächsten Schritten. Ich gehe von der guten Absicht aus und sage mir: Der andere hat es sicher nicht so gemeint, vielleicht ist es ihm einfach herausgerutscht. Ich versetze mich für einen Moment in seine Lage, und mir kommt der Gedanke, dass er vielleicht Probleme hat, Schwieriges bewältigen muss, vielleicht traurig ist, unglücklich. Sobald ich das denke, erkenne ich, wie gross mein Herz ist, wie viel Gutes in mir steckt. Ich lächle und freue mich. Ich fühle Ruhe und Kraft, es klappt: Bravo! Ich gehe in die zweite Phase über: Ich begegne dem anderen mit etwas, womit er nicht gerechnet hat, ich ändere die Spielregeln und sage: Sicher hast du es nicht so gemeint, oder? Die Person wird irritiert durch diese unerwartete Aussage, und das »Oder« lädt ein zu der schnellen Antwort: Nein, ich habe es nicht so gemeint. Der Raum wird geöffnet, um einen Rückzieher zu machen oder ein positives Überdenken zu ermöglichen. Schon ist das wie eine Entschuldigung, und das Problem ist behoben.

Auch wenn die Person darauf besteht, dass sie es wirklich so gemeint hatte, und sie mich in ihrem Gekränktsein am liebsten noch weiter kränken würde, bleibe ich bei meiner Behauptung. Ich will verstehen, dass es nicht so gemeint war, und ich sage: Ich verstehe jetzt deine Reaktion, erkenne deinen Schmerz, und es tut mir sehr leid. Danke, dass du mir deine Gefühle anvertraust. Es liegt ein Missverständnis vor, ich wollte dich niemals ärgern oder verletzen, ich war mir nicht bewusst, was ich angestossen habe. Ich gestehe mir selbst ein: Da bin ich ausgerutscht, ich war wenig achtsam und unsensibel. Und ich sage dem anderen: Wenn wir uns beruhigt haben, sprechen wir darüber, morgen oder später. Sollte er oder sie sagen: Nein, ich will nicht mit dir sprechen, will dich nie wiedersehen, dann bleibt mir nur zu sagen: Ich respektiere deinen Schmerz, verstehe und akzeptiere die Ablehnung. Auf Wiedersehen. Ich sage mir dann: Bravo, denn ich habe den Kreislauf von Gewalt und Gegengewalt erkannt und zu stoppen versucht! Ich stärke mich selbst, indem ich ruhig ein- und ausatme und lächle.

22. April

Seit Monaten fragen wir uns mit Sorge, wie Anîs seine Fortbildung als Neurologe machen könnte. Palästinenser, die im Ausland Medizin studieren, müssen in Palästina ein Trainingsjahr mit anschliessender Zulassungsprüfung absolvieren. So schreibt es das Gesundheitsministerium vor. Anîs hat das hinter sich gebracht und dann drei Jahre als Allgemeinarzt gearbeitet. Jetzt ist die Zeit für die Spezialisierung in Neurologie gekommen. Mit Hilfe von Schweizer Freunden erhält er im Juli eine Stelle in der Schweiz, in der Rheuma- und Rehabilitationsklinik in Leukerbad. Die Schweizer Behörden haben das abgeschlossene Medizinstudium an der Universität Innsbruck und die Prüfung des palästinensischen Gesundheitsministeriums anerkannt. Für die weitere Fortbildung hat sich Anîs bei der neurologischen Schön Klinik in Bad Aibling beworben und einen Arbeitsvertrag erhalten. In Deutschland sind die Ärztekammern für die Zulassung der Assistenzärzte zuständig. Die Bayerische Landesärztekammer erkannte die palästinensischen Prüfungen und Dokumente aber nicht an, da Palästina kein Staat sei und es zwischen Deutschland und Palästina keine bilateralen Beziehungen im medizinischen Bereich gebe. Anîs und wir mit ihm leiden unter der blockierten Situation. Wir sagen uns: Sogar in der medizinischen Weiterbildung zeigt sich die Notwendigkeit eines international anerkannten Staates Palästina. Das ist es, wofür wir kämpfen: Wir wollen einen souveränen Staat, und wir haben ein Recht darauf. 1947 beschlossen die Vereinten Nationen, dass zwei Staaten entstehen sollten, Israel und Palästina. Israel existiert seit mehr als sechzig Jahren, Palästina kämpft immer noch um seine Existenz.

3. Mai

Heute Sonntag bin ich früh zu Mutter gegangen. Sie wartete schon auf mich, denn der Priester würde nach dem Gottesdienst kommen, um ihr das Abendmahl zu reichen. Ich half ihr wie immer beim Waschen und Kämmen und zog ihr das schön bestickte Kleid an. Wir zündeten im Wohnzimmer eine Kerze an und warteten. Bald kam der Priester mit zwei Ministranten, der eine trug das Weihrauchfass, der andere das Kupferkesselchen mit Weihwasser und einem Olivenzweig. Wenn der Priester mit dem Kelch mit Brot und Wein auf der Strasse unterwegs ist, darf er nicht sprechen. Falls jemand grüsst, antworten die Jungen und weisen auf die Mission des Priesters hin. Die Leute, auch Muslime, bleiben einen Moment stehen, neigen voller Ehrfurcht den Kopf und gehen dann weiter.

Singend betrat der Priester das Wohnzimmer, und wir stimmten in den Gesang ein. Dann gab er Mutter und mir das Abendmahl und segnete uns. Mit dem Olivenzweig besprühte er alle Zimmer mit Weihwasser und segnete Familie und Haus.

Mutter fühlte sich danach wie neugeboren und sagte: »Ich möchte zu meiner Schwester Asîsa gehen und meine Cousine Nadia besuchen.« Ich begleitete sie nach dem Mittagessen dorthin. Die Frauen freuten sich sehr, einander zu sehen.

5. Mai
Hâla und ich begleiteten Mutter heute zum Arzt nach Ramallah. Mutter hat zwar eine Krankenversicherung für Behandlungen in der öffentlichen Klinik von Ramallah, aber weil man dort oft stundenlang warten muss und dies für meine schwerkranke Mutter eine Qual wäre, brachten wir sie, trotz der hohen Kosten, in eine Privatklinik. Das Auto mussten wir weit entfernt parken und dann zu Fuss gehen. Hâla und ich hakten uns bei Mutter ein, und hin und wieder mussten wir sie tragen. Wir gingen an den Verkaufsständen am Strassenrand vorbei. Ihre Augen leuchteten; sie wollte alles anfassen. Immer wieder blieben wir stehen. Die Verkäufer eilten herbei, brachten einen Hocker für Mutter, und sie setzte sich lächelnd und fröhlich hin, als wären ihre Schmerzen verschwunden. Sie kaufte Gemüse, Obst, Süssigkeiten und Brot, und am liebsten hätte sie noch viel mehr mitgenommen. Wir sagten immer wieder: »Mutter, wir müssen in die Klinik.« – »Macht euch keine Sorgen«, erwiderte sie dann, »das schaffen wir schon, denn die Sonne scheint noch. Die Klinik ist lange geöffnet.« Wir liessen sie diese Freude geniessen, denn seit Monaten war sie nicht mehr auf den Markt oder einkaufen gegangen. Nach dem Arztbesuch holten wir noch die Medikamente und fuhren heim. Mutter sagte: »Ich danke euch, es war ein schöner

Tag.« Hâla bereitete das Abendessen für Mutter, wir blieben, bis sie gegessen hatte, und brachten sie zu Bett.

10. Juni

In der ersten Juniwoche organisierte Rozana ein Kulturfestival in Birseit. Ziel der Organisation Rozana ist die Belebung, Erhaltung und Entwicklung des Kulturerbes in den Bereichen Architektur, Kunst, Folklore, Handwerk und Landbau. Man möchte damit auch eine Ausweitung des Tourismus in den ländlichen Gebieten Palästinas erreichen, um bessere Arbeits- und Lebensgrundlagen zu schaffen. Die Renovierung des alten Kerns von Birseit ist in Planung, und deren Finanzierung wird von skandinavischen Ländern in Aussicht gestellt. Unter Aufsicht von Riwâk, dem Center for Architectural Conservation, wurde damit begonnen, aus der Altstadt von Birseit ein lebendiges Museum zu machen.

Tausende von Besuchern kamen ans Festival, um verschiedenste Künstler aus den meisten Regionen Palästinas mit Musik, Gesängen, Tänzen und Ausstellungen zu erleben. Damit wurde ein Forum geschaffen, in dem Künstler und auch andere Menschen ihr Können präsentieren dürfen – ein Ort der Begegnung.

20. Juni

Im Seminar mit der Frauengruppe in Birseit befassten wir uns heute mit der Bedeutung, die die Erhaltung und Entwicklung des Kulturerbes in unserer Stadt hat. Alle erzählten begeistert von ihren Erlebnissen und von der Kraft, die sie am Rozana-Kulturfestival spürten. Wir sehen es als unsere Aufgabe, solche Aktivitäten zu unterstützen und daran mitzuarbeiten.

Die Seminare finden in unserem Zentrum statt, das, auf zwei Wohnungen verteilt, in einem Haus mitten in Birseit untergebracht ist. Das Zentrum wird zunehmend zu einem Klub für Mädchen und Frauen. Die Mädchen haben die Räume, Fenster und Türen in bunten Farben streichen lassen, dazu passende Vorhänge besorgt, neue Tischdecken gebracht und alles gemütlich und schön eingerichtet. Die Frauen und Mädchen kommen zu Workshops und Seminaren, aber auch zu Computerkursen, zum Austausch von Gedanken und Gefühlen, für gemeinsame soziale und kulturelle Aktivitäten oder einfach nur für eine Pause in der Alltagsroutine. Der Freitag ist für die Mädchen bestimmt. Sie können an einem Seminar teilnehmen, und sie bleiben im Zentrum, um Schulaufgaben zu machen und den Zugang zu Computer und Internet zu nutzen.

10. August

Es ist viel los in Birseit. Aus dem Ausland sind viele Leute auf Familienbesuch gekommen. Bis in die Nacht hinein sind die Strassen belebt, und überall stehen und sitzen die Menschen beisammen und erzählen. Es gibt viele Hochzeiten, bei denen alle mitfeiern. Die meisten Bewohner von Birseit stammen aus den vier grossen christlichen Sippen und den zwei muslimischen Sippen, die seit Jahrhunderten zusammenleben. Auch wenn zunehmend Menschen aus anderen Gegenden nach Birseit kommen, bestimmen diese Sippen weiterhin das Zusammenleben. Wir sind wie eine grosse Familie, und die meisten kennen einander.

In den letzten Tagen haben wir die Trauben gepflückt, die an den Reben an unserem Haus wuchsen, und vielen Bekannten und Nachbarn etwas von diesen Gaben der Natur gebracht. Wir konnten vierzig Flaschen Wein herstellen und sind dankbar für dieses Geschenk, das sich jährlich erneuert.

25. August
Heute luden wir mehr als dreissig Leute in unseren Weinberg ein. Die meisten von ihnen waren aus dem Ausland ins Dorf nach Hause gekommen. Wir boten Gebäck an, Salate, gegrillte Hähnchen und Hackfleischbällchen. Die Kinder hatten ihren Spass daran, von einer Terrasse zur anderen zu rennen, auf die Olivenbäume zu klettern und sich im Johannisbrotbaum zu verstecken. Bei Essen und Trinken genossen wir das Beisammensein und die guten Gespräche. Die Älteren unter uns begannen Erinnerungen an ihre Kindheit und Jugend aufzufrischen. Man erzählte Anekdoten von Dorfbewohnern, die längst gestorben sind und so lebendig erhalten werden. Wir lachten von Herzen. Mit diesen mündlichen Erzählungen wird die Dorfgeschichte von einer Generation zur nächsten weitergegeben, und die Verbindlichkeit gegenüber der Gemeinschaft in der Stadt und gegenüber der Geschichte bleibt erhalten. Munîr ist an der lokalen Kultur und ihrer Geschichte sehr interessiert, und es macht ihm Freude, die Erzählungen schriftlich zu dokumentieren.

1. September
Das Schuljahr hat begonnen, und die Arbeit an den Schulen und mit den Frauen in Talitha Kumi, Dair Ibsî und

Birseit geht weiter. Genauso wichtig oder gar noch wichtiger als diese Arbeit sind für mich die täglichen Besuche bei Mutter. Sie wartet auf mich. Wenn ich unterwegs bin, telefonieren wir oft, und sie begleitet mich so auf Schritt und Tritt. Wenn ich nach Bethlehem fahre, bestelle ich das Mittagessen für sie im Seniorenklub der katholischen Kirche. Am Abend dann die Stunde der Begegnung: Sie hat eine rührende Art zu erzählen, und ich höre ihr gerne zu. Mir ist bewusst, welches Glück ich habe, von Mutter so viel zu erfahren und zu lernen. Sie erzählt mir abends auch von den Frauen, die sie tagsüber besucht haben und ihr beim Gemüsekauf beim fahrenden Händler auf der Strasse geholfen haben. Sie erzählt begeistert von Sâhirs und Rudainas Kindern; Sâhir und Rudaina sind ja neben mir die einzigen ihrer neun Kinder, die in Palästina leben. Wenn sie merkt, dass sie sich beim Erzählen wiederholt, muss sie lachen und dankt mir für die Geduld. Sie wartet jeden Tag auf Anrufe meiner Geschwister aus dem Ausland, denn sie lebt von der Freude, ihre Stimmen zu hören. Wenn mein Bruder Farhâd in Florida sich lange nicht meldet, nehme ich mit ihm Kontakt auf und bitte ihn, Mutter anzurufen. »Ich habe gewusst, er wird anrufen«, sagt sie dann, »ich weiss, dass alle meine Kinder mich begleiten, Gott sei Dank.« Sie braucht einfach das Gespräch.

15. September

September ist die Zeit der Feigen. Täglich gehen Munîr und ich vor Sonnenaufgang zum Weinberg, pflücken die reifen Früchte und spannen das Netz so weit wie möglich über Äste mit vielen Früchten, damit die Vögel uns nicht zuvorkommen. Manche Feigen sind überreif. Wir sammeln sie, legen sie auf die rote Erde am Fuss einer Steinterrasse, um sie dort von der Sonne langsam trocknen zu lassen. Spätnachmittags gehen wir hin, um sie mit Buschwerk und Jutedecken vor der nächtlichen Feuchte und dem Morgentau zu schützen und so Schimmel vorzubeugen. Erst wenn sie richtig trocken sind, holen wir sie zum Lagern nach Hause. Im Winter geniessen wir die köstlichen Früchte mit Dankbarkeit.

20. September
In diesen Tagen beende ich meinen Auftrag als Mediatorin im Sternberg. Der Sternberg bei Ramallah ist ein Rehabilitationszentrum für geistig und teilweise auch körperlich behinderte Kinder und Jugendliche. Ziel ist es, die Behinderten in den häuslichen Tagesablauf und das Dorfgeschehen zu integrieren. Täglich kommen mehr als fünfzig Kinder und Jugendliche aus den umliegenden Dörfern in die Sonderschule, um an Rehabilitationsprogrammen teilzunehmen oder eine Berufsausbildung zu machen.

Der Sternberg hat sich in den letzten Jahren zu schnell entwickelt. Die Zahl der aufgenommenen Kinder und der einbezogenen Dörfer wuchs unverhältnismässig gegenüber den vorhandenen Kapazitäten und Fähigkeiten und dem Verwaltungssystem. Probleme und Streitigkeiten mit und unter den Angestellten liessen die Situation eskalieren, so dass die Schliessung des Zentrums drohte. Der Vorstand der Herrnhuter Missionshilfe in Bad Boll, der Trägerin des Zentrums, bat mich um meine Hilfe als Mediatorin. Ich übernahm diese Aufgabe im letzten Oktober aus tiefer

Verantwortung, denn ich bin seit meiner Kindheit mit dem Sternberg verbunden. Schon als Talitha-Kumi-Schülerinnen in den 1960er Jahren halfen wir beim Anpflanzen des Waldes, machten regelmässig Ausflüge hierher und sangen für die Leprapatienten. Regelmässig besuchten wir dann die betagte Diakonisse Johanna Larssen, und wir beteten und sangen gemeinsam. Ich empfinde eine besondere Sensibilität und Verantwortung für die Arbeit mit Behinderten.

Als Mediatorin wurde ich für einige Monate eingesetzt, um einen Umstrukturierungsprozess durchzuführen. Viele Einzel- und Gruppengespräche mit Mitarbeitenden und der Leitung zeigten die Vielschichtigkeit der Probleme auf. Der Vermittlungsprozess begann: aussprechen lassen, Gefühle und Empfindungen zeigen dürfen, die Erklärung der Situation seitens jedes Einzelnen zulassen, zuhören, akzeptieren und respektieren. Die tiefen Verletzungen zugeben und ansprechen. Letztendlich ist es uns gelungen, die Umstrukturierung unter Einhaltung der Arbeitsgesetze umzusetzen: neue Verträge und veränderte Arbeitsbedingungen, neue Stellenbeschreibungen, klare Verwaltungskanäle. Das Zentrum blieb offen und verrichtet die Dienste gegenüber den Behinderten weiter. Alle Mitarbeitenden und der Vorstand haben grossartige Arbeit geleistet.

Die Mediation und Vermittlungsarbeit ist Friedensarbeit innerhalb von Institutionen. Die Grundlagen, Prinzipien und Ziele sind vergleichbar mit der Fortbildung und Friedensarbeit in unseren Gruppen in Talitha Kumi, Birseit und Dair Ibsî.

Ab Oktober wird nun ein neues Management die Arbeit mit Verantwortung und Professionalität weiterführen.

5. Oktober

Dem Propst der Evangelischen Gemeinde Deutscher Sprache zu Jerusalem ist es gelungen, mir eine Einreisegenehmigung für die Stadt zu verschaffen. Wir können also mit Seminaren in der deutschen Schmidt-Schule beginnen. Während acht Wochen werde ich jeweils montags ein Seminar mit der neunten und der zehnten Klasse durchführen. Themen: Selbstwertgefühl entwickeln, Schwächen und Stärken erkennen, Umgang mit Krisen und Problemen lernen, Kontrolle über sich selbst behalten, gewaltfreie Kommunikation.

Auf Wunsch gebe ich auch ein Seminar für Lehrerinnen, damit sie diese Arbeit an der Schule weiterführen können – Training for Trainers.

Dieses Jahr habe ich im Rahmen der Gemeindeabende der Propstei in Jerusalem zwei Vorträge gehalten. Deutsche, die im Land wohnen, sowie Touristen, Palästinenser und Israelis waren gekommen. Der Saal war jedes Mal übervoll, ein Zeichen, dass das Gespräch, die Begegnung und der Austausch sehr erwünscht sind. Unsere Aufgabe ist es, dies zu ermöglichen.

9. Oktober

Heute ist in Birseit das Peoples Museum eingeweiht worden, ein Kunstprojekt, initiiert vom dänischen Kulturbüro YNKB und von der Künstlergruppe Parfyme in Zusammenarbeit mit den palästinensischen Künstlern Madschdi Hadîd, Husni Radwân und Hanîn Masri. Die Aufbauphase wurde vom dänischen Center for Kultur og Udvikling (CKU) finanziert.

Die Idee war, ein Museum »von unten« zu schaffen. Es präsentiert eine Sammlung von Alltagsgegenständen, Geschichten und Erinnerungen von Bewohnern Birseits, und es präsentiert sie so, wie die Leute selbst es wollen. Das Museum ist also entstanden aus dem Dialog zwischen den Einwohnern, den Basisorganisationen im Ort, palästinensischen Kunststudenten und Künstlern und der dänischen Künstlergruppe.

Für das Museum wurde ein altes Bauernhaus renoviert und umgestaltet. Die Schönheit der Architektur kommt wunderbar zum Ausdruck, und die Leute spüren ihre Verbundenheit mit dem alten Dorfkern und dem Haus. Mit offiziellen Reden, gefolgt von Musik und Gesang, ist die Eröffnung ein Volksfest geworden.

Für Munîr und mich war es eine besondere Freude, dieses Museum entstehen zu sehen. 1974 hatte Munîr mit einer ähnlichen Idee ein altes Bauernhaus gemietet. Wir hatten mühevoll von allen Bewohnern in Birseit und Umgebung Gegenstände gesammelt, die früher in Gebrauch und nun nicht mehr nützlich waren. Viele Schulkinder und Studierende besuchten das einfache Museum im Bauernhaus, und Munîr stellte die Gegenstände vor und erzählte Geschichten des Dorfes. Weil das Haus in schlechtem Zustand war und einzustürzen drohte, baten wir die Besitzer um die Erlaubnis, das Haus zu renovieren. Aber sie lehnten ab, selbst als die Universität Birseit bereit war, die Miete und die Renovierungskosten dieses ersten Museumsprojekts in den besetzten palästinensischen Gebieten zu übernehmen. 1994 stürzte das alte Bauernhaus bei heftigem Schneefall schliesslich ein. Alle Museumsgegenstände wurden verschüttet, auch die Steinmühle meiner Mutter.

Deshalb freut es uns sehr, dass die Idee eines Museums heute breiten Anklang findet und viele Leute in Birseit und im Land die Entwicklung von Kultur, Geschichte und Identität schätzen und fördern wollen. Immer mehr Kulturprojekte entstehen, aus denen die Menschen Kraft und Perspektive schöpfen. Doch auch wenn sich die Menschen aus erfreulichem Anlass versammeln, wird die Atmosphäre schnell getrübt, wenn die Leute zu erzählen beginnen. Sie haben oft viel Unschönes und Trauriges aus dem Bekanntenkreis und der Familie zu berichten. Angst und Unbehagen breiten sich aus. Ich sage dann oft: »Es stimmt, es passiert viel Schreckliches, aber wir wollen uns heute eine Pause gönnen. Heute wollen wir uns freuen; morgen erzählen wir dann wieder das andere.« Die meisten sind einverstanden.

2010

12. Juli
Heute früh ging ich zum Gemüseladen, der aber kaum Ware hatte. Der Verkäufer sagte: »Die Siedler von Halamisch kommen zur Quelle und verbieten uns, unsere Gärten zu pflegen und zu bewässern. Ich muss jetzt meine Gemüse beim Händler einkaufen, und das Geschäft geht langsam ein.«

Ich fragte bei der Menschenrechtsorganisation al-Hak und bei UN-Organisationen nach und fand die Beschlagnahme der Quellen dokumentiert: Der Zugang zur Quelle Ain al-Kaus in Nabi Sâlih, wenige Kilometer von Birseit entfernt, die immer häufiger von Siedlern aufgesucht worden war, wird jetzt den Dorfbewohnern völlig verwehrt. Sie dürfen kein Wasser mehr holen und können ihre Gemüsegärten nicht mehr bewässern. Wie oft bin ich dort gewesen und habe Gemüse gekauft. Viele Bauern lebten vom Verkauf. Jetzt kommen israelische Jugendliche und Kinder zum Picknicken, Baden und Spielen zur Quelle und vertreiben die Bauern. Bewaffnete Wachmänner und Soldaten schützen die Israelis.

Ich habe mich kundig gemacht, um die Wasserproblematik besser zu verstehen. Seit der Besetzung des Westjordanlandes im Jahr 1967 hat Israel die direkte Kontrolle über die Nutzung und Verteilung des Wassers. Das Kontrollsystem verbietet jeglichen Ausbau im Zusammenhang mit Wasserressourcen und ihrer Infrastruktur. Es begünstigt einseitig die israelische Bevölkerung in Israel und in den Siedlungen auf Kosten der Bedürfnisse und Rechte der Palästinenser.

Im Rahmen der sogenannten Oslo-Verhandlungen in den 1990er Jahren haben Israel und die Palästinenser ein gemeinsames Komitee gegründet, um die Verteilung und den Verbrauch der Wasserressourcen in den besetzten Gebieten zu regulieren. Der vereinbarte Mechanismus gibt Israel ein Vetorecht, mit dem es palästinensische Wasserprojekte verzögern oder verhindern kann. Selbst Vorhaben in Gebieten unter voller oder teilweiser Verwaltung der Palästinenser *(Zonen A und B)* sind davon betroffen. In den Gebieten unter Israels alleiniger Kontrolle *(Zone C)*, die einundsechzig Prozent des Westjordanlandes ausmachen, muss jedes Projekt von der Militärbehörde genehmigt werden. Nach israelischer Interpretation der Vereinbarung gilt die Bewilligungspflicht auch für die Erneuerung bestehender Quellen und Zisternen. Mit diesem Verfahren hat Israel die meisten Wasserprojekte der palästinensischen Autonomiebehörde abgelehnt.

Die Palästinenser haben kein Anrecht auf das Wasser des Jordans, der wichtigsten Oberflächen-Wasserquelle. Das Grundwasser ist die einzige Ressource für Haushalt und landwirtschaftliche Bedürfnisse. Die Grundwasservorkommen sind grenzüberschreitend, und nach internationalem Recht müssten sie von beiden Seiten zu gleichen Teilen genutzt werden. Aber die Israelis verbrauchen sechsundachtzig Prozent des Wassers, und den Palästinensern bleiben nur vierzehn Prozent. In Israel und seinen Siedlungen beträgt der Wasserverbrauch 300 Liter pro Kopf und Tag, bei den Palästinensern sind es bloss 79 Liter – deutlich weniger als die 100 Liter, welche die Weltgesundheitsorganisation (WHO) als Durchschnittswert angibt. Sämtliche Siedlungen sind an das Wassernetz angeschlossen und werden von der israelischen Wasserfirma Mekorot mit Grundwasser aus dem Westjordanland versorgt. Das meiste Wasser verbrauchen sie in der Landwirtschaft für die Kultivierung von Exportprodukten. Subventionen der Regierung verbilligen das Wasser und steigern den Verbrauch.

Auf der anderen Seite leiden etwa 300 000 Palästinenser, die in der *Zone C* leben, unter akutem Wassermangel, weil sie sich nicht ans Wassernetz anschliessen lassen durften. 14 000 Palästinenser, Beduinen und sesshafte Schaf- und Ziegenhirten, die auf rund hundert Weideplätzen in der *Zone C* leben, müssen mit dreissig Litern pro Kopf und Tag auskommen. Diese Gemeinschaften sind auf Wasserlieferungen privater Tankwagen-Unternehmer angewiesen und bezahlen dafür den fünffachen Preis. Genehmigungen zum Bau von Zisternen werden kaum erteilt, ohne Bewilligung errichtete Anlagen zerstört die Besatzungsmacht. Der Wasserpreis ist generell für Palästinenser um ein Vielfaches höher als für Israelis: Für einen Kubikmeter Wasser bezahlt ein Siedler 0,30 Schekel, ein Bewohner Israels 0,80 Schekel und ein Palästinenser im Westjordanland fünf bis sechs Schekel.

30. Juli

Munîr hat ein unerfreuliches Schreiben von der Verwaltung der Universität bekommen: Mit fünfundsechzig Jahren endet der offizielle Arbeitsvertrag, Munîr hat dieses Alter bereits im vergangenen September erreicht. Jetzt, mit Beginn des neuen akademischen Jahres, ist Schluss. Für die sechsunddreissig Arbeitsjahre wird eine Abfindung ausbezahlt. Munîr hat es sehr getroffen, er weinte. Ich tröstete ihn, indem ich sagte, wir würden es schaffen. Unser Sohn Anîs werde uns nach seiner Ausbildung versorgen, und auch Ghâda und Hâla würden uns niemals im Stich lassen. Munîr erwiderte: »Anîs braucht noch vier Jahre. Ich aber fühle mich fit und liebe den Unterricht. Die Abfindung reicht für höchstens zwei Jahre, wenn wir davon leben müssen. Unsere Kinder zu belasten quält mich.« Ich wandte ein: »Du hast dich auch für deine Eltern eingesetzt, und auch ich habe unsere Eltern finanziell unterstützt. Wir geben, und wir dürfen auch annehmen. Wer gibt, bekommt viel Wertvolleres als Geld. Geber und Nehmer gewinnen gegenseitig.« Da lächelte Munîr und sagte: »Jetzt fühle ich mich von deinem Optimismus angesteckt.« Wir umarmten uns. Ich ermutigte ihn, einen Antrag auf Verlängerung des Lehrauftrags zu stellen. Auf dem Weg zu unserem Weinberg brachte Munîr den Antrag ins Verwaltungsbüro der Universität. Auf dem Kasr im Weinberg atmeten wir die frische Luft und erholten uns.

Ein Rentensystem gibt es nicht in Palästina. Nur Angestellte im öffentlichen Dienst bekommen eine Rente. Die Mehrheit der Bevölkerung ist auf die Unterstützung durch die Familie angewiesen, besonders ältere Personen und verwitwete oder alleinstehende Frauen. Finanzielle Abhängigkeit demütigt und verletzt die Würde. Und die Angst ums Überleben ist stets vorhanden. Unsere Ressourcen und unsere Kraft werden vom politischen Konflikt innerhalb Palästinas und mit Israel absorbiert. Frieden ist die Grundlage für eine menschenwürdige Entwicklung. Unser Recht auf ein sicheres und würdiges Leben wird irgendwann verwirklicht werden. Glauben wir daran, so werden wir es schaffen.

7. November

Gestern Samstag machte ich mich nach getaner Seminararbeit in Talitha Kumi in Bait Dschalâ, unweit von Bethlehem, auf den Weg nach Jerusalem zu einem Treffen mit einer Reisegruppe. Schon vor längerer Zeit hatte ich einen Passierschein, ein Permit, dafür beantragt und auch erhalten. Jerusalem liegt nur acht Kilometer von Bethlehem entfernt, aber mitten durch Bethlehem ist eine Mauer gebaut worden, die nur über einen grossen Checkpoint passiert werden darf, der ähnlich funktioniert wie ein Flughafenterminal. Ich kam problemlos durch das erste Drehkreuz, auch durch das zweite. Dann ging ich über die frühere Asphaltstrasse etwa 170 Meter hoch zum dritten Drehkreuz, hinter dem sich die Pass- und Dokumentenkontrolle und der Bodycheck befinden. Alle meine Papiere und die Genehmigung waren in Ordnung. Ich war froh und atmete tief durch. Doch der Körperdetektor piepste, als ich hindurchging. Ich erklärte der kontrollierenden Soldatin, dass ich ein künstliches Kniegelenk hätte und der Detektor darauf reagiere. Ich zog das Hosenbein hoch und zeigte die grosse Narbe. »Bitte vergewissern Sie sich mit dem Detektorstab«, sagte ich, »so wird es auch am Kalândia-Checkpoint, an der Grenze zu Jordanien auf der Jordanbrücke und am Flughafen gemacht.« Mit dieser Erklärung hatte ich bis jetzt die verschiedenen Checkpoints und auch die Kontrollen am Flughafen problemlos passieren können, zumal ich immer auch die Bescheinigung des Albertinen-Krankenhauses in Hamburg vorzeige.

Diesmal war es anders. Die Soldatin sagte: »Dein Knie braucht eine gesonderte Identitätskarte. Und du brauchst eine spezielle Erlaubnis, damit du mit diesem Knie nach Jerusalem gehen darfst. Diese Genehmigung muss bei der Militärbehörde beantragt werden.« – »Aber es ist mein Knie, und in den Papieren steht, dass das Kniegelenk aus Titan hergestellt wurde, deshalb reagiert der Detektor. Wieso brauche ich andere Papiere, wenn meine Identitätskarte in Ordnung und das ausgestellte Permit für den Besuch in Jerusalem einwandfrei ist?« Die Soldatin aber bestand auf ihren Forderungen: »Deine Papiere sind okay, du könntest theoretisch passieren, aber nicht das Knie! Ohne Identitätskarte fürs Knie und den speziellen Passierschein gibt es kein Durchkommen.« Da platzte mir der Kragen: »Bei welchem Militärbüro gibt es Antragsformulare für eine Knie-Identitätskarte? Muss ich Röntgenbilder mitbringen, und brauche ich bei jeder Erneuerung der Karte neue Röntgenbilder?«

Es gab einen kurzen Wortwechsel mit den anderen Soldaten, die zugehört hatten und vor sich hin lachten. Einer von ihnen sagte: »Tut mir leid, aber sie ist der Boss. Sie bestimmt, wir können nichts für dich tun.«

In der Machtgier, im militärischen Denken gibt es keinen Raum für Logik und Menschlichkeit. Mir war sehr elend zumute, denn ich wusste, dass vierzig Menschen in Jerusalem auf mich warteten. In nur zehn Minuten könnte ich dort sein! Wie peinlich, wenn ich nicht rechtzeitig eintreffe. Die Situation war absurd, und ich beschloss, die Entschuldigung des lächelnden Soldaten als Hauch eines Mitgefühls zu verstehen, denn ich wollte mich nicht ärgern. Es hatte keinen Zweck, und ich würde nur darunter leiden. Ich dachte an meine Übungen zum Selbstschutz und zum Umgang mit Wut und Zorn: Jetzt ist es an mir, das, was ich unterrichte, selbst anzuwenden. Ich atmete tief durch, hielt einen Moment inne und sagte in aller Ruhe zur Soldatin: »Ich könnte also durchgehen, ohne mein Knie, stimmt's?« Sie nickte. Dann fragte ich: »Haben Sie einen Abstellplatz für ein Knie? Ich hole es dann auf dem Rückweg wieder ab.« Da lachten alle Soldaten, und ich lachte mit. Mit erhobenem Kopf schaute ich die Soldaten an und sagte mir: Ihr macht nicht uns, sondern euch selbst kaputt. Eure Menschlichkeit verschwindet, meine jedoch wird grösser, gewinnt die Oberhand und rettet mich.

Ich kehrte gelassen um und fuhr auf der Wüstenstrasse von Bethlehem über Bait Sahur und al-Ubaidîja, Abu Dis und Betanien nach Ramallah und Birseit. Nach zweieinhalb Stunden kam ich erschöpft zu Hause an und entschuldigte mich telefonisch bei der Reisegruppe.

Das ist unser Alltag im besetzten Palästina, wo die Bewegungsfreiheit stark eingeschränkt und Planung immer mit dem Risiko des Scheiterns verknüpft ist. Dennoch, die Kraft wird jedem gegeben, der an sie glaubt. Jeder Mensch, der aus den Herausforderungen Kreativität und Überlebenskünste schöpft, erneuert seine Lebensfreude und gewinnt neue Chancen und Erkenntnisse.

2. Dezember

Während meiner Vortrags- und Lesereise in Deutschland und der Schweiz machte ich mir Sorgen um meine Mutter, auch wenn ich wusste, dass Umm Jûssuf täglich bei ihr war und Rudaina sie oft besuchte. Jeden Tag erkundigte ich mich nach ihr, rief immer wieder meine Schwester und meinen Bruder und oft auch die Nachbarin an und bat sie, sich gut um Mutter zu kümmern. »Endlich bist du da«, sagte sie, als ich nach drei Wochen zurück war, »ich habe dich sehr vermisst. Ich kann vieles nicht mehr selber tun, und alle um mich herum haben ihre Arbeit und Verpflichtungen. Wie soll ich zurechtkommen, wenn du nächsten Monat für die zweite Knieoperation wieder nach Deutschland fliegst? Bitte sorg vor für mich.« Ich sagte: »Hab keine Angst, jetzt bin ich einen Monat hier, und wir feiern gemeinsam Weihnachten und Neujahr. Eine Woche vor der Abreise bringe ich dich dann ins Pflegeheim nach Taibe. Du kennst es von Besuchen, dort sind auch sieben Frauen aus Birseit, die dir alle vertraut sind. Es hat dir dort gefallen.« Sie war einverstanden. Ich versprach: »Ich werde dich jeden Tag besuchen, bis ich abreise, und dann werden Rudaina, Sâhir, Munîr, Hâla und alle anderen dich jeden Tag besuchen, bis ich wiederkomme. Dann bringe ich dich wieder heim und sorge für dich.« Sie war erleichtert.

13. Dezember

Rudaina und ich blieben bis nach einundzwanzig Uhr bei Mutter. Wir versorgten sie und brachten sie dann ins Bett. Als wir hinausgingen, fragte sie: »Morgen früh kommt ihr doch wieder?« Ich sagte: »Ja sicher, wir kommen.«

14. Dezember
Um sechs Uhr morgens rief Sâhir an: »Mutter ist hingefallen, komm schnell.« Ich eilte hin. Sie lag auf dem Boden und konnte sich kaum bewegen. Wir bestellten den Krankenwagen, und Rudaina und ich fuhren mit ins Krankenhaus nach Ramallah. Mutter hatte sich das Hüftgelenk und den Oberschenkel gebrochen, sie musste operiert werden. Nach der Operation hatte sie starke Schmerzen. Sie schrie, und Rudaina und ich weinten nur. Wir riefen nach einem Arzt und baten um schmerzstillende Medikamente. Die Krankenschwester kümmerte das nicht. Es tat uns weh, Mutter so leiden zu sehen.

15. Dezember
Rudaina und ich beschlossen, sie noch in der Nacht vom öffentlichen Krankenhaus in ein Privatkrankenhaus zu verlegen, wo es eine bessere Betreuung gab. Bis es so weit war, war es nach Mitternacht. Sie schrie, bis ihr die Stimme versagte, dann wimmerte sie nur noch. Mir und Rudaina brach es fast das Herz.

In der Privatklinik wurde sie gut versorgt, und die Schmerzen wurden gelindert. Sie war dann in der Lage, Segenswünsche auszusprechen, und bat uns, für Zusammenhalt und Liebe unter den Geschwistern besorgt zu sein: »Seid fromm und aufrichtig, behaltet Hoffnung und Glaube.« Wir beteten. Sie sagte dann: »Gott, ich danke Dir für alles, was Du mir geschenkt hast. Mögen Deine Kinder zahlreicher werden und Dir zu Diensten sein. Segne meine Familie und alle Menschen.« Wir merkten, dass sie dabei war, sich zu verabschieden. Ich übermittelte ihr

Grüsse und die Liebe von allen meinen Geschwistern, von allen Verwandten, lobte sie, bedankte mich und segnete sie: »Geh hin in Frieden. Wir begleiten dich, und du wirst immer bei uns bleiben.« Rudaina konnte nicht aufhören zu weinen.

22. Dezember
Am 17. Dezember morgens ist Mutter heimgegangen. Die Trauerglocken läuteten in Birseit, und viele Menschen kamen, um uns beizustehen. Sie wurde noch am selben Tag begraben. Die Grossfamilie bereitete das Trauermahl zu, an dem über zweihundert Leute teilnahmen. Das Haus meiner Mutter war für eine Woche geöffnet, und die Leute kamen vorbei, um zu kondolieren. Auch überall dort, wo meine Geschwister leben, die nicht zu den Trauerfeierlichkeiten nach Hause kommen konnten – in Florida, Kalifornien, Texas und in Amman –, wurden Trauerfeiern und Beileidsbesuche abgehalten.

23. Dezember
Es ist Weihnachtszeit, ich vermisse meine Mutter. Ich schreibe an meine Freunde:

»Abschied. Meine Mutter ist am 17. Dezember heimgegangen. Viele von Euch kennen sie, aus meinen Briefen und meinen Büchern. ›Ihr Herz ist so gross und weit, dass jeder in der Familie eine besondere Nische darin hat‹, habe ich einmal geschrieben. ›Niemals würde sie dulden, dass eine oder einer zu kurz kommt. Und wer im Leben besondere Schwierigkeiten hat, bekommt eine doppelte Portion Liebe, dann werde es ihm bessergehen.‹

Meine Mutter, die schöne, tüchtige, weise und fröhliche Frau mit dem grossen und weiten Herzen, ist fünfundachtzig Jahre alt geworden. Sie zog die eigenen neun Kinder und die sechs Kinder der krank gewordenen Schwägerin auf und pflegte die Schwiegereltern bis ins hohe Alter. Sie bewältigte die Hausarbeit und die Pflege des Weinbergs und der Olivenbäume, sammelte Holz und Gestrüpp, trug mehrmals täglich das Wasser im grossen Tonkrug auf dem Kopf von der Quelle im Tal hinauf zum Haus am Hang. Mutter hat nie lesen und schreiben gelernt, doch sie war es, die uns Kinder zum Lernen und Studieren angespornt hat. Mit ihrem Segen konnte ich meine Ausbildung machen. Meinen Kindern und allen dreiunddreissig Enkelkindern gab sie viel Liebe und Freude.«

2011

20. März
Mit grosser Freude habe ich heute in Stuttgart den AMOS-Preis für Zivilcourage in Kirchen, Religionen und Gesellschaft der Offenen Kirche entgegengenommen, zusammen mit dem Israeli Reuven Moskovitz, der als Friedensaktivist treu und ehrlich seinen Prinzipien und Idealen folgt. Die deutsch-israelische Anwältin Felicia Langer, die für ihre deutlichen Worte heftig angegriffen wird, hielt die Laudatio, der SPD-Politiker Erhard Eppler, der klar und konsequent Dinge beim Namen nannte, hielt die Schlussrede. Besonders berührte mich, so viele Freunde und Bekannte anzutreffen, die von überall her gekommen waren, um mit uns die Freude zu teilen. Eine solche Preisverleihung ist für mich eine Ermutigung, eine Aufforderung zum Weitermachen. In meiner Dankesrede sagte ich, dass ich den Preis »stellvertretend für alle Menschen, die nicht schweigen, für alle, die handeln und sich einsetzen für Menschenrechte, Freiheit und Frieden«, entgegennehme.

Ich schloss mit einer Geschichte: Einmal waren wir zu Hunderten am Checkpoint Surda, und die Soldaten liessen niemanden passieren. Unruhe und Wut wuchsen an. Die Soldaten drängten die Menge zurück, und als ein Soldat einen jungen Mann mit dem Gewehr auf der Brust zurückschubste, knüpfte der Mann sein Hemd auf und sagte: »Erschiess mich, wenn du willst!« Da ging ich schnell hin, stellte mich zwischen die beiden Männer, so dass das Gewehr nun auf meine Brust zielte. Ich öffnete meine Arme weit, dem Soldaten entgegen, und sagte: »Hab keine Angst, ich will dich schützen, du hast ein Gewehr, aber ich schütze dich.« – »Wieso, wer bist du?«, fragte er. Ich sagte: »Ich kenne deine Mutter, sie sorgt sich um dich.« – »Wieso kennst du meine Mutter?« Ich sagte: »Weil ich eine Mutter bin.« Daraufhin senkte sich das Gewehr vor meiner Brust. Der Soldat pfiff seinen Kameraden, sie stiegen schnell in den Jeep und verliessen den Ort.

1. Juni
Das Projekt, für das Hâla arbeitete, ist Ende Mai abgeschlossen worden, und jetzt ist sie arbeitslos. Das ist die problematische Seite befristeter Projektarbeit, wie sie zunehmend von Stiftungen und Organisationen mit ausländischer Finanzierung durchgeführt wird. Tausende junger Leute werden durch die angebotenen höheren Gehälter angelockt. Eine Sekretärin etwa bekommt das Vierfache dessen, was sie an der Universität Birseit verdient, aber ohne Jobgarantie und ohne soziale Absicherung. Durch die deutlich höheren Gehälter öffnet sich die Lohnschere, und die Lebenshaltungskosten steigen, weil die Preise für Bekleidung und Essen der Kaufkraft der Besserverdienenden angepasst werden. Zudem lassen sich viele junge Leute zur Aufnahme eines Bankkredits mit monatlichen Rückzahlungsraten verleiten. Das Angebot ist neu und wird von vielen genutzt, um die Kosten der Hochzeit zu decken oder um eine Wohnung oder ein Auto zu kaufen. Aber wenn die Frist für die Projektarbeit abläuft, können die Raten nicht mehr bezahlt werden. Viele verlieren dann ihre Ersparnisse

oder ihre Wohnung an die Banken oder machen Schulden bei anderen Geldgebern; wieder andere sind gezwungen, Land zu verkaufen, um sich zu retten.

Hâla hat sich entschlossen, wieder in die USA zu gehen. Sie möchte dort zwei Jahre bleiben, damit sie einen amerikanischen Pass bekommen kann. Sie wird Fortbildungskurse besuchen und daneben als Sekretärin arbeiten. Die Trennung ist schwer für uns, und wir hoffen, dass sie später zurückkehrt und nicht im Ausland bleibt wie so viele.

12. Dezember

Beim Freitagsprotest gegen die Beschlagnahme der Quelle von Nabi Sâlih durch Siedler aus Halamisch hat gestern ein israelischer Soldat aus kurzer Distanz eine Tränengasgranate auf den Kopf von Mustafa Tamimi gefeuert. Heute ist er seinen schweren Verletzungen erlegen.

Ain al-Kaus, die Quelle von Nabi Sâlih, ist eine der fünf Quellen, die das Rajatal zu einer blühenden Agrarlandschaft gemacht haben. 1977 beschlagnahmten die Militärbehörden das Areal, auf dem früher eine Polizeistation gestanden hatte, nahmen den Dörfern Nabi Sâlih und Dair Nidhâm Schritt für Schritt mehr Land weg und deklarierten dieses als Staatsland. Man brauche es für militärische Zwecke, lautete die Begründung. Später wurde auf diesem Land die Siedlung Halamisch gegründet. Besonders nach dem Jahr 2000 wuchs sie stark an. Ein Zaun schloss weitere Ländereien mit ein und wurde immer wieder verlegt. Als die Bewohner sich beschwerten, versicherte die Militärbehörde, der Zaun werde entfernt. Er wurde zwar demontiert, aber weiter vorn neu errichtet, so dass noch mehr Land verlorenging. Jeden Freitag versammeln sich die Dorfbewohner und demonstrieren, manchmal unterstützt von israelischen Friedensaktivisten und internationalen Gruppen, gewaltfrei gegen den Quellen- und Landraub.

13. Dezember

Heute sind 135 Jugendliche aus Jerusalem, Tulkarem, Dschenîn, Ramallah und Hebron sowie aus den Flüchtlingslagern Dschalasûn und al-Fara nach Birseit gekommen, um die Eröffnung der palästinensischen Zirkusschule zu feiern und ihre erlernten Kunststücke an einer Parade zu präsentieren.

Die Idee der Zirkusschule geht ins Jahr 2006 zurück. Der palästinensische Künstler Shadi Zmorrod und Jessika Devlieghere, eine belgische Hilfswerkmitarbeiterin, die früher mehrere Sommercamps für palästinensische Kinder im Libanon geleitet hatte, beschlossen, ihre Vision einer Zirkusschule zu verwirklichen. Sie begannen ohne eigene Räume und wanderten mit Koffern und Kartons von Ort zu Ort. Die Schule fing mit wenigen Schülern an, aber nach einigen Auftritten an verschiedenen Orten war das Interesse geweckt. Es kamen viele neue Schüler, und zahlreiche Leute engagierten sich als Volontäre. Nach fünf Jahren hat die Zirkusschule 165 Schülerinnen und Schüler im Alter von neun bis zwanzig Jahren. In einem Dreijahresprogramm werden Zirkuskünstler ausgebildet, die damit eine professionelle Karriere anstreben. Ein altes Haus in Birseit, das von Riwâk, dem Center for Architectural Conservation, renoviert worden war, wurde der Schule vom Besitzer des Gebäudes für fünfzehn Jahre zur Verfügung gestellt.

Die Schüler zogen durch die Strassen und verwandelten Birseit in eine grosse Bühne. Sie trugen gruppenweise die gleichen bunten T-Shirts, gestreifte oder einfarbige bunte Hosen und farbige Masken. Die Jüngsten hatten bemalte Gesichter und trugen flatternde Flügel. Viele schwenkten bunte Stoffbänder und Tücher, manche präsentierten ihre Künste mit grossen bunten Ringen oder langen Stäben, andere hüpften und balancierten auf grossen Bällen, gingen auf hohen Stelzen oder fuhren auf Einrädern. Der vierzehnjährige Achmad aus Hebron war als Clown verkleidet, mit roter Nase und orangefarbenen Flügeln. Manche bildeten Menschenpyramiden, machten Handstände und Überschläge auf der Strasse. Sie strahlten und schienen stolz und glücklich. Einer balancierte die Palästinaflagge auf seinem Kinn. Begleitet von Musik, zogen sie durch das ganze Dorf. Die Menschen traten aus den Häusern, schauten vom Balkon oder Fenster aus zu oder gingen hinter dem Zirkuszug her. Am Ende versammelten sich alle im Hof der Zirkusschule. Da begann das Fest erst richtig, mit Essen und Trinken, Tanz und Gesang. Zum Schluss präsentierten Jugendliche aus dem Flüchtlingslager al-Fara die Dabka, den traditionellen Tanz. Viele Zuschauer tanzten mit.

In der Schule geht es um weit mehr als um das Erlernen von Kunststücken und Akrobatik. Sie trägt zur Entwicklung einer gesunden Persönlichkeit bei. Die Schule glaubt an die Kraft des »sozialen Zirkus«. Sie will das kreative Potential der Palästinenser fördern, damit sie konstruktive Akteure in ihrer Gesellschaft werden. »Wir leben unter brutaler Besatzung«, sagten die Leiter in einem Interview. »Widerstand ist unser Recht und unsere Aufgabe. Aber wir treten für den gewaltlosen Widerstand ein. Daher halten wir uns strikt an ›Boycott, Divestment and Sanctions‹ (BDS), eine Bewegung, die zum Boykott israelischer Produkte und Dienstleistungen aufruft. Das ist ein Druckmittel und Zeichen der Empörung gegen die israelische Politik. Wir wählen die Kunst als Mittel, um soziale Gerechtigkeit zu erreichen. Wir normalisieren die Beziehung zu Israel erst, wenn es Gerechtigkeit gibt. Wir sind Teil der Öffentlichkeit, der Zivilgesellschaft, die die Besatzung beendet haben will. Wir leisten unseren Beitrag auf unsere Art.«

Trotz der eingeschränkten Bewegungsfreiheit hätten bereits mehr als 15 000 Menschen ihre Show gesehen, erzählten die Leiter. Mit Auftritten in Europa wollten sie auf die Situation im besetzten Palästina aufmerksam machen. »Wir wollten den Menschen dort von Angesicht zu Angesicht gegenübertreten und ihnen zeigen, dass wir genauso normale Menschen sind wie sie.«

Mit dem Zirkus werden überschüssige Energien der Jugendlichen, Aggressionen und Frustrationen freigesetzt und in positive Kanäle gelenkt. Das Balancieren auf dem Einrad verlangt Konzentration und Disziplin und trägt zur Balance im täglichen Leben und zur Verbesserung der Schulleistungen bei. Das Jonglieren von Bällen trainiert Koordination und Aufmerksamkeit auch im Alltag. Wenn Kinder die Möglichkeit bekommen, öffentlich aufzutreten, sich mit Bewegung und Kunst auszudrücken, fühlen sie sich freier, sie werden frei. Die Freude beim Tanzen, Singen und Spielen und der Erfolg bei Auftritten schaffen Perspektive und Hoffnung.

2012

10. April

Bei al-Hak in Ramallah bat ich heute um Material zu den Auswirkungen der israelischen Sperrmauer auf die davon betroffenen Menschen und bekam Dokumente über zahlreiche Orte. Ich habe nur wenige ausgewählt, als Beispiele vieler Tragödien:

Kalkîlia, eine palästinensische Stadt mit 42 000 Einwohnern, ist rundum von der Mauer umgeben. Die einzige Zufahrt wird von Soldaten kontrolliert. Mehrere Ortsteile sind durch die Mauer von der übrigen Stadt abgetrennt worden und seither vollkommen isoliert. Ein Beispiel ist das Quartier Ramadîn, das seit 2003 sowohl von Kalkîlia als auch vom umliegenden Westjordanland abgeschnitten ist. Am meisten betroffen von der totalen Isolierung sind die Schulkinder. Auf dem Schulweg müssen sie in beiden Richtungen durch ein bewachtes Eisentor, um auf die andere Seite der Mauer zu gelangen. Kinder ab sechs Jahren müssen manchmal stundenlang warten, bis die Soldaten das »Gate 93« öffnen und sie passieren lassen. Geöffnet ist das Tor – wenn sich die Soldaten daran halten – am Morgen und am Abend für je neunzig Minuten, am Mittag für sechzig Minuten. Die Schulkinder werden wie die Erwachsenen jedes Mal durchsucht und müssen mit bis zu vier Stunden Verspätung auf dem Hin- und Rückweg rechnen, im Sommer sind sie der Hitze, im Winter der Kälte und dem Regen ausgesetzt. Das führt dazu, dass Mädchen, aber auch zunehmend Buben nicht mehr in die Schule gehen wollen.

Asûn Atma liegt zwölf Kilometer südlich von Kalkîlia und hat 2000 Einwohner. Die Mauer zerschneidet den Ort in zwei Teile, so dass elf Familien, insgesamt siebzig Menschen, in der sogenannten »Saumzone« zwischen der israelischen Grenze und der Mauer eingeschlossen sind, vom restlichen Dorf abgetrennt. Nur durch das von Soldaten bewachte, stundenweise geöffnete Eisentor können die Menschen auf die andere Seite gehen. Palästinenser mit der Westjordanland-Identitätskarte, die woanders wohnen, können nur mit einer Militärgenehmigung nach Asûn Atma jenseits der Mauer gelangen. Allerdings werden Genehmigungen selten erteilt.

Ajûb, ein Familienvater, wird zitiert: »Seit 2006 sind wir mit unseren Häusern in einem Gefängnis. Unsere Autos dürfen wir nur ausserhalb des Tores benutzen. Wir lassen sie draussen stehen, schleppen unsere Lebensmittel und alles, was wir zum täglichen Leben benötigen, auf dem Rücken oder mit den Händen, die Frauen auf dem Kopf durch das Tor und weiter zu Fuss in unsere Häuser. Jedes Mal muss ich mich mit den Soldaten auseinandersetzen und sie davon überzeugen, dass das, was ich mit mir führe, nur für den eigenen Bedarf ist. Einmal pro Woche muss ich einen achtzehn Kilogramm schweren Gaszylinder, den wir zum Kochen und im Winter zum Heizen benötigen, auf meinen Schultern durch das Tor und dann mehr als 200 Meter zu meinem Haus schleppen. Die Menge an Lebensmitteln, die wir durch das Tor bringen dürfen, ist beschränkt und nur für den Eigenbedarf bestimmt. Erlaubt sind etwa alle zwei

Wochen fünf Kilogramm Reis, drei Kilogramm Fleisch, wenige Kilogramm Gemüse. Wenn ich einen Zwanzig-Kilogramm-Sack Mehl mitbringe, beschuldigen mich die Soldaten, ich wolle es weiterverkaufen. Aber Mehl ist unser Hauptnahrungsmittel, und meine Frau bäckt täglich Brot, da wir keines kaufen können. Im Ort gibt es keinen Lebensmittelladen.«

Abdalkarîm, ein Bauer, berichtet: »Ich habe ein Stück Land, das ich kultivieren kann. Ich darf aber keine Düngemittel, keine Bewässerungsschläuche oder anderes Gerät kaufen und durch das Tor bringen. Jegliches Material zum Bauen oder Reparieren ist verboten. Es macht die landwirtschaftliche Arbeit unmöglich, von der meine Familie früher leben konnte. Meine drei Söhne und zwei Töchter leben mit ihren Familien jenseits der Mauer. Sie können uns nicht besuchen, meine Söhne können in der Landwirtschaft nicht mitarbeiten. Dabei wäre mir geholfen, und sie hätten eine Beschäftigung. Jetzt sind sie arbeitslos. Nach zehn Uhr abends darf sich niemand mehr dem Eisentor nähern. Wir leben einen Albtraum und in ständiger Angst, jemand von uns könnte in der Nacht krank werden, einen Schlaganfall erleiden und in Lebensgefahr schweben, und wir könnten nicht helfen. Meine Hoffnung schwindet, dass wir das durchhalten. Aber genau das wollen die Israelis: dass wir unser Land verlassen.«

8. Mai

Der vor bald zwei Jahrzehnten gestartete Friedensprozess entpuppt sich als pure Illusion. Zu diesem Befund hat die International Crisis Group, eine auf Krisenprävention spezialisierte Organisation, gestern einen Bericht veröffentlicht. Darin heisst es:

»Glaubt jemand noch an den Nahost-Friedensprozess? Neunzehn Jahre nach Oslo und dreizehn Jahre nachdem eine endgültige Regelung hätte erreicht werden sollen, sind die Aussichten für eine Zwei-Staaten-Lösung so düster wie nie zuvor. Die internationale Gemeinschaft bewegt sich in dieser Sache mit wenig Energie und ebenso wenig Überzeugung. Die direkt betroffenen Parteien, Israelis und Palästinenser, scheinen schon vor geraumer Zeit die Hoffnung verloren zu haben. Die trennenden Gräben sind zu tief, es ist nur schon eine Herausforderung geworden, beide Seiten in demselben Raum zusammenzubringen. (...) Nach fast zwei Jahrzehnten sind alle Beteiligten in einem So-tun-als-ob-Spiel engagiert, als könnte eine Wiederaufnahme der Verhandlungen unter den gegenwärtigen Umständen zum Erfolg führen. Der erste Schritt wäre, anzuerkennen, dass der Prozess sinnlos geworden ist, anzuerkennen, dass der Kaiser keine Kleider hat.«

1993 waren in Oslo Verhandlungen zwischen Israelis und Palästinensern aufgenommen worden. Die Formel hiess damals »Land für Frieden«. Israel würde sich aus den besetzten Gebieten Westjordanland und Gasastreifen zurückziehen, und auf diesen insgesamt noch zweiundzwanzig Prozent des ursprünglichen Landes Palästina würde der Staat Palästina entstehen, Seite an Seite mit Israel, und gemeinsam würden beide den Frieden aufbauen und sichern. Die Verhandlungen waren schwierig, ein Schritt nach vorne, zwei Schritte zurück. Aufgrund des asymmetrischen Kräfteverhältnisses behielt Israel als Besatzungsmacht die Oberhand und diktierte weitgehend das Geschehen. Die Palästinenser konnten entweder akzeptieren und verlieren oder ablehnen und nochmals verlieren. Die Weigerung Israels, jegliche Intervention seitens der UNO oder anderer Länder zuzulassen, das Fehlen klarer Zeitpläne und Mechanismen, um die Umsetzung der unterschriebenen Verträge zu überwachen, anhaltende Gewalt und vor allem der fortgesetzte Bau israelischer Siedlungen entzogen den Verhandlungen nach und nach den Sinn. Israel gewann Zeit, um auf dem besetzten Land vollendete Tatsachen zu schaffen.

Aufgrund der Verträge wurde das Westjordanland 1995 in drei Zonen aufgeteilt. Die *Zone A* (18 Prozent der Fläche) steht voll unter palästinensischer Verwaltung; sie beschränkt sich im Wesentlichen auf die grösseren Städte. In der *Zone B* (21 Prozent) verwaltet die palästinensische Autonomiebehörde die zivilen Belange, die Sicherheit ist in israelischer Hand. *Zone C* (61 Prozent) umfasst das gesamte Gebiet zwischen den Städten und Dörfern und steht komplett unter israelischer Herrschaft. Im Widerspruch zum internationalen Recht sind in dieser Zone auf palästinensischem Land mehr als 150 israelische Siedlungen gebaut worden.

Die Besiedlung des Landes ist ein Kernpunkt der zionistischen Ideologie. Eine Priorität aller Regierungen Israels war und ist die Siedlungspolitik. Planung, Finanzierung und Realisierung ist Sache von Regierung und Parlament. Der Siedlungsbau im besetzten Gebiet beruht auf dem Raub palästinensischen Landes. Mit Militärverordnungen wird der Bruch des Menschen- und Völkerrechts zugedeckt und gerechtfertigt.

Die Siedlungspolitik verfolgt das Ziel, das palästinensische Land in Enklaven zu zerstückeln, was das Leben für Palästinenser zunehmend unerträglich macht. Es gibt zwei Strassennetze, eines nur für Israelis und Ausländer, das andere – schlechtere – für Palästinenser. Durch militärische Sperrgebiete, die Abriegelung oder Zerstörung von Strassen und den Bau von Mauern und Zäunen sind im Westjordanland grössere und kleinere Gefängnisse und Käfige entstanden, die den Lebensraum und die Mobilität der Palästinenser einschneidend einschränken.

Die Situation ist verwirrend, komplex und schwer zu durchschauen, und wir fühlen uns ohnmächtig. Der sogenannte Friedensprozess hat unsere Hoffnungen laufend enttäuscht. Ständig werden Tatsachen zu unseren Ungunsten geschaffen, es ist unglaublich, was geschieht, und alle schauen zu, gleichgültig und mutlos. Anscheinend ist unser Leiden nicht gross genug für eine Intervention von aussen, hier diktieren die Starken ihre Interessen.

20. Mai

Die Renovierung des alten Hauses in Ain Arîk macht grosse Fortschritte. Das ganze Dorf spricht begeistert davon. Ich besuchte den ältesten dort lebenden Verwandten, den achtundachtzigjährigen Onkel Jûssuf, um ihm von der Arbeit zu berichten und seinen Segen zu erhalten. Schon nach wenigen Sätzen unterbrach er mich: »Ich weiss alles, im Kaffeehaus sprechen die Männer von nichts anderem. Ich bin glücklich über alles, was ich höre, heute zum Beispiel, dass du am Haus mit der Ölpresse eine Eisentür hast anbringen lassen. Ich bin stolz und gerührt, ich danke dir.«

Ich fragte ihn nach jener Ölpresse, die der Grossfamilie Mubajid gehörte und bis vor fünfzig Jahren in Betrieb gewesen war. Die grossen runden Presssteine, die damals von Männern und Tieren gedreht wurden, sind noch vorhanden. Das Gebäude mit dem Gewölbe ist eine Pracht, trotz Abnutzungserscheinungen. Die Eisentür liess ich anbringen, um die alten Presssteine vor Diebstahl zu schützen. »Mein Vater hat mir vom Bau der Ölpresse erzählt«, sagte Onkel Jûssuf. »Es herrschte Not, und alle mussten beim Bau helfen. Mein Vater ging mit anderen Jungen in die benachbarten sieben Dörfer, um Weizen zu sammeln. Er trug das Getreide auf dem Rücken nach Hause, wenn der Esel für andere Arbeiten benötigt wurde. Wenn er nur wenig bekommen hatte, sammelte er die Weizenkörner in seiner Schürze und brachte sie den Frauen, damit wenigstens Brot für den Baumeister und die Arbeiter gebacken werden konnte.«

Die Frauen in Ain Arîk beobachten die Renovierungsarbeiten ebenfalls mit Interesse. Sie bringen den Arbeitern Tee und Kaffee und manchmal Brot und Obst und zeigen damit, dass sie sich mit dem Projekt verbunden fühlen und ihren Beitrag leisten möchten, denn im renovierten Gebäude werden später unsere Treffen und Aktivitäten stattfinden. Zum ersten Mal wird in diesem Dorf ein Projekt verwirklicht, das besonders Mädchen und Frauen anspricht.

Um den Hof zu vergrössern, hatten wir uns entschlossen, den alten, knorrigen Feigenbaum zu entfernen. Die Arbeit war mühsam, weil an diesem Ort keine Maschinen eingesetzt werden konnten. Zwölf Männer waren damit beschäftigt, die harten Felsen zu zerkleinern und Erde und Geröll wegzutragen.

Im Dorf hatte sich die Nachricht verbreitet, dass der wunderbare Baum, der köstliche Feigen trug, entfernt werden solle. Ob er in der Ecke des Gartens, wohin wir ihn verpflanzen, noch einmal treiben wird, wissen wir nicht. Die Leute brachen sich junge Zweige ab, um sie in ihre Gärten zu pflanzen. Auch ich nahm sieben Zweige mit und pflanzte sie in Töpfe bei unserem Haus in Birseit, damit sie durch regelmässiges Giessen den ersten Sommer der Neugeburt überstehen. Wir sind zuversichtlich, dass der Feigenbaum auf diese Weise weiterleben wird.

Die Aussenrenovierung des alten Hauses ist beendet. Die hartnäckigen Wurzeln von stachligem Gestrüpp und von Kapern- und Mandelbäumen hatten die Wände und das Dach durchsetzt und mussten mühsam ausgegraben werden. Breite Risse in den Wänden wurden mit Eisenverstrebungen gefestigt, die Ritzen mit Zement gefüllt.

Der Hof ist, von Fels, Geröll und Erde geräumt, mit Steinfliesen ausgelegt worden. Eine Mauer umschliesst ihn und verleiht dem geräumigen Platz Schönheit, Schutz und Geborgenheit. Aus alten, ausgebauten Steinen wurden eine kleine Küche und Toiletten errichtet, auch Wasserleitungen und Elektrizität gibt es nun.

Im Innern des Hauses mussten die Decke des Bogengewölbes und die Wände von verschimmeltem und abbröckelndem Putz befreit werden. Zusammen mit den hellen Fliesen schafft dies eine angenehme Atmosphäre.

Von der Dachterrasse aus überblickt man das ganze Tal, die Hauptstrasse mit der Quelle, die Moschee und die Türme der katholischen Kirche und der sehr alten griechisch-orthodoxen Kirche. Das Läuten der Glocken und die

Gebetsrufe vom Minarett vermischen und ergänzen sich. So vollendet sich das Landschaftsbild mit der friedvollen Gemeinschaft in Ain Arîk.

4. Oktober

Ich fuhr zur Untersuchung in die Augenklinik nach Jerusalem. Als ich danach durch die Stadt ging, sah ich Hunderte von Polizisten und Soldaten. Ich erschrak und erfuhr, dass dieser Aufmarsch der Parade zionistischer Christen galt, die seit dreissig Jahren von der sogenannten Internationalen Christlichen Botschaft organisiert wird. Begleitet und beschützt von israelischem Militär, marschierten Tausende in den bunten Nationaltrachten verschiedenster Länder der Welt durch die Strassen. Sie winkten mit den Fahnen ihrer Herkunftsländer und trugen Spruchbänder und Plakate, die in verschiedenen Sprachen das israelische Militär lobten und segneten: »Gott segne die Israel Defense Forces IDF« oder »Wir lieben IDF«. Die Parade war für mich ein Schlag ins Gesicht. Ich fühlte mich in meiner Identität und meiner Existenz erschüttert und war zutiefst traurig und wütend. Tausende Bilder stürzten auf mich ein, und ich fragte mich, was wohl die Muslime denken, mit denen wir seit Jahrhunderten wie Geschwister zusammenleben. Ich versuchte mich mit dem Gedanken zu beruhigen, dass sie bestimmt wissen, wie wir Christen in Palästina denken und wofür wir stehen, denn wir teilen die Einstellung zu Religion und Politik. Ich konnte es kaum fassen, wie viele Menschen mitmarschierten. Sie sahen so ahnungslos, so unwissend aus. Sie sangen und träumten, als wären sie schon auf dem Weg zum Himmel. Einige von ihnen sprach ich an: »Ich bin auch Christin, und wir wollen Gerechtigkeit und Frieden für alle.« Sie waren erstaunt, zu erfahren, dass es palästinensische Christen gibt.

Wie grenze ich mich von diesen sogenannten Christen ab? Würden sie mir zuhören, wenn ich schreie? Sie treten im Namen der Christen auf und befürworten Besatzung, Vertreibung und Landnahme. Ich fühlte mich wehrlos gegen diese Art Christen, gegen die vielen Soldaten und Polizisten und auch die Menschen auf der Strasse, die mich angreifen könnten, weil sie in jedem Christen einen Fanatiker vermuten mussten. Mir war bewusst, wie leicht es ist, Menschen in Sachen Religion zu beeinflussen. Sie anzugreifen, zu beleidigen, zu beschimpfen oder zu verurteilen ist falsch und würde sie noch mehr verhärten. Sie wissen es nicht anders. Es liegt an uns, dass wir sie gewinnen, damit sie für das Recht und für Menschlichkeit und Gerechtigkeit für Israel und Palästina eintreten.

5. Oktober

Bei der gestrigen Parade haben sich palästinensische Christen in kreativer Form zu Wort gemeldet: Sabîl, ein palästinensisches ökumenisches Zentrum für Befreiungstheologie, hat einheimische und internationale Aktivisten mobilisiert, um den christlichen Zionisten »Geschenke« anzubieten. Sie verteilten Tausende von Flugblättern mit Informationen über die Situation in Palästina, 531 Osterkuchen und 531 Ostereier in den Farben der Palästinafahne. Die Zahl 531 symbolisiert die Anzahl der zerstörten palästinensischen Dörfer als Folge der Nakba, der 1948 erlittenen Vertreibung der Palästinenser im Zuge der Gründung Israels.

Die palästinensischen Christen hoffen, mit dem Geschenk einen Zugang zu den Zionisten zu finden, damit eine kritische und produktive Diskussion über die theologischen Interpretationen entstehen kann. Wir sind überzeugt, dass sie niemals das Unrecht befürworten, wenn sie die Chance bekommen, die Sichtweise der Palästinenser kennenzulernen. Wir gehen vom Guten aus. Nur so können wir sie, die so eng missioniert worden sind, gewinnen. Die Hälfte der Bevölkerung in diesem Land wird erniedrigt, ihr wird Unrecht angetan. Das kann niemals Gottes Wille sein, denn Gott ist gerecht.

Die christlichen Zionisten, so lese ich unter anderem in der Dokumentation von Sabîl, sind eine der mächtigsten politischen Kräfte, die die internationale Politik im Hinblick auf Israel und Palästina beeinflussen. Ihr Selbstverständnis basiert auf der apokalyptischen Theologie, die den modernen Staat Israel als Verwirklichung der biblischen Prophezeiung deutet. Sie befürworten und segnen die israelischen Militäraktionen gegen die Palästinenser und die Expansion der Siedlungen in Palästina als Beweis für den Gottesplan, der die zweite Rückkehr von Jesus beschleunigt.

Viele Juden, Israelis und andere, sind sehr beunruhigt vom Glauben der christlichen Zionisten, der prophezeit, dass in der Endzeit die Juden massenhaft zum Christentum bekehrt oder vernichtet würden.

Obwohl der christliche Zionismus durch seine Missionsaktivitäten grosse Verbreitung hat, bleibt er ausserhalb der Doktrin der traditionellsten christlichen Glaubensgemeinschaften. Allerdings hat seine Randtheologie einen bedeutenden Einfluss im politischen Bereich, da seine Lobbygruppen fähig sind, grosse Spenden zu mobilisieren. Sie beeinflussen Wahlkandidaten, speziell in den USA, indem sie die Ansicht verbreiten, dass die Unterstützung Israels gute Wahlergebnisse sichere, während das Eintreten für die Rechte der Palästinenser wenig politisches Kapital mit sich bringe.

Wir palästinensischen Christen werden durch diese Zionisten vor neue Herausforderungen gestellt. Wir müssen uns als Christen gegen Christen wehren und uns gegen ihre fanatischen Gedanken behaupten. Zudem müssen wir noch mehr daran arbeiten, dass unsere muslimischen Schwestern und Brüder sich nicht beirren lassen und ihr Vertrauen in uns nicht erschüttert wird. Christlicher Fanatismus liefert den Grund für Feindseligkeiten und die Gefährdung der palästinensischen Christen und aller Christen. Mehrere zionistische christliche Organisationen haben Zentren in Jerusalem und bieten Touristen, Pilgern, Forschern und Studierenden Programme und Projekte an. Unter der Vorgabe, sie seien die Christen des Heiligen Landes, bieten sie Einführungen in den christlichen Glauben, in Bibel und Evangelium, zu Geschichte und Politik. Es gibt eine wachsende Zahl von Gruppierungen und Organisationen; sie leben seit Jahren in Jerusalem, und die Erlangung von Wohn- und Arbeitsgenehmigungen ist sehr leicht für sie. Es tut weh, zu sehen, dass sie einfach in Jerusalem leben können, während die Palästinenser, Christen und Muslime, aus Jerusalem vertrieben werden. Wir stellen zudem fest, dass verzweifelte, arme einheimische Christen zunehmend von solchen Zionisten angelockt werden. Durch materielle Hilfe oder psychologische Zuwendung klammern sich die Menschen leicht an spirituelle Rettungsanker, die als Wunder gesehen werden. Sie vertrauen blind, und der Wunsch nach Heilung erleichtert die Flucht vor der Realität. Man akzeptiert das, was ist, als Gottes Wille.

Einmal sagte mir ein Mann nach einem Vortrag in Deutschland: »Empfangen Sie doch das Leiden und die Unterdrückung als gottgegeben, damit der Messias kommen kann. Sie sollten glücklich und dankbar sein, weil Gott Sie und Ihr Volk auserwählt hat, um die Heilung zu verwirklichen. Ohne dieses Leiden vollendet sich die Offenbarung Gottes nicht.« Mir wurde schwer ums Herz, und ich empfand tiefen Schmerz. Ich sagte: »Mein Verständnis vom Christentum ist Befreiung vom Leiden. Niemals würde Gott wollen, dass die einen auf Kosten oder anstatt der anderen wachsen und leben.«

21. Oktober

Mit mehr als zweijähriger Verspätung haben im Westjordanland gestern Kommunalwahlen stattgefunden. In Gasa verweigerte die dort regierende Hamâs den Urnengang, und in Jerusalem untersagt Israel den Palästinensern die Abhaltung von Wahlen. Gewählt wurden Stadt-, Regional- und Dorfräte in 350 Wahlkreisen. Im Stadtrat von Birseit sichern die Wahlregeln den Christen sechs und den Muslimen fünf Sitze zu; ein Sitz ist für Flüchtlinge von 1948 und zwei Sitze sind für Frauen reserviert. Gestern sind in Birseit zum ersten Mal vier Frauen in den Stadtrat gewählt worden. Das ist ein Erfolg, der bestimmt auf die Bildungsarbeit, die Frauen in Palästina erfahren, zurückzuführen ist.

In Orten, wo sich die Politiker nicht auf Wahllisten oder Kandidaten einigen konnten, fielen die Wahlen aus. In Städten und Dörfern, die historisch mehrheitlich christlich waren, muss der Bürgermeister oder Dorfratsvorsitzende ein Christ sein, selbst wenn die Christen heute in der Minderheit sind. Diese Verordnung hatte der frühere Präsident Jâssir Arafât erlassen, um den Christen entgegenzukommen und ihnen Respekt zu zollen. Die komplizierte Regelung ist notwendig, solange das Verständnis von Demokratie noch nicht genügend entwickelt ist. Denn es ist immer noch so, dass die meisten Wähler statt der bestqualifizierten Kandidaten eher diejenigen wählen, die ihrer Familie, Sippe oder Partei angehören. Die Hamâs boykottierte die Wahl, doch kandidierten zahlreiche Unabhängige.

Ain Arîk gilt als ein ursprünglich christliches Dorf. Da Muslime heute die Mehrheit bilden, kamen die Verantwortlichen der Wahlliste der Fatah auf die Idee, einen Muslim zum Bürgermeister wählen zu lassen. Daraufhin untersagte Präsident Machmûd Abbâs die Wahl. Der alte Dorfrat blieb in seiner bisherigen Zusammensetzung im Amt. Man hielt an der Regelung fest, um Streit zu vermeiden und die demokratischen Rechte der christlichen Minderheit zu schützen.

Die Parlaments- und Präsidentschaftswahlen sind seit langem überfällig. Präsident Abbâs ist seit Januar 2009 ohne Mandat der Wähler, die Legislaturperiode des Parlaments lief im Januar 2010 ab. Wir warten auf eine Einigung zwischen Hamâs und Fatah über ein neues Wahlgesetz und die Verteilung der Sitze. Der Weg zur Demokratie ist noch lang und braucht viel Zeit.

24. Oktober

Bei der Nachuntersuchung in der Augenklinik in Jerusalem war alles in Ordnung. Für den Nachmittag hatte ich mich mit meiner israelischen Freundin Hanna verabredet. Wir trafen uns im Paulus-Haus der Schmidt-Schule beim Damaskustor. Dessen Leiterin, Schwester Heidrun, war erfreut über unser Treffen und brachte uns Kaffee, Kuchen und Wasser. Wir hatten uns viel zu erzählen. Hanna war sehr traurig, als ich ihr berichtete, dass Munîr keine Genehmigung bekommen hatte, mich zur Operation zu begleiten. Sie kennt ihn seit vielen Jahren; sie hatten sich am Telefon oft über unser gemeinsames Interesse an Botanik und an traditioneller Kultur unterhalten. Gesehen haben sie sich noch nie. Sie konnte nicht begreifen, dass man jemandem bei einer Operation eine Begleitperson verweigern konnte, und sagte: »Sumaya, beim nächsten Mal ruf mich an, ich bin jederzeit bereit, dich zu begleiten. Ich kann gut für dich sorgen im Krankenhaus.« – »Hanna, langsam, langsam«, sagte ich, »überleg dir, was du sagst. Du freust dich, mir Hilfe zu leisten, als wäre das das Normalste der Welt. Aber wir leben nicht normal. Du darfst mich nicht in ein arabisches Krankenhaus begleiten. Hast du das vergessen?« – »Mein Gott«, sagte sie, »das habe ich völlig verdrängt. Dabei war es ein so schönes Gefühl, dir meine Hilfe anzubieten.« Wir umarmten uns voller Rührung. Sie begleitete mich zur Busstation und ging allein Richtung West-Jerusalem.

24. November

Wieder einmal hat sich der Konflikt zwischen Israel und der Hamâs im Gasastreifen zum Krieg ausgeweitet. Eigentlich herrschte seit dem Ende des letzten Krieges im Januar 2009 eine Waffenruhe. Doch radikale Gruppen in Gasa, die von Hamâs-Sicherheitskräften nur schwer zu kontrollieren sind, feuerten immer wieder Raketen nach Israel. Dort wurde im Vorfeld der Wahlen der Ruf nach Härte und Vergeltung lauter, und das Sicherheitskabinett der Regierung beschloss, gegen die Hamâs militärisch vorzugehen. Ausgelöst wurde der Krieg am 14. November durch einen Mord: Der oberste Befehlshaber der Hamâs-Sicherheitskräfte, Achmad Dschabari, wurde durch eine Bombe getötet, die ein israelischer Militärhelikopter auf sein Haus warf. Die Hamâs reagierte mit heftigem Raketenbeschuss. Zum ersten Mal erreichten Raketen Tel Aviv, und eine wurde sogar auf Jerusalem gefeuert; fünf Israelis wurden bei den Angriffen getötet. Das löste in Israel und der Welt Alarm aus, die USA und Europa intervenierten sofort, um die Eskalation zu stoppen und Israel zu schützen. Dass es in Gasa durch israelischen Beschuss über hundert Tote gab, schien weniger ins Gewicht zu fallen. So wurde ein Einmarsch israelischer Bodentruppen in Gasa verhindert und nach sieben Tagen Krieg eine Waffenruhe erreicht. Mehr als 1500 Raketen waren nach Israel gefeuert worden, und die israelische Armee erklärte, sie habe mit der Luftwaffe 1500 Ziele angegriffen.

Beide Seiten fühlen sich als Sieger. Eigentlich gewinnt niemand, wenn Krieg ist. Beide verlieren, mit dem Unterschied, dass die eine Seite mehr verliert als die andere. Israel musste endlich mit Hamâs verhandeln, wenn auch über Ägypten, Europa und die USA, und erhielt amerikanische Zusicherungen für weitere finanzielle und militärische Unterstützung. Die Hamâs erreichte eine Lockerung der israelischen Blockade des Gasastreifens und erhielt finanzielle Hilfe von arabischen Ländern. Ägypten unter Präsident Muhammad Mursi spielte bei der Vermittlung der Waffenruhe eine zentrale Rolle und verpflichtete sich, für die Sicherheit der Grenze zu Gasa zu sorgen und den Waffenschmuggel durch Tunnels zu verhindern. Es hat sich gezeigt: Wenn die Mächtigen wollen, können sie einen Krieg verhindern oder stoppen. Aber warum müssen erst viele Menschen getötet werden, bis eine Intervention für nötig gehalten wird?

29. November
Heute vor fünfundsechzig Jahren verabschiedete die UNO die Resolution 181, die mit einem Teilungsplan die Schaffung zweier Staaten vorsah, eines jüdischen und eines arabischen. Auf diesem Beschluss beruht die Gründung des Staates Israel. Heute hat die UNO-Generalversammlung Palästina auf dem Boden der 1967 besetzten Gebiete anerkannt – als Staat mit Beobachterstatus bei der UNO. Bereits am 15. November 1988 hatte das palästinensische Exilparlament in Algier die Gründung des Staates Palästina in den besetzten Gebieten verkündet. Damit hatte die Palästinensische Befreiungsorganisation PLO als Vertreterin der Palästinenser zum ersten Mal Israel in den Grenzen von 1967 formal akzeptiert. Daraufhin erkannten etwa hundert Länder den Staat Palästina an. Doch erst heute, nachdem 138 der 193 UNO-Mitgliedstaaten dem Beobachterstatus zugestimmt haben, existiert der Staat Palästina auf palästinensischem Boden. Nur neun Staaten stimmten dagegen, unter ihnen Israel und die USA. Einundvierzig enthielten

sich, unter ihnen Deutschland. Zu den Befürwortern zählten auch die Schweiz und Österreich.

Mit grossem Jubel und überwältigender Freude haben die Palästinenser das Ereignis bis tief in die Nacht gefeiert. Es ist ein historischer Schritt und ein psychologischer Gewinn, der Hoffnungen weckt, auch wenn sich an der Realität der israelischen Besatzungspolitik wenig ändern dürfte. Ein Ende der Besatzung, Fragen der Grenzziehung, der Status Jerusalems, das Los der Flüchtlinge – die Voraussetzungen zur Schaffung eines dauerhaften Friedens müssen alle noch ausgehandelt werden.

2013

4. April
In einer Woche wird in Birseit auf dem Campus der Universität der Grundstein für das Palästinensische Museum gelegt. Das Vorhaben löste bei den Menschen in Palästina Erstaunen und Freude aus. Wie lange schon sehnen wir uns danach, erfreuliche Ereignisse zu erleben, die nicht nur symbolischer Natur sind, sondern konkrete Bausteine für den Staat Palästina. Und gerade jetzt, in dieser fast hoffnungslosen Situation, passiert es, und Wunderbares beginnt zu werden.

Das Museum wird auf einer Fläche von 40 000 Quadratmetern gebaut. Es ist ein einzigartiges kulturelles Projekt, entwickelt von der Welfare Association, einer 1983 gegründeten palästinensischen gemeinnützigen Organisation. Sie fördert dauerhafte Entwicklung, engagiert sich für die Erhaltung des Erbes und der Identität der Palästinenser, für kulturelles Leben und den Aufbau der Zivilgesellschaft. Das Museum soll zur massgebenden Quelle für neues Denken über palästinensische Geschichte, Kultur und Gesellschaft werden. Die Eröffnung ist für den Herbst 2014 vorgesehen.

Inspiriert von den kaskadenförmigen Terrassen der Landschaft sind Architektur und Konstruktion des Museums entworfen worden. Die Steinmauern der Terrassen sind über Jahrhunderte von Bauern errichtet worden, um die hügelige Landschaft abzustufen und Landwirtschaft zu ermöglichen. Eine Reihe thematischer Gärten, auf Terrassenstufen angelegt, wird das Museum flankieren. Die Gärten werden »Schaukästen« für Bäume, Blumen und Kräuter sein, die in der Region und in Palästina heimisch sind.

Mit einer innovativen Mischung von Ausstellungen, Forschungs- und Bildungsprogrammen sowie kulturellen Anlässen soll das Museum ein Forum bilden, wo jeder und jede an Diskussionen über Vergangenheit, Gegenwart und Zukunft der Palästinenser teilnehmen kann. Von diesem Zentrum in Birseit aus werden alle Palästinenser über lokale und internationale Partner wie auch über digitale Plattformen erreicht, wo immer sie leben, um Gemeinsamkeiten zu festigen und aus der Vielfalt der unterschiedlichen Erfahrungen der Palästinenser zu lernen.

23. April

Die Freude ist gross: Gestern wurde Siba, mein fünftes Enkelkind und Ghâdas viertes Kind, geboren. Ghâda und Siba geht es gut, und wir sind alle froh und dankbar für das wunderbare neue Leben.

Sieben Wochen lang lebe ich mit meinen Töchtern Ghâda und Hâla in den USA unter einem Dach, und das ist etwas Besonderes. Wir erzählen und singen viel, wir lachen von Herzen und erinnern uns an unsere Kindheit, an das Leben in der Familie und im Dorf, wir tauschen Erlebnisse und Erfahrungen aus. Wir besprechen ernste Themen der Politik, der Familie und der Frauen, der Gesellschaft, der Erziehung und der Zukunft. Wir begegnen uns als drei Frauen auf Augenhöhe. Ich geniesse es, mich aus meiner Alltagsroutine ausgeklinkt zu haben. Ich bin hier Mutter und Oma, Haushälterin und Kindergärtnerin. Ich erzähle Geschichten, Märchen, singe Kinder- und Schlaflieder, immer wieder neue. So viele Lieder aus meiner Jugend- und Schulzeit kommen mir wieder in den Sinn. Selbst Ghâda und Hâla wundern sich und sagen, dieses und jenes Lied hätte ich ihnen nicht vorgesungen, als sie klein waren. Auch ich bin erstaunt und frage mich, wieso Lieder, die ich als Kind zuletzt im Internat sang, plötzlich wieder da sind. Ich glaube, es ist die Dankbarkeit, die Freude am Leben und die Entschlossenheit, alles Schöne meinen Enkelkindern weiterzugeben. Sie sollen Gesundheit, Freude und Sicherheit haben und in Frieden leben. Bedrückt bin ich, weil ich diese Zeit des Friedens nicht mehr erleben werde, und es ist fraglich, ob meine Kinder sie kennen werden. Ich will mich aber an die Hoffnung klammern, dass meine Enkelkinder den Frieden feiern werden.

Hoffnung macht kreativ, und der Mut, an die eigene Kraft zu glauben, macht vieles möglich.

Ernest Goldberger (1931–2009), in Basel geboren und aufgewachsen. Studium in Genf und Basel. Doktorierte 1955 in Sozialwissenschaften bei Edgar Salin mit einer Dissertation über die Grundprobleme der Gesellschaft, Wirtschaft und Wirtschaftspolitik Israels. 1957 Gründung eines Beratungsunternehmens für die Exportwirtschaft. 1973 Gründung und Leitung des Verbandes Kooperationsgemeinschaft Swissexport. Organisation schweizerischer Industrieausstellungen, u.a. in Singapur, Hongkong und Japan. Verfasser verschiedener Fachbücher. Mitwirkung an staatlichen und privaten Forschungsprojekten. 1991 Auswanderung nach Israel. 2004 erschien sein Buch *Die Seele Israels. Ein Volk zwischen Traum, Wirklichkeit und Hoffnung* im Verlag Neue Zürcher Zeitung.

Ernest Goldberger

Israels Verantwortung

Ein verwurzeltes Volk

Sumaya Farhat-Naser vertraut ihrem Tagebuch ihre Erlebnisse, Begegnungen, Beobachtungen und Gedanken an. Sie lebt in einer grausamen Realität, der sie aber in bewegender Weise kleine Freuden des Alltags abzutrotzen vermag. Die ständigen zermürbenden Erfahrungen können ihren festen Glauben an die universalen Werte wahrer Menschlichkeit nicht untergraben. Daraus zieht sie die seelische Kraft, die Grundsätze ihrer Lebenshaltung ihren Schülern zu vermitteln und die Täter auch als Opfer wahrzunehmen. »Wir und sie sind Opfer und Täter.« So schützt sie die kleine Flamme der Hoffnung vor den tobenden Winden von Hass, Gewalt und Gegengewalt. Sie beschreibt auch Auswüchse in der eigenen Gesellschaft wie die Ehrenmorde, die Tötung von der Kollaboration verdächtigten Personen ohne Schuldbeweise, kriminelle Taten unter dem Deckmantel des nationalen Kampfes oder die Unterdrückung der Frauen als Folge patriarchalischer Strukturen. Die grosse Überzeugungskraft und die Glaubhaftigkeit ihrer Ausführungen werden dadurch noch mehr gesteigert.

(...) Die Vorfahren Sumaya Farhat-Nasers liessen sich vor fünfhundert Jahren in Birseit nieder, einer Ortschaft nördlich von Ramallah, die vor ihren Toren die bekannteste Universität Palästinas beherbergt. Sie wurde 1924 gegründet. Ein Jahr danach wurde der Grundstein zur ersten Hebräischen Universität in Jerusalem gelegt, was kaum eine zufällige Zeitabfolge sein dürfte. Bis heute leben die Autorin und viele ihrer Angehörigen in Birseit in Verbundenheit mit ihrem von einer landwirtschaftlichen Kultur geprägten Heimatland. Dessen Wahrzeichen sind die unzähligen immergrünen und wild verzweigten Olivenbäume.

Diese gewachsene und bestandene Zivilisation in den im Alten Testament erwähnten Gebieten Judäa und Samaria ist für gewisse zionistische Kreise eine derart störende Tatsache, dass sie mit Mitteln des historischen Betruges geleugnet wird. 1984 erschien in New York ein Buch mit dem Titel *From Time Immemorial: The Origins of the Arab-Jewish Conflict over Palestine.* Darin behauptete die Autorin Joan Peters, Palästina sei vor der zionistischen Besiedlung praktisch leer gewesen. Erst nachdem die Juden das Brachland fruchtbar gemacht hätten, seien die Araber aus den benachbarten Gebieten eingeströmt, um von der Pionierarbeit der Zionisten zu profitieren. Das Buch wurde zum Bestseller, da es von bekannten jüdischen Persönlichkeiten, darunter auch Intellektuelle, freudig begrüsst und gelobt wurde. Inzwischen ist das Machwerk als eine Sammlung gezielter Fälschungen entlarvt worden, nicht zuletzt durch schlüssige Untersuchungen namhafter israelischer Historiker wie Yehoshua Porath von der Universität Jerusalem. Trotzdem berufen sich weiterhin auch hochgestellte Personen des öffentlichen Lebens auf die gefälschten Daten, wie beispielsweise Benjamin Netanjahu.

Eine solche Ignoranz und die Verdrängung des Bestandes des palästinensischen Volkes und seiner Kultur haben eine lange Geschichte. Schon Theodor Herzl, der als Gründer des politischen Zionismus angesehen wird, prägte die

Phrase »Ein Land ohne Volk für ein Volk ohne Land«, obwohl er wusste, dass zu seiner Zeit in der Provinz Palästina des damaligen Osmanischen Reiches mindestens eine halbe Million Araber lebten gegenüber höchstens 50 000 Juden. Allerdings ist ihm zugutezuhalten, dass er sich nach einem Besuch in Palästina in seinem Zukunftsroman *Altneuland* aus dem Jahre 1902 korrigierte. In den in diesem Buch umschriebenen Visionen geht er davon aus, dass die eingesessenen Landesbewohner Palästinas die jüdischen Einwanderer freudig empfangen würden, weil ja der Aufbau des Landes auch ihnen zugutekäme. Diese Hoffnung und Prognose wären vielleicht nicht so abwegig gewesen, hätten die Einwanderer und ihre Nachkommen in ihrer Mehrheit jene humanistischen Wertvorstellungen mitgebracht und gelebt, die Herzl ihnen in seinem Buch zuschreibt. Die Wirklichkeit schlug aber einen anderen Weg ein. Herzls Vorstellungen wurden einem diffusen Nationalismus und, wie weiter unten dargelegt, der Fiktion eines »Staates mit jüdischem Charakter« geopfert.

Auch Golda Meir, Israels Ministerpräsidentin von 1969 bis 1974, erklärte immer wieder öffentlich, es gebe kein palästinensisches Volk. Von einer solchen böswilligen Leugnung führt eine direkte Linie zu den heutigen Apologeten eines »Transfers« der palästinensischen Araber und der Unterdrückung der Bevölkerung im Westjordanland als Mittel einer Vertreibungspolitik.

Palästinensischer Nationalismus

Die Araber in der palästinensischen Provinz des Osmanischen Reiches nahmen sich nicht so wie heute als Volk wahr, sondern als Glieder einer osmanisch-sunnitischen Gemeinschaft. Es war jedoch abzusehen, dass der von einem Teil der Zionisten mitgebrachte nationalistische Geist auf sie übergreifen würde. Der Zionismus und das ständig angeführte Schlagwort vom »Staat mit jüdischem Charakter« sind die befruchtenden Quellen des heutigen palästinensischen Volks- und Zivilisationsbewusstseins, mit dem die ansässige Bevölkerung ihre Forderung nach Selbstbestimmung begründet. Doch bis heute tut sich Israel schwer mit dem ethischen Grundsatz, wonach man nicht für sich eine Identität fordern kann, ohne sie auch anderen zuzugestehen. Diese Ausblendung des Reziprozitätsprinzips führt beispielsweise dazu, dass Israel als Vorbedingung für Verhandlungen mit den Palästinensern ohne entsprechende Gegenleistung die verbale Anerkennung seines Existenzrechtes fordert. Der Schrei nach für die Realitäten wenig bedeutsamen Lippenbekenntnissen zeugt von innerer Unsicherheit. Sumaya Farhat-Naser meint treffend dazu: »Nicht mit Gewalt und Erpressung sollte die Anerkennung erzwungen werden, sondern durch Einsicht und auf der Basis gleichberechtigter Partner.«

Israel und Palästina

Doch dokumentiert die Autorin in ihren Tagebüchern mit erschütternder Authentizität, wie sich Israelis und Palästinenser weiter bekriegen und sich fast hoffnungslos ineinander verkrallt haben. Beide Völker wollen auf dem gleichen Flecken Erde leben. Die Juden begründen ihre Besitzforderungen mit historischen und religiösen Rechten, die Palästinenser mit ihrer Ansässigkeit seit mindestens dreizehn

Jahrhunderten. Die Israelis untermauern ihre Ansprüche, wenn auch oft nicht ausdrücklich, mit dem Holocaust, in dem sechs Millionen Juden ermordet wurden. Jad Vaschem in Jerusalem, die Stätte des Gedenkens an diese unfassbare Katastrophe, wird als unantastbare Bestätigung von Israels Existenzrecht benutzt, weshalb jeder ausländische Besucher in offizieller Mission dorthin geführt wird. Die Palästinenser weisen demgegenüber darauf hin, dass sich die Hölle des Holocaust auf europäischem Boden befand, sie damit nichts zu schaffen hätten und deswegen auch nicht bestraft werden dürften. Die Juden hätten die Lehren aus ihrer Leiderfahrung vergessen und seien selbst zu Tätern geworden. Die Israelis wiederum beanspruchen das Monopol der Opferrolle weiter für sich und versuchen durch akribische Schuldzuweisungen zu verhindern, dass die Palästinenser in sie hineinschlüpfen. Beide Seiten begehen schwere Menschenrechtsverletzungen, die sie als Selbstverteidigung rechtfertigen. Den Israelis und den Palästinensern ist ein ähnlich strukturierter Solipsismus eigen, der von der ausschliesslichen Richtigkeit der eigenen Sichten ausgeht und deshalb, wie Sumaya Farhat-Naser in einem Vortrag in Augsburg treffend ausführte, mit der »Kunst des Friedenschliessens« unvereinbar ist. Er müsste einer Empathie weichen, die »das Unsichtbare beleuchtet und die Augen und Herzen beider öffnet«.

Solange diese Botschaft nicht verstanden und internalisiert wird, geht der kriegerische Konflikt mit brutaler Heftigkeit weiter und fordert jeden Tag neue Opfer. Letztlich geht es, wie in den unzähligen Kämpfen in den Jahrhunderten der bekannten Menschheitsgeschichte, in erster Linie um Territorium, aber auch um Demographie, Ethnizität, Sozioökonomie, Wasser und zunehmend um Religion und Kultur. Durch seine globale Ausstrahlung ist der Konflikt zusätzlich in ein Gestrüpp schwer berechenbarer Einflüsse verstrickt. Die sogenannten Heiligen Stätten der drei Weltreligionen in den umstrittenen Gebieten, die emotionale Anteilnahme der arabischen und islamischen Welt an einem fremdbestimmten Brudervolk und das Interesse der Weltmacht USA an Israel als Vorposten in einem geopolitisch wichtigen und sensiblen Teil der Welt erschweren eine Beilegung.

Die Auseinandersetzung zwischen Israel und den Palästinensern ist durch eine schroffe Asymmetrie der physischen Macht gekennzeichnet, die Israel zu einer Unterdrückungspolitik verführt hat. Sumaya Farhat-Naser erlebt und beobachtet deren Auswirkungen in ihrem Alltag. Doch was sie davon in ihren Büchern hinausschreit, sind nur Tupfen eines erschreckenden Gesamtbildes. Gemäss einem Bericht der Vereinten Nationen vom März 2007 gibt es im Westjordanland 546 feste und mobile Kontrollpunkte und Sperren, fast die doppelte Zahl, zu der sich Israel in einem Vertrag vom November 2006 verpflichtet hatte. Die Weltbank stellte etwa zur gleichen Zeit fest, dass die geltenden Bestimmungen den Palästinensern den Zugang zu 50 Prozent des Westjordanlandes versperren. 41 Prozent des Strassennetzes, das sind insgesamt 700 Kilometer, dürfen nur von Israelis benutzt werden. Mit zusätzlichen administrativen Massnahmen bestehen so willkürliche Beschränkungen und ständige Ungewissheiten für den Zugang zu Arbeitsplätzen, Schulen, Einkaufsmöglichkeiten, Spitälern und anderen Gesundheitsdiensten, Feldern usw. Die Folgen dieser Strangulierungen auf die Wirtschaft hat Louis Michel, der EU-Kommissar für humanitäre Hilfe, in der französischen Tageszeitung *Le Monde* eingehend analysiert. 60 Prozent der Bevölkerung leben unter der Armutsgrenze, das heisst, sie haben pro Tag weniger als zwei Euro zur Verfügung. Die Armut hat innerhalb eines Jahres um 30 Prozent zugenommen. Mehr als ein Drittel der Bevölkerung leidet an Hunger, die Hälfte aller Kinder an Anämie. Ein Viertel der Bevölkerung hat keinen Zugang zu Wasser. Die Menschenrechtsorganisation Amnesty International stellte in ihrem Ende Mai 2007 veröffentlichten Bericht fest, dass im Jahre 2006 650 Palästinenser durch die israelische Armee getötet wurden, darunter zahlreiche Kinder. Demgegenüber wurden in der gleichen Zeit 21 Israelis durch Terrorakte von Palästinensern getötet.

Die internationalen Organisationen recherchieren bestimmbare Fakten und befassen sich nicht mit den verheerenden psychischen Auswirkungen der täglichen Verletzungen von elementaren Menschenrechten, der Würde des Einzelnen und der Gesellschaft. Israel schafft einen Nährboden für Hass und Aggression, deren Manifestationen es dann mit noch mehr Härte entgegentritt. Sumaya Farhat-Naser stellt mit Sorge fest, wie »die Realität uns unserer Menschlichkeit beraubt und unsere Seelen zerstört« und der »Verlust an Halt und Würde die Jugend verstümmelt«. Die Wut aus Ohnmachtsgefühlen richtet sich auch gegen die eigenen Leute in Form von kriminellen Taten. Israel zerbricht die palästinensische Gesellschaft auch von innen.

Die Besatzung

Die Folgen einer Besatzung und Besiedlung der palästinensischen Gebiete waren unschwer abzusehen. So warnten der Chef des Geheimdienstes Mossad und die Spitzen des militärischen Geheimdienstes kurz nach dem Ende des Sechstagekrieges vom Juni 1967 vor einem solchen Schritt, weil dieser zu polizeistaatlichen Repressionen und Rassismus führen werde. Am 22. September 1967 schrieb die Tageszeitung *Haaretz:* »Fremdherrschaft bringt Widerstand, Widerstand bringt Unterdrückung, Unterdrückung bringt Terror und Gegenterror. Die Besatzung wird uns zu einer Nation von Mördern und Mordopfern machen.« Der berühmte Naturwissenschaftler Professor Jeschajahu Leibowitz, ein orthodoxer Jude, warnte unermüdlich vor den Konsequenzen einer Besatzung, die er klarsichtig voraussah: Israel werde so ein Geheimpolizeistaat mit der für alle kolonialistischen Regimes bezeichnenden Korruption und das Militär eine Besatzungsarmee; Erziehung, Freiheitsrechte und demokratische Werte würden einen Niedergang erfahren. Sogar David Ben-Gurion, der sonst expansionsfreudige erste Ministerpräsident, erhob aus dem Kibbuz Sde Boker in der Negev-Wüste seine Stimme gegen die Besatzung. Die Politiker hörten nicht auf diese Warnungen und annektierten zudem den Ostteil von Jerusalem und weite Gebiete darum herum. Es waren ohne viel Nachdenken gefasste, emotional motivierte Entscheidungen.

Israel hat die wirtschaftliche Entwicklung der besetzten Gebiete nicht gefördert, sondern diese vornehmlich als Quelle für billige Arbeitskräfte genutzt. Es ist deshalb nicht erstaunlich, dass das Pro-Kopf-Einkommen in Israel zwanzigmal höher ist als in den palästinensischen Gebieten. Dieses krasse Ungleichgewicht zwischen zwei eng beieinanderlebenden Völkern ist eine soziale Zeitbombe. In Israel wird dies kaum wahrgenommen.

Die Besiedlung

Bis heute haben sich in den besetzten Gebieten etwa 250 000 Juden in 121 Siedlungen niedergelassen, nicht eingerechnet die 200 000 Personen in Gebieten um Jerusalem, die nach dem Sechstagekrieg im Juni 1967 annektiert wurden. Ihre Ortschaften blühen und wachsen. Es fehlt ihnen an nichts. Auch Wasser und Elektrizität sind unbeschränkt vorhanden. Der Staat Israel finanziert grosszügig die Infrastruktur und baut Strassen, die Palästinensern verboten sind. Ein Drittel des Landes, auf dem die Siedlungen stehen, stammt gemäss dem erwähnten Bericht der Weltbank aus konfisziertem palästinensischem Privatbesitz. Nicht alle Siedler sind aus ideologischen Gründen in die besetzten Gebiete gezogen. Viele greifen vielmehr mit beiden Händen nach den Steuerprivilegien und anderen verlockenden Vorteilen, die der Staat Israel ihnen bezüglich Wohnkosten, Erziehung usw. offeriert. Ihretwegen schliessen sie die Augen vor dem schreienden Unrecht in ihrer unmittelbaren Umgebung und werden zu Mitläufern eines Verstosses gegen die auch von Israel feierlich unterzeichnete 4. Genfer Konvention von 1949, die eine Besiedlung besetzter Gebiete völkerrechtlich verbietet.

Die eigentlichen Herrscher des Westjordanlandes sind jedoch die zahlenmässig schnell wachsenden Gruppen der militanten Siedler. Sie definieren sich als Kämpfer mit dem göttlichen Auftrag, die biblische Verheissung des Landes an die Juden als Vorbedingung der messianischen Zeit zu verwirklichen. In den ansässigen Arabern sehen sie nur die in der Thora erwähnten ewigen Feinde Israels. Diese sind daher Ziel eines krankhaften archaischen Hasses, der schon den Kindern eingepflanzt wird. Die Palästinenser werden nicht als Menschen mit ihren Rechten, Gefühlen und Leiden wahrgenommen und sind daher ständig der ungebändigten kriminellen Energie der militanten Siedler ausgesetzt. Man fällt ihre Olivenbäume, zerstört ihre Ernten, vandalisiert ihre Habe und vertreibt sie aus ihren Häusern. Regelmässig werden sie auch von den Siedlern tätlich angegriffen. Sogar palästinensische Gräber sind schon geschändet worden. Die israelische Armee hat die Aufgabe, diese Siedler zu schützen, was ihre Untaten erst richtig ermöglicht. Trotzdem werden Soldaten immer wieder als Nazis beschimpft und bespuckt, wenn diese, was selten vorkommt, ihre Übergriffe einzudämmen versuchen. Das Westjordanland ist weitgehend ein gesetzloser Raum, in dem Apartheid und Rassismus grassieren und das Recht des Stärkeren gilt.

Die Sinnlosigkeit der Schuldfrage

Sumaya Farhat-Naser vermittelt ihre Beobachtungen und Erlebnisse ohne richtende Worte. Dies verstärkt die Betroffenheit des Lesers, weil er dadurch zum eigenen Urteil aufgerufen und verpflichtet wird, denn, wie sie mahnt, »Schweigen gegenüber dem Unrecht versperrt die Wahrnehmung der eigenen Verantwortung«.

Umso quälender sind die sich aufdrängenden Fragen: Wie konnte ein ganzes Volk auf seinem eigenen angestammten

Boden in eine derart würdelose Unterdrückung geraten? Welche Kräfte halten sie in ihrer Rechtlosigkeit gefangen und verschlechtern ihre Lage weiter? Welches fundamentale Umdenken muss stattfinden und in konstruktive Taten umgesetzt werden, damit die Wellen nicht mit zerstörerischer Wucht über dem ganzen Gebiet zusammenschlagen?

Die Not der Bevölkerung im Westjordanland durch die israelische Militärherrschaft ist nicht bestreitbar, doch wird sie von den Wortführern der israelischen Machthaber als Folge einer Selbstverteidigung hingestellt. Die Checkpoints, die teilweise acht Meter hohe Trennmauer tief im Innern des Landes zum Zwecke der Zerstückelung des Landes, die Verbote der Benutzung von Strassen, die Einschränkung der Bewegungsfreiheit, die täglichen Todesopfer und Verhaftungen, die Institution der administrativen Einkerkerung ohne Gerichtsurteile und das weitere Arsenal von Willkür seien unerlässliche Sicherheitsmassnahmen zum Schutze des Staates Israel und seiner Einwohner vor dem palästinensischen Terror. Ein Teil der israelischen Bevölkerung, der insbesondere in nationalistischen und religiösen Kreisen zu finden ist, hat sich diese Begründung zu eigen gemacht: Die Palästinenser wollen uns vernichten, ins Meer werfen und die von Hitler begonnene Arbeit an der »Endlösung der Judenfrage« vollenden. Sie werden sich niemals mit einem eigenen Staat im Westjordanland und in Gasa zufriedengeben, sondern ihre Hand auch nach Haifa, Be'er Scheva und Jaffa ausstrecken. Wir führen einen gerechten Überlebenskampf, dem manchmal bedauerlicherweise auch Unschuldige zum Opfer fallen. Dies ist in einem Krieg nicht zu vermeiden. Vor allem in den letzten Jahren wird zudem unaufhörlich betont, auf der anderen Seite sei kein Gesprächspartner mit der notwendigen Autorität und Friedensbereitschaft auszumachen.

Eine lange Liste historischer Ereignisse soll diese Sicht stützen: das Massaker an jüdischen Einwohnern in Hebron im Jahre 1929, der blutige Aufstand der Araber insbesondere in den Jahren 1935 bis 1939, die offenen Sympathien palästinensischer Führer für Hitler vor und während des Zweiten Weltkrieges, die Opposition gegen den Teilungsplan der UNO vom November 1947, der Angriff der angeblich herbeigerufenen Armeen der »Bruderländer« auf den im Mai 1948 ausgerufenen Staat Israel, das dreifache Nein zu einer Konfliktbeilegung aus Khartum nach dem Sechstagekrieg im Juni 1967, die Terrorüberfälle auf die Zivilbevölkerung oder die blutrünstige Rhetorik arabischer Führer.

Doch diese und viele andere zur Rechtfertigung vorgebrachten Begebenheiten sind tief verwoben mit der Geschichte des Zionismus, des Nahen Ostens und ihren weltpolitischen Überlagerungen. Sie sind Teilchen einer verworrenen Schicksalskette von Wirkungen und Gegenwirkungen. Wer das Licht nur auf ein einzelnes Geschehnis richtet und das übrige Geflecht im Dunkeln lässt, will den Realitäten nicht ins Auge schauen, trägt zur Verhärtung der Fronten bei und leistet der Irreführung Vorschub. Sumaya Farhat-Naser drückt dies so aus: »Es wäre falsch, danach zu fragen, wer begonnen hat und wer jetzt die Eskalation bewirkt, denn es ist ein Kreislauf.«

Doch nicht allein deswegen ist jeder Versuch sinnlos, ja geradezu kontraproduktiv, den Weg zu einer Konfliktlösung in irgendwelcher Weise mit Schuldzuweisungen zu verbinden. Der Begriff der Schuld ist emotional und vor allem auch religiös so hochgradig aufgeladen, dass nur schon seine Erwähnung die Motivation und Bereitschaft zu einer realitätsnahen Sicht trübt und unkontrollierte Abwehrreflexe auslöst. Das Konzept der Schuld ist massgeblich eine Erfindung der alten Hebräer und der Preis, den sie für ihren Monotheismus bezahlen mussten. Wenn es nur eine einzige externe Autorität gibt, so repräsentiert dieser Weltgott die universale Ethik und das nicht hinterfragbare Gesetz. Im 2. Buch Mose des Alten Testaments wird beschrieben, wie Moses vom Berg Sinai hinuntersteigt und den Israeliten die Tafeln mit Gottes Geboten verkündet. Das Volk antwortete mit »na'aseh wenishma« (Exodus 24,3), was mit »wir werden es tun und werden hören« übersetzt werden kann. Aus dieser Verpflichtung zum absoluten Gehorsam gegenüber dem alleinigen Allvater wurde die Vorstellung der Schuld als Verstoss gegen das göttliche Gebot geboren. Das Christentum und der Islam übernahmen später diese Doktrin. Dem Sündigen drohen quälende Schuldgefühle und Strafen, vor allem auch im Jenseits. Die Urchristen, anfänglich eine sozialrevolutionäre Bewegung unterprivilegierter und verarmter Juden im römisch beherrschten Palästina, öffneten dann mit der Idee der Übernahme der Schuld eines jedes Einzelnen durch den Opfertod von Jesus einen Weg zur Befreiung aus diesen Nöten. Diese Erlösungsvorstellung war ein wichtiger Grund für den Siegeszug des Christentums durch die Welt. Ein weiterer bestand in der Abschwächung des uneingeschränkten Monotheismus. Dem oft strengen, zürnenden und strafenden Gott der Juden, den es durch Gehorsam zu besänftigen gilt, stellte man ausgleichend einen zum Gottessohn erhobenen Menschen zur Seite, der Liebe, Gerechtigkeit und Gnade predigte und verkörpert. Mit der Aufnahme seiner Mutter in das Glaubenskonzept wurde zudem die patriarchalische Härte des Religionsbildes aufgeweicht und die natürliche Sehnsucht des Menschen nach einer wärmenden und schützenden Frauenfigur befriedigt.

Das orthodoxe Judentum rückt hingegen nicht von den überlieferten Schuldvorstellungen ab. So begründen Rabbiner in Israel immer wieder Terrorüberfälle, Naturkatastrophen oder schwere Unfälle jeder Art mit vielen Todesopfern als von Gott gewollte Strafen für sündiges Verhalten und Ungehorsam gegenüber seinen Geboten. Rabbi Menachem Schneerson, der 1994 verstorbene Führer der Chabad-Sekte – er soll nach der Überzeugung ihrer zahlreichen Anhänger in aller Welt bald wieder als Messias auferstehen –, hatte einmal verkündet, der Holocaust sei eine von Gott gewollte Strafe zur Reinigung des Judentums von Sünde. Rabbi Ovadia Josef, das geistige Oberhaupt der sephardischen Orthodoxie in Israel, hat in einer über Satelliten übertragenen Rede ähnliches Gedankengut verbreitet. Der frühere sephardische Oberrabbiner Israels, Mordechai Elijahu, deutete einmal den Holocaust als Strafe Gottes wegen des Aufkommens der jüdischen Reformbewegung in Deutschland, womit er Hitler und den in Israel hingerichteten Adolf Eichmann zu Vollstreckern eines göttlichen Willens erhob. Es kann deshalb nicht erstaunen, dass Schuldabwehrreflexe zu den auffallenden Verhaltensmustern in der israelischen Gesellschaft gehören.

Verantwortlichkeit besteht auch ohne Schuld

Als am 9. Juni 2006 eine ganze Familie am Meeresstrand von Gasa durch einen israelischen Luftangriff getötet wurde, schrieb Sumaya Farhat-Naser in ihr Tagebuch: »Israel äussert Bedauern, nie jedoch kommt eine Entschuldigung, denn das würde bedeuten, dass sie die Verantwortung übernehmen. Aus diesem Grund entschuldigt sich Israel niemals. Das steigert bei vielen Palästinensern Wut und Zorn, was in Hass und weitere Gewalt umschlägt.«

Diese Verknüpfung von Schuld mit Verantwortung blockiert elementare Einsichten, die zur Beilegung des Nahostkonfliktes unerlässlich wären. Die Verantwortlichkeit besteht ja unabhängig von Schuld. Sie humanisiert den einen Menschen auszeichnenden freien Willen und lenkt diesen in sozialverträgliche Bahnen. Das Verantwortungsgefühl gehört immanent zum Menschsein und prägt auch die Kulturhöhe eines jeden Kollektivs. Der aus Berlin stammende Rabbi Shlomo Carlebach (1925–1994), der mit seiner Familie vor den Nazis in die USA flüchten musste und dort als Komponist und Sänger von religiösem Folkrock berühmt wurde, erklärte einmal, dass die Sünde von Adam und Eva nicht im verbotenen Verzehr der Frucht der Erkenntnis von Gut und Böse bestand, sondern in der Schuldzuweisung und Abwälzung der Verantwortung. Tatsächlich gilt der Ungehorsam der biblischen Urahnen im Judentum nicht als »Erbsünde« wie im Christentum.

Die Verantwortlichkeit ist eine nicht an eine Religion gebundene Haltung zum Leben und zur gesellschaftlichen Existenz. Sie orientiert sich an den produktiven, universalen humanistischen Wertvorstellungen, wie sie sich aufgrund der Erfahrungen in einem langen Zivilisations- und Kulturprozess herausgebildet haben. Zu ihnen gehören beispielsweise Prinzipien der Menschenrechte und Gerechtigkeit, oder die Einschätzung des menschlichen Lebens als höchstes Gut. Der Sozialphilosoph Max Weber prägte dafür den Begriff der *Verantwortungsethik.*

Das offizielle Israel stellt sich nach aussen unermüdlich als einen den fortschrittlichen Werten der westlichen Zivilisation zugewandten Staat dar, als die »einzige Demokratie im Nahen Osten«. Schon deshalb, aber vor allem auch angesichts der bedrohlichen Situation im Nahen Osten darf und muss die Substanz seiner Verantwortungsethik Gegenstand einer Klärung sein. Dies steht übrigens ganz im Sinne der meisten zionistischen Vordenker, deren Namen zahlreiche Strassenschilder in Israel schmücken. Diesen Pionieren ging es nicht nur um die Errichtung einer von der Welt anerkannten, sicheren Heimstätte für die Juden als Mittel zur Überwindung des sonst unbesiegbaren Antisemitismus, sondern mindestens ebenso um die Schaffung eines neuen jüdischen Menschenbildes und die Errichtung einer gerechten Gesellschaft. Der Zionismus war nie nur ein Kind des europäischen Nationalismus, sondern wurde massgeblich geprägt von den Ideen der Aufklärung, den universalen Werten in der jüdischen Religion und den schmerzlichen Lehren aus der langen Leiderfahrung des jüdischen Volkes.

Das Prinzip der Verantwortlichkeit ohne schuldhaftes Verhalten ist übrigens auch in der Rechtswissenschaft als »Kausalhaftung« bekannt. Entsprechend sollte man in der Ethik den Begriff der *Kausalverantwortlichkeit* einführen.

Die Verantwortung gegenüber den Palästinensern

Israel besitzt aufgrund seiner militärischen Potenz die volle Hegemonie über das Westjordanland und hält den Gasastreifen in Belagerung. Es herrscht deshalb über fast vier Millionen Palästinenser, von denen die meisten nichts anderes wünschen, als in ihrer angestammten Heimat in Frieden ein menschenwürdiges Leben zu führen. Dies ist ihnen versagt. Dafür trägt Israel eine von der Schuldfrage losgelöste Verantwortung. Die dramatische Erkenntnis daraus wird in Israel wenig in ihrer ganzen Tragweite wahrgenommen: Wenn das zionistische Experiment, aus welchen Gründen auch immer, das palästinensische Volk derart ins Leid gestürzt hat, fehlt ihm die moralische und historische Verankerung und bleibt es deshalb den rauen Winden unwägbarer Entwicklungen ausgesetzt, die eine solch untragbare Situation auslöst.

Die Verantwortung gegenüber seinen eigenen Bürgern

Mit der visionslosen Ausblendung dieser Einsicht und der Unterlassung einer aktiven und ehrlichen Friedensstrategie verletzt die israelische Regierung auch ihre Grundverantwortung gegenüber den eigenen Bürgern. Jenseits der greifbar nahen Grünen Linie behandeln junge Männer in Uniform wehrlose Zivilisten als minderwertige Wesen oder schiessen auf Kinder, die sich ihrer Ansicht nach irgendwie verdächtig machen, und kehren am Abend unbehelligt zu ihren Familien in Israel zurück, wo dies als Verbrechen gilt. Eine ambivalente und in sich gespaltene Moral ist jedoch nur so gut wie ihre dunkelste Seite. Die kolonialistische Unterdrückung korrumpiert und schlägt hart auf die israelische Gesellschaft zurück. Dies manifestiert sich auf mannigfache Weise. Eine unfreundliche, oft sogar aggressive Grundstimmung belastet die zwischenmenschlichen Beziehungen. Gewaltbereitschaft, Kriminalität und Korruption bis in die allerhöchsten Ränge steigen erschreckend an. Die Behandlung des Schwächeren, ein untrüglicher Gradmesser der Zivilisationshöhe, degeneriert, was sich beispielsweise darin äussert, dass in keinem Land der westlichen Welt, unter Berücksichtigung aller relevanten Parameter, so viele Fussgänger von rücksichtslosen Automobilisten getötet oder verletzt werden wie in Israel. Der Geist der Solidarität und andere ideologische und moralische Werte, welche die zionistische Bewegung anfänglich ausgezeichnet hatten, sind einem Klima des Eigennutzes gewichen. Die Kluft zwischen Arm und Reich ist in keinem Industriestaat so ausgeprägt, vielleicht ausgenommen in den USA. Im Schatten einer kleinen Minderheit von Privilegierten, die ihren Reichtum gern zur Schau stellen, breitet sich immer mehr Armut aus. Ein Drittel aller israelischen Kinder lebt unter der Armutsgrenze. Dies ist aber auch eine Folge einer massiven Fehlleitung der wirtschaftlichen Ressourcen. Die Besatzung, die Besiedlung, der Bau von Strassen für die Siedler und der sogenannten Trennmauer, um nur einige Beispiele aufzuführen, verschlingen gewaltige Mittel, die deshalb für Sozialdienste, Erziehung, das Gesundheitssystem oder dringend notwendige Infrastrukturaufgaben fehlen. Allein die Trennmauer hat bisher den enormen Betrag von 3,5 Milliarden Dollar verschlungen. In einer solchen Atmosphäre verkümmert auch das Verständnis für die Notwendigkeit des Umweltschutzes.

Besatzung und Besiedlung des Westjordanlandes haben einen Prozess der Fragmentierung der Gesellschaft in Gruppierungen ausgelöst, die sich feindselig und dialogunfähig gegenüberstehen und durch kein Band gemeinsamer Werte zusammengehalten werden. Das Thema einer Rückgabe der besetzten Gebiete als Mittel der Konfliktlösung ist emotional, nationalistisch und religiös derart aufgeladen, dass bürgerkriegsähnliche Zustände drohen, wie sie sich bereits mehrfach abzuzeichnen begonnen haben. Auch die Ermordung des den Frieden suchenden Ministerpräsidenten Rabin war eine Folge der inneren sozialen Verfeindung. Diese geht mit der zunehmenden Neigung einher, die eigene Ideologie mit Gewalt durchzusetzen.

Die Politiker betonen zwar ihre Verantwortung für die Sicherheit der Bevölkerung, mit der sie jedoch Massnahmen rationalisieren, die hintergründig andere Ziele verfolgen und voraussehbar den gegenteiligen Effekt bewirken. Das Joch der Besatzung schafft in nächster Nähe ein explosives Glutbecken von Wut und Hass, dessen Ausbrüche von keiner Mauer und keinem Checkpoint aufzuhalten sind. Zudem werden Motivation und Schlagkraft der Armee geschwächt, wenn sie als kolonialistische Polizeitruppe gegen eine Zivilbevölkerung eingesetzt wird. Dies ist im zweiten Libanonkrieg im Sommer 2006 derart deutlich geworden, dass das kriegsverhindernde Abschreckungspotential des israelischen Militärs in Mitleidenschaft gezogen worden ist. Vor allem aber wird Israel heute als Besatzungsmacht angesehen, was seine moralische Geltung in der Weltöffentlichkeit schwer kompromittiert. Das noch vor vierzig Jahren hohe Ansehen des Landes in der westlichen Welt ist förmlich zusammengebrochen. Die Lesart Israels, wonach es selbst Opfer der arabischen Aggression sei und sich nur verteidige, wird mit jedem unschuldig getöteten Palästinenser unglaubwürdiger. Das Image eines Landes ist aber von grosser Bedeutung für seine Sicherheit, weil die Hemmschwelle für einen Angriff auf seine Integrität viel höher ist, wenn es mit der Unterstützung der zivilisierten Staaten rechnen kann.

Die Machthaber verletzen ihre Verantwortung gegenüber dem eigenen Volk aber vor allem auch mit der Verdrängung der Schicksalsfragen, wie Israel einen ewigen Krieg mit den Arabern überleben kann und ob die militärische Überlegenheit und die lebenswichtige Unterstützung der Weltmacht USA für alle Zeiten gegeben sind. Die Vergänglichkeit einer jeden physischen Machtkonstellation durchzieht ja die Geschichte der Menschheit wie ein ehernes Gesetz. »Warum lernen wir nicht aus der Geschichte?«, schreibt die Autorin.

Im Lichte dieser Überlegungen handelte die Regierung des damaligen Ministerpräsidenten Scharon verantwortungslos, die Friedensinitiative der Arabischen Liga im Jahre 2002 völlig zu ignorieren. Noch steht dieser Plan im Raume, doch ist seine Bedeutung nur wahrnehmbar mit der Erkenntnis, dass die Sicherheit der Einwohner Israels einzig durch einen umfassenden Frieden gewährleistet werden kann. Eine militärische Lösung ist undenkbar.

Die Verantwortung gegenüber den Arabern Israels

Die Regierung trägt auch eine unabdingbare Verantwortung gegenüber den Arabern des Landes. Obwohl sie mit etwa zwanzig Prozent der Bevölkerung eine bedeutende Minderheit ausmachen, leiden sie unter einer wirtschaftlichen und sozialen Diskriminierung, die seit dem Ausbruch des Widerstandes gegen die Besatzung, der sogenannten *Intifada,* deutlich zugenommen hat. Sie werden als Verwandte der aufmüpfigen Palästinenser jenseits der Grünen Linie betrachtet, als potentielle fünfte Kolonne und als demographische Gefahr für den Charakter des Landes. Auf diese Weise wird ihre wünschbare Identifikation mit dem Staat behindert und werden rassistische und undemokratische Strukturen erzeugt. Bei einem guten Einvernehmen könnten sie auch Brücken zur arabischen Welt bauen und damit eine bessere Integration Israels in der Region fördern. Diese Möglichkeiten werden vergeben.

Die Verantwortung gegenüber den Flüchtlingen

Das schwierigste Hindernis zur Beilegung des Konflikts ist die Frage des Rückkehrrechts der Palästinenser, die im Krieg nach der Staatsgründung im Mai 1948 aus ihren Heimstätten im heutigen Israel flüchteten. Ihre Zahl ist seither von etwa 750 000 auf vier Millionen angewachsen. Sie leben heute mit Unterstützung der UNO-Hilfsorganisationen in Lagern in Israels Nachbarländern. Nur eine kleine Minderheit von ihnen ist dort integriert. Israel weist jede Schuld für dieses Ereignis, das die Palästinenser *nakba* (Katastrophe) nennen, von sich mit der Behauptung, diese Menschen seien freiwillig gegangen in der Hoffnung, mit den siegreichen Armeen der Brudervölker wieder zurückzukehren und sich dann schadlos zu halten. Die Überfälle der jüdischen Terrorgruppen Lechi und Etzel, vor allem aber die Zerstörung von 400 arabischen Dörfern zur Verhinderung ihrer Rückkehr, sprechen eine andere Sprache, doch geht es besonders auch hier nicht um Schuld, sondern um Verantwortung. Diese ist nicht verrückbar, weil der zionistische Anspruch auf einen Staat zu diesem tragischen Flüchtlingsschicksal geführt hat, aus welchen Gründen auch immer. Die Anerkennung von Verantwortung ist hier zusätzlich von grosser psychologischer Bedeutung, weil eine Rückkehr der Flüchtlinge und ihrer Nachkommen angesichts der entstandenen Realitäten – im Gegensatz beispielsweise zu einer Aufgabe der besetzten Gebiete – praktisch nicht mehr möglich ist. Im Rahmen einer eingestandenen Verantwortung kann Israel jedoch mit internationaler Hilfe tatkräftig an einer Integration der Flüchtlinge mitwirken, sei es in den Ländern ihres heutigen Aufenthaltes, in einem palästinensischen Staat oder in anderen Ländern, die zur Aufnahme einer bestimmten Anzahl von Menschen bereit sind. Israel sollte ausserdem nach bestimmten Kriterien in begrenztem Ausmass Flüchtlinge aufnehmen und integrieren, um die Glaubhaftigkeit seiner Neuorientierung zu unterstreichen und eine umfassende Friedenslösung zu fördern.

Einer der bedeutsamsten Aspekte der arabischen Friedensinitiative, die Ende März 2007 in der saudischen Hauptstadt Riad bestätigt wurde, ist die angedeutete Hilfe der arabischen Staaten zur Lösung des Flüchtlingsproblems.

Die Verantwortung gegenüber der jüdischen Religion

Ein tragischer Aspekt des Konflikts zwischen Israel und den Palästinensern ist der Missbrauch der jüdischen Religion zum Zwecke der Eroberung und Unterdrückung. Das religiöse Establishment und die Siedler, vor allem deren militante Gruppen, berufen sich auf das in der Bibel erwähnte göttliche Versprechen an die Juden, ihnen Judäa und Samaria in Besitz zu geben. Natürlich hat man einem so grosszügigen Gott zu danken und zu dienen. Die Siedler geben sich daher dogmatisch »religiös« und neigen einem messianischen Mystizismus zu. Die eingesessenen Araber sind allesamt Nachkommen der in der Bibel erwähnten Urfeinde, die sich gegen die Verheissungen des Judengottes auflehnen und daher verfolgt werden müssen. Die entsprechend hasserfüllte, rassistische Rhetorik israelischer Religionsführer gegen die Palästinenser besitzt in den westlichen Ländern keine Parallelen und würde dort strafrechtlich geahndet. Auch der Mord an Rabin wurde von orthodoxen Rabbinern abgesegnet.

Die machtlose, oft diskriminierte und verfolgte Minderheitsgruppe der Juden hat über Jahrtausende wegweisende humanistische Wertvorstellungen in ihre Religion einfliessen lassen, wie die Universalität der Ethik, Frieden, Gerechtigkeit, Achtung des Fremden und Schwachen und vor allem Ehrfurcht vor dem menschlichen Leben (...). In der Autonomie Israels wurden diese ethischen Grundsätze vom religiösen Establishment abgeworfen. Der »hebräische Humanismus« (Martin Buber) lebt zwar weiter in den Friedensbewegungen, den Reformbemühungen aufgeschlossener Religionsführer oder im Mut einzelner konservativer Rabbiner, die sich für die Unteilbarkeit der Menschenrechte einsetzen oder gegen die brutalen Demolierungen arabischer Häuser auflehnen. Ihre Exponenten haben jedoch nicht die Macht und den Einfluss, um gegen die auch von säkularen Politikern unterstützten Strömungen anzukommen.

Israel definiert sich zwar als »jüdischen Staat«, zerstört aber gleichzeitig die universale und ethische Substanz der jüdischen Religion. Dieser Prozess begann bereits mit David Ben-Gurion, dem ersten Ministerpräsidenten Israels, der aus politisch-opportunistischen Gründen die Vertreter der orthodoxen Richtung der Religion mit Steuergeldern, Privilegien, Zugeständnissen und Monopolen überhäufte. Er übertrug ihnen auch Aufgaben, die heute in jedem modernen Staat Sache des Staates sind. Er schlug die visionären Warnungen von Theodor Herzl in dessen Manifest *Der Judenstaat* aus dem Jahre 1896 in den Wind und unterlief die Ideologie der zionistischen Pioniere, die einen säkularen, aufgeschlossenen Staat anstrebten. So legte er als Atheist den Grundstein zu einer kuriosen Halbtheokratie und zum einzigen Land der westlichen Welt, in dem Juden keine Religionsfreiheit besitzen.

Israel verletzt seine Verantwortung gegenüber der jüdischen Religion durch die Nichttrennung von Religion und Staat. Die eindeutigen Lehren der Geschichte, dass theokratische Strukturen sowohl der Religion als auch dem staatlichen Sozialwesen schweren Schaden zufügen, werden in Israel ignoriert. Das Streben nach Erhaltung einer einmal eingenommenen Machtposition ist unvereinbar mit echter Religiosität. So muss die Orthodoxie ihre Privilegien mit dem Anspruch rechtfertigen, allein ihre Anschauungen und Lebensweisen entsprächen dem gottgewollten Judentum, obwohl dieses bekanntermassen nur durch eine ständige Anpassung an sich verändernde Umfeldbedingungen überleben konnte. Ihr Monopolanspruch auf die einzig wahre jüdische Identität ist eine Perversion. Sie führt dazu, dass die von einer kleinen Minderheit beachtete Richtung der Religion offizialisiert und von selbstbezogenen und streng dogmatisch orientierten Technokraten nur noch verwaltet wird. Diese erheben weltfremde Formalismen und Rituale über Menschlichkeit und Vernunft und würgen eine dringend wünschbare Revitalisierung der jüdischen Religion ab. Sie verwechseln sektiererischen Gehorsam mit gelebter Gläubigkeit, so dass ihre Anfälligkeit für Korruption und parasitäre Grundhaltungen nicht überrascht.

Die Fundamentalisierung der Religionselite erschwert massgeblich die Friedenssuche. Leidtragende sind jedoch nicht nur die Palästinenser, sondern auch viele Israelis, wie beispielsweise jene Frauen, die von den zuständigen rabbinischen Gerichten nicht geschieden werden, obwohl sie von ihren Ehemännern seit Jahren gequält werden. Nach »jüdischem Gesetz« kann eine Frau nur mit Einverständnis des Mannes geschieden werden. Eine andere betroffene Gruppe sind die Hunderttausende von Neueinwanderern, hauptsächlich aus den Ländern der ehemaligen Sowjetunion, die vom Oberrabbinat nicht als »Juden« anerkannt werden und deshalb nicht in Israel heiraten können, obwohl sie nach dem Einwanderungsgesetz »Juden« sind.

Oft übersehen wird auch die in die Zukunft gerichtete Schädigung der Friedensbereitschaft der israelischen Gesellschaft durch das autoritäre orthodoxe Establishment. Fast ein Drittel aller Kinder besucht heute religiöse Schulen, weil die besseren äusseren Bedingungen auch nichtreligiöse Eltern aus ärmeren Schichten dazu verleiten, ihre Kinder dort einzuschreiben. Obwohl diese Schulen vom Steuerzahler finanziert werden, ignorieren die Rabbiner die vorgeschriebenen Lehrpläne, halten die Schüler von profanen Fächern, wie Sprachen, Naturwissenschaften, Kultur und

Sport, ab und stellen das Studium der Bibel und des monistischen Judentums in doktrinärer Auslegung in den Vordergrund. Die Überhöhung der eigenen Doktrinen und die kompromisslos autoritäre Erziehung infizieren die Kinder mit Intoleranz gegenüber Nichtjuden. Diese Knebelung der seelischen und geistigen Entwicklung verstösst zudem gegen die UNO-Kinderrechtskonvention aus dem Jahre 1990, die von Israel unterzeichnet wurde.

Die Verantwortung gegenüber Juden im Ausland

Israels Anspruch auf den Charakter eines »jüdischen Staates« impliziert eine grosse Verantwortung gegenüber den nicht in Israel lebenden Juden. Diese spüren zunehmend den wachsenden Unmut weiter Bevölkerungskreise über die unerträgliche Situation im Nahen Osten. Unentschuldbare antisemitische Ausschreitungen werden durch die israelische Gewaltherrschaft über die Palästinenser ausgelöst, rationalisiert oder sind durch sie motiviert. Viele Juden nehmen für Israel Partei und übernehmen die Rechtfertigungen und Rationalisierungen der israelischen Regierungssprecher und Politiker. Dies hat nichts mit Stammessolidarität zu tun, wie häufig angenommen wird, sondern mehr mit der Neigung zur Identifikation mit Stärke und der diffusen Vorstellung, Israel werde sie vor Wellen eines neuen Antisemitismus schützen oder ihnen schlimmstenfalls eine sichere Zufluchtsstätte bieten. Mit einer solchen Haltung werden sie aber selbst mit Israel und dessen Politik identifiziert und wecken so antisemitische Gefühle.

Nicht wenige hingegen geraten durch Israels Taten und die täglichen quälenden Ereignisse in schwere Gewissenskonflikte und stellen sich auf die Seite des israelischen Friedenslagers.

So wird auch die jüdische Gemeinschaft ausserhalb Israels tief gespalten, wozu die aggressive Rhetorik der Befürworter der israelischen Politik nicht wenig beiträgt. Auf einer ihrer Websites findet man die Namen, teilweise mit Biographien und Bildern, von über 7000 Persönlichkeiten jüdischer Abstammung, die als »Juden mit Selbsthass« und ähnlichen Attributen abgewertet werden. Es wird ihnen unterstellt, sie würden absichtlich den Staat Israel gefährden.

Die Verantwortung gegenüber den Nationen

Wenig wahrgenommen wird in Israel auch die Verantwortung gegenüber der Familie zivilisierter Staaten. Wie vor zwei Jahrtausenden beeinflusst ein kleines Volk auf einem winzigen Stück Erde das Schicksal der Weltgemeinschaft mit einem Gewicht, das in einem geradezu surrealen Verhältnis zu seiner zahlenmässigen Grösse steht. Der ungelöste Konflikt zwischen Israel und den Palästinensern belastet das weltpolitische und auch weltwirtschaftliche Klima schwer. Der »islamistische« Terrorismus schöpft zwar seine Motivation nicht direkt aus dem Leid der Palästinenser, doch wird dieses oft zur Rechtfertigung mörderischer Taten vorgeschoben und Israel als Verkörperung der zu bekämpfenden westlichen Unkultur hingestellt. Auch wird Palästina von den Angehörigen des Islams als Heiliges Land angesehen, als Ort von Legenden und Begebenheiten aus der Zeit der Religionsgründung. Jerusalem (al-Kuds) wird zwar im Koran nicht namentlich, aber gemäss dessen Interpreten indirekt erwähnt. Die Fremdbestimmung eines arabischen

Volkes belastet das Verhältnis zwischen der westlichen und der islamischen Welt und stellt einen permanenten Gefahrenherd dar.

Korrektur verfälschter Geschichtsbilder

Sumaya Farhat-Naser ruft ihre israelischen Nachbarn eindringlich zur Verantwortung auf, wenn auch nicht mit direkten Worten. Ihre Botschaft kann aber nur gehört und in ihrer ganzen Tragweite verstanden werden, wenn die Geschichtsbilder von den Fälschungen und über ihren Symbolgehalt hinausgehobenen Mythen befreit werden. Es waren ja vor allem Psychologen jüdischer Herkunft, die den Mechanismus der Verleugnung mittels Imaginationen entdeckten und beschrieben. Der Nahostkonflikt ist nur mehr lösbar auf der Grundlage von Vernunft, Realitätssinn und Hochhaltung der universalen Menschenrechte für alle als oberstem Prinzip. Es gibt keinen anderen Weg zur Befreiung von den hemmenden Fixierungen.

Zu den Lebenslügen gehört die ständig wiederholte Behauptung, die Juden seien nach der Niederschlagung ihres Aufstandes gegen die Römer und der Zerstörung des Zweiten Tempels in Jerusalem im Jahre 70 n. Chr. aus dem Lande vertrieben worden, weshalb die Gründung des Staates Israel nur die Realisierung des natürlichen Rechtes auf Rückkehr aus dem aufgezwungenen Exil sei. Auch nach der Niederschlagung der letzten Revolte im Jahre 135 n. Chr. fand keine Vertreibung statt. Hingegen ist in jedem Geschichtsbuch die Tatsache nachzulesen, dass schon zu Zeiten Jesu mehr Juden in der Diaspora lebten als in Palästina. In Alexandrien blühte eine Gemeinde der Juden, die vierzig

Prozent der Bevölkerung stellten. Doch auch in der heutigen Türkei, in Syrien und vielen anderen Gebieten, einschliesslich Italien und Gallien (Frankreich), lebten Juden.

Die Römer gestatteten einem angesehenen Rabbiner und Mitglied der Obersten Religionsbehörde, Jochanan ben Sakkai, nach der Zerstörung des Tempels die Gründung einer jüdischen Religionsakademie in Jawne, südlich von Jaffa. Dieser grosse Gelehrte begrüsste die Trennung der Religion von staatlichen Aufgaben und vom degenerierten Tempelkult in Jerusalem. Es war der Beginn des rabbinischen Judentums, dessen physische Machtlosigkeit zur wichtigsten Quelle einer nach innen gerichteten Gelehrsamkeit und Lebensweisheit wurde. Die Römer zerstörten den Tempel, retteten aber die jüdische Religion. Die fanatischen Gruppen in Israel, die den Tempel wieder am früheren Ort aufbauen möchten, wollen in ihrer Ignoranz und Machttrunkenheit diese Entwicklung rückgängig machen. Sie planen ein Replikat des vom bausüchtigen Römervasallen und nichtjüdischen Idumäer Herodes erstellten Prunkbaus.

Auch der Anspruch auf eine nationale Souveränität gründet sich auf Geschichtsverdrängung, denn nach dem Tode von König Salomon waren die Juden im damaligen Palästina nie unabhängig, vielleicht ausser in den etwa hundert Jahren vor der Übernahme der Macht durch die Römer im Jahre 63 v. Chr. Doch gerade diese Zeit der Herrschaft der militanten Hasmonäer gehört zu den wenig ruhmreichen Perioden der jüdischen Geschichte. Die Balfour-Deklaration aus dem Jahre 1917, die oft zur Berechtigung eines eigenen Staates angeführt wird, stellte entsprechend auch nur eine »Heimstätte« für die Juden in Aussicht mit der ausdrücklichen Auflage, dass dadurch die Rechte der einheimischen Bevölkerung nicht in Mitleidenschaft geraten.

Doch auch seit der Staatsgründung im Jahre 1948 werden Legenden gezüchtet und zu festen Bestandteilen von Geschichtsbildern erhoben. Im sogenannten Unabhängigkeitskrieg nach der Ausrufung des Staates war es nicht eine Handvoll jüdischer Kämpfer, welche die zahlenmässig weit überlegenen Armeen der Nachbarländer besiegten. Die während der britischen Mandatszeit gegründete Verteidigungsgruppe Hagana war den eindringenden Truppen zahlenmässig und bezüglich Ausrüstung, Motivation und Kampferfahrung weit überlegen. Wie schon in anderem Zusammenhang erwähnt, wird auch die nachgewiesene Tatsache bestritten, dass mindestens ein Teil der etwa 750 000 geflüchteten Palästinenser vertrieben wurde.

Eine Täuschung ist auch die sogenannte Wiedervereinigung Jerusalems nach dem Sechstagekrieg im Juni 1967, die Jahr für Jahr als »Jerusalem-Tag« feierlich begangen wird. Die Stacheldrahtzäune zwischen dem Westen und dem Osten der Stadt sind zwar weggeräumt, doch erheben sich an ihrer Stelle viel erbarmungslosere Barrieren. Sie trennen zwischen Herrschern und Beherrschten, vollberechtigten Staatsbürgern und Menschen, die in ihren angestammten Wohngebieten zu blossen Aufenthaltern degradiert worden sind, zwischen den Juden im entwickelten Westteil der Stadt und den Arabern in den übervölkerten und vernachlässigten Quartieren des Ostteils. Jerusalem ist gespaltener denn je, vereint lediglich durch die ungehindert fliessenden Ströme von tiefem Misstrauen und Hass. »Jerusalem ist so getrennt wie noch nie«, schreibt Sumaya Farhat-Naser.

Jedes Jahr verlassen gegen 20 000 jüdische Einwohner das gefeierte »vereinigte Jerusalem«, weil sie die bedrückende Atmosphäre der Trennung nicht mehr ertragen.

Die Fata Morgana eines jüdischen Staatscharakters

Das offizielle Israel definiert sich als Staat mit »jüdischem und demokratischem Charakter«. Aus dieser Selbsttäuschung erhebt sich eine Fata Morgana, die in eine gefährliche Richtung verführt. Ein »jüdischer Charakter« ist unbestimmbar und daher eine Fiktion. Jede Gruppe hat darüber eine andere, meist diffuse Vorstellung. Seine ständige Beschwörung ist ein verzweifelter Versuch, mit einem Leitwort die innere Zerrissenheit der Gesellschaft zu überdecken und die nie beantwortete Frage nach dem geeigneten Staatscharakter Israels aufzufangen. Lediglich die Ultraorthodoxie besitzt eine klare Vorstellung von einem »jüdischen Staat« als einer reinen Theokratie mit der Thora und deren von Gott inspirierten Auslegungen, der Halacha, als unverrückbarem oberstem Gesetz. Für sie ist aber Demokratie ein Teufelswerk, genauso wie für die ihnen seelenverwandten islamistischen Fundamentalisten.

Allgemein neigt man in Israel einem diffusen ethnisch-demographischen Staatsverständnis zu mit der Folge der Diskriminierung von Minderheiten und rassistischen Tendenzen, die leider unübersehbar sind und auch in untragbaren Gesetzesbestimmungen Eingang gefunden haben. So hat das israelische Parlament im Sommer 2007 mit grosser Mehrheit einem Gesetz zugestimmt, das es dem im Jahre 1901 in Basel gegründeten Jüdischen Nationalfonds verbietet, Boden aus seinem reichen Besitz in Israel an Nichtjuden zu verkaufen. Israel hat auch keine Verfassung, obwohl David Ben-Gurion bei der Staatsgründung eine solche versprochen hatte und sie ein Kennzeichen einer modernen Demokratie ist. Die Politiker wollen eben keine Konstitution, weil darin die Rechte aller Staatsbürger verbrieft sein müssten, auch die der nichtjüdischen.

Ein »jüdischer Charakter« in diesem Sinne impliziert die ungute Trennung zwischen »uns« und »den anderen« und kann daher nur durch eine jüdische Mehrheit gesichert werden, die dazu neigt, die nichtjüdischen Minderheiten als Bedrohung des »Staatscharakters« wahrzunehmen und deshalb zu dominieren. Solche Tendenzen sind in Israel in verschiedenen Variationen fast täglich zu beobachten. Im Mai 2007 erklärte der Chef des Inlandsgeheimdienstes Schin Bet, Juval Diskin, er betrachte jede Gegnerschaft gegen den »jüdischen und demokratischen Charakter« als eine Subversion, welche die fundamentalen Werte des Staates zu untergraben versuche. Er werde sie als solche verfolgen, auch wenn die Gegner mit legalen und demokratischen Mitteln vorgehen, und dabei auch zu ausserordentlichen Mitteln greifen, wie Lauschangriffe auf die Privatsphäre. Die rechtsextreme Partei Israel Beitenu (»Israel ist unser Heim«) hat ein Gesetz lanciert, wonach alle Knessetmitglieder, also auch die arabischen, in Zukunft auf den »jüdischen und demokratischen Charakter« des Staates Israel schwören müssen. Israel Katz, ein Knessetmitglied der rechten Likud-Partei, will ein Gesetz, wonach nur solche Bürger an den Parlamentswahlen teilnehmen dürfen, die ihre Loyalität gegenüber einem »jüdischen und demokratischen« Staat erklären. Alle anderen sollen für ein palästinensisches Parlament abstimmen.

Nicht zum ersten Mal in der Geschichte der Neuzeit sollen mit demokratiefeindlichen Mitteln scheindemokratische Strukturen geschaffen werden.

Das aufgesetzte ethnozentrierte Selbstverständnis unterläuft so den behaupteten »demokratischen Charakter«, dessen wirkliches Wesen in Israel ohnehin wenig verstanden wird. Dies mag damit zusammenhängen, dass die Einwanderer aus den arabischen Ländern und den Staaten der ehemaligen Sowjetunion, die heute die deutliche Mehrheit der Bevölkerung stellen, keine demokratischen Traditionen besitzen und in Israel auch keine geeigneten Vorbilder dazu finden. Der Wunsch nach einem »starken« Führer, auch in religiösen Kreisen, ist unter ihnen weit verbreitet. Im Raume stehen zudem die Fragen, ob sich ein Staat »jüdisch« nennen darf, in dem über dreissig Prozent der Einwohner keine Juden sind, und »demokratisch«, wenn Millionen von Palästinensern unter seiner Herrschaft keine politischen Rechte besitzen. Eine selektive Demokratie ist schliesslich ein Widerspruch in sich selbst.

Es gibt aber auch keine funktionierende »Demokratie für die Juden«, so dass man hoffen könnte, das Volk werde diese Zustände ändern. Die politischen Rechte auf Staatsebene beschränken sich im Wesentlichen auf die Einlegung einer Parteiliste für die Wahlen zum israelischen Parlament, der Knesset. Das Volk hat keinen Einfluss auf die Namen und deren Reihenfolge auf den Listen. Diese werden von den Parteigremien in einem Kräfte- und Ränkespiel ausgehandelt. Die Abgeordneten sind daher nicht dem Volk und seinen Wünschen verpflichtet, sondern den Parteitechnokraten. In der Knesset sitzen somit viele Abgeordnete, die nur ihre persönlichen Interessen verfolgen, während geeignete Persönlichkeiten einen solchen Politdschungel meiden. Dies führt zu undemokratischen Strukturen. So hat beispielsweise die grosse Mehrheit des Volkes keine Möglichkeit, die von ihr gewünschte Trennung von Staat und Religion durchzusetzen, während die Knessetmitglieder mit einer einfachen Mehrheit aus reinen Opportunitätsgründen auch die sogenannten Grundgesetze biegen oder Gesetze einbringen können, die nur ihrer Gruppe dienen. Weiten Bevölkerungsschichten fehlt daher jenes Vertrauen in das Parlament, wie es für eine funktionierende Demokratie unerlässlich ist.

Verantwortung als einziger Weg

Träger von »Israels Verantwortung« ist das israelische Regierungskabinett in Verbindung mit dem politischen System, das seine Entscheidungsautorität sichert. Dieses Machtzentrum agiert öfter in grosser Distanz zur Bevölkerung. Wie gross diese Kluft sein kann, hat eine Umfrage im Frühjahr 2007 gezeigt: Nur gerade zwei Prozent der Befragten hatten Vertrauen in Ministerpräsident Olmert und seine Politik, ohne dass sie ihre Enttäuschung und Frustration in Veränderungen umsetzen konnten. Kritik an Israel, oft tabuisiert und verfemt als versteckter Antisemitismus, ist vielmehr Fürsprache für ein anderes Israel, das endlich seine Verantwortung anerkennt.

Die Desintegration der israelischen Gesellschaft in verfeindete Gruppen ohne gemeinsame Werte entzieht einem grossen Teil der Bevölkerung die Motivation zur aktiven politischen Mitwirkung. So konnte sich jene schweigende

Mehrheit herausbilden, wie sie von Historikern und Soziologen auch für andere Länder und Zeitphasen analysiert worden ist. Resigniert wird das Feld politischen Aktivisten überlassen und Minderheiten, die vermöge ihrer Aggressivität die Richtung bestimmen. Die mutigen und sich aufopfernden Friedensaktivisten repräsentieren zwar das Gewissen Israels und erfüllen deshalb eine wichtige Funktion als Aufklärer und Hoffnungsträger, doch sind sie bisher politisch machtlos, was auch damit zusammenhängt, dass sie in einer Vielzahl von Organisationen und Gruppierungen zerstreut agieren, anstatt sich zusammenzuschliessen.

Was hat der Zionismus bisher erreicht? Israel ist eine Realität und besitzt ein noch weitgehend brachliegendes, grossartiges Potential, für dessen Entwicklung jedoch Frieden und eine bessere Integration des Landes in der Region unerlässlich erscheinen. Auch sind die Juden in diesem Land gefährdeter als in den meisten anderen Staaten. Herzls Traum von einer sicheren Heimstätte für Juden ist, entgegen den endlos wiederholten Beteuerungen israelischer Politiker, noch nicht in Erfüllung gegangen. Auch in vielen andern Belangen ist Israel noch weit entfernt vom Idealstaat seiner Vorstellungen, den Herzl mit seinem berühmten Satz beschwor: »Wenn ihr wollt, ist es kein Märchen.« Man müsste ihn angesichts der gesellschaftlichen und politischen Krise ändern in: »Wenn ihr Verantwortung übernehmt, ist es kein Märchen.«

Tel Aviv, 2007

Textnachweis

Seiten 7–81: *Thymian und Steine. Eine palästinensische Lebensgeschichte.* Herausgegeben von Rosmarie Kurz und Chudi Bürgi. Basel: Lenos 1995.

Seiten 82–143: *Verwurzelt im Land der Olivenbäume. Eine Palästinenserin im Streit für den Frieden.* Herausgegeben von Dorothee Wilhelm, Manuela Reimann und Chudi Bürgi. Basel: Lenos 2002.

Seiten 144–196 und 265–299: *Disteln im Weinberg. Tagebuch aus Palästina.* Herausgegeben von Chudi Bürgi, Martin Heule und Regula Renschler. Mit einem Essay von Ernest Goldberger. Basel: Lenos 2007.

Seiten 197–262: *Im Schatten des Feigenbaums.* Herausgegeben von Willi Herzig und Chudi Bürgi. Basel: Lenos 2013.

Palästinensische Literatur im Lenos Verlag

Asmi Bischara
Checkpoint
Bericht aus einem zerteilten Land
Aus dem Arabischen von Hartmut Fähndrich
234 Seiten, gebunden, mit Schutzumschlag
ISBN 978 3 85787 377 5

»*Checkpoint* ist nach zahlreichen politischen Analysen Asmi Bischaras erstes Prosawerk – eine Art literarische Reportage zu den israelischen Strassensperren, die jedes normale Alltagsleben und die Berufsausübung für Palästinenser unmöglich machen.«
Südwestrundfunk

Palästinensische Literatur im Lenos Verlag

Dschabra Ibrahim Dschabra
Der erste Brunnen
Eine Kindheit in Palästina
Aus dem Arabischen von Kristina Stock
251 Seiten, broschiert
ISBN 978 3 85787 661 5
Lenos Pocket 61

»Sicherlich gibt es noch härtere, in grösserer Armut hingebrachte Kindheiten, doch was Dschabra erzählt, dürfte aus der Sicht des mitteleuropäischen Durchschnittsbürgers bereits jenseits des Vorstellbaren liegen. (...) Dem Leser bleibt dieses Werk unvergessen.«
Neue Zürcher Zeitung